स्त्रीत्ववादी विमर्श : समाज और साहित्य

स्त्रीत्ववादी विमर्श
समाज और साहित्य

क्षमा शर्मा

राजकमल प्रकाशन

ISBN : 978-81-267-0450-7

मूल्य : ₹695

पहला संस्करण : 2002
तीसरा संस्करण : 2012
This book is printed on **Print on Demand** Technology : 2025

प्रकाशक : राजकमल प्रकाशन प्रा.लि.
1-बी, नेताजी सुभाष मार्ग, दरियागंज
नई दिल्ली-110 002

शाखाएँ : अशोक राजपथ, साइंस कॉलेज के सामने, पटना-800 006
पहली मंजिल, दरबारी बिल्डिंग, महात्मा गांधी मार्ग, प्रयागराज-211 001
1, अनमोल सोराबजी संतुक लेन, धोबी तलाव, मरीन लाइंस, मुम्बई-400 002
वेबसाइट : www.rajkamalprakashan.com
ई-मेल : info@rajkamalprakashan.com

STRITVAVADI VIMARSH : SAMAJ AUR SAHITYA
by Kshama Sharma

दो शब्द

स्त्रीत्ववादी विमर्श न मजाक है न अपवाद। वह एक ही समय हमारे देशकाल और पूरी दुनिया से जुड़ा है। वह हमारे समय की जरूरत है। वह समग्र आर्थिक-राजनीतिक, सामाजिक, भाषिक और सांस्कृतिक विमर्श है। हिन्दी में पिछले कुछ वर्षों में मुखर हुए स्त्रीत्ववादी विमर्श ने अब एक वैचारिक मोड़ पैदा करना शुरू कर दिया है।

पिछले कुछ वर्षों में समय-समय पर लिखी ये टिप्पणियाँ इसी व्यापक सामाजिक-साहित्यिक विमर्श का एक हिस्सा हैं।

यह पुस्तक उर्मिल बहन की पुण्य स्मृति को समर्पित है जिन्होंने हम घर की लड़कियों के लिए एक नई राह बनाई...

अशोक जी ने इस पुस्तक को छापने में जितनी तत्परता दिखाई, उसके लिए उनकी आभारी हूँ।

—क्षमा शर्मा

क्रम

भूमिका	V
मेरा औरत होना	9
हे ईश्वर, हमें बेटियाँ जरूर देना	17
उसका अपराध	24
दूधो नहाओ, पूतो फलो	28
दिल्ली : गाँव और छोटे शहर की लड़कियाँ	38
टूट रहे हैं बचपन के विवाह	42
महिला-पुरुष भेदभाव : एक नज़र	45
मुसलमान औरतें-I	52
मुसलमान औरतें-II	56
मेरी नहीं तो तू किसी और की भी नहीं	63
स्टेटस ऑफ वूमन : पचीस साल बाद	65
दुनिया की औरतों का एजेंडा	71
पंच परमेश्वर	75
पत्रकारिता में महिलाएँ-I	79
पत्रकारिता में महिलाएँ-II	82
मातृत्व, बालविकास और मीडिया	85
माता-पिता, बच्चे और विज्ञापन	89
विज्ञापन में भारतीय स्त्री की छवि	96

100 महिला सशक्तीकरण में साहित्य की भूमिका
107 आत्मकथा से आगे का सफर
110 ताकि फिर कोई पाकिस्तान न बने
116 महिला आन्दोलन : कल से आज तक की दिशाएँ
121 पूरी दुनिया की स्त्रियों के सवाल
124 कला, क्रान्ति और रेप
128 स्त्रियों के मन के अँधेरे कोने
138 हर दिन बेटी ब्याही जाती है खारे सागर से
143 स्त्री में पुरुषवाद
146 गर्भपात के प्रश्न
153 आवां : कामगार औरत की छवि
160 सिर बदनामी चन्दना बेटी लै रहीं जी
165 उसकी जीत

मेरा औरत होना

मेरे अन्दर ऐसी कौन सी महानता है जो यह बताऊँ कि मेरा औरत होना किन दुश्वारियों से भरा है। क्योंकि महानता वह अस्त्र है जिसके जरिए एक को आगे करके बाकी को पीटा जा सकता है।

हाँ, चूँकि लिखती हूँ, अभिव्यक्त कर सकती हूँ इसलिए अपने पूरे परिवेश पर नजर डाल सकती हूँ।

मैं, जो तमाम अन्तर्विरोधों से भरी अपने इसी समाज का प्रतिबिम्ब हूँ जो प्रायः सही को सही और गलत को गलत नहीं कहता। जिसकी नजर में हत्यारा और जिसकी हत्या हुई बराबर हैं। जहाँ दहेज एक स्टेटस सिम्बल है, बलात्कार की शिकार औरत घृणा के योग्य है। दफ्तर में काम करनेवाली औरत पुंश्चली है। मैं इसी समाज का हिस्सा हूँ। मेरा सोच इसी में विकसित हुआ है, तो भला मैं अलग कैसे हो सकती हूँ, आइ एम हंड्रेड परसेंट ब्लैक—मर्दों के इस दूध से धुले समाज में किसी स्त्री को इसी विशेषण से विभूषित किया जा सकता है।

कई बार मेरे मन में अनेक स्मृतियाँ कौंधती हैं, जिनमें से बहुत सारी ग्रन्थियों के रूप में ताउम्र मेरे अन्दर मौजूद रही हैं। जो चाहती हूँ वह कह नहीं सकती, जो नहीं चाहती उसे कहना पड़ता है; करना पड़ता है। मार्क्स ने कहा था—'दुनिया के मजदूरों के पास खोने के लिए कुछ नहीं है, सिवाय अपनी जंजीरों के।' लेकिन मजदूरों की जंजीरें टूट भी जाएँ, स्त्रियों की जंजीरें कब टूटेंगी ? एक अमीर और एक गरीब स्त्री अलग-अलग किस्म की जंजीरों में कैद है।

बचपन की कोई स्मृति तो ऐसी नहीं जो बहुत उल्लास और आनन्द से भरी हो। सिवाय पिता के भेजे जलेबी के उन दोनों के जो हर सुबह स्कूल जाने से पहले मिलते थे। या कि बड़े भाई की पहली नौकरी की पहली तनख्वाह से खरीदी गई वह फिरोजी फ्रॉक, मंघाराम के बिस्कुट और प्लास्टिक का मोर। सब कहते हैं—घर में सबसे छोटी थी तो सबका अतिरिक्त लाड़-प्यार मिला। बहनें बतातीं कि उनके जमाने में तो पिता और चाचा-ताउओं का उन पर सख्त पहरा था। जबकि मेरे जमाने तक पिता बदल गए थे। उन्हें नृत्य-संगीत से बहुत चिढ़ थी। छोटे चाचा की लड़कियाँ कथक सीखतीं, पिता को यह नापसन्द था। मैं जब पाँचवीं में थी तो उन्होंने भाषण देना सिखाया। अब भी पैरों की थरथराहट और कंठ का अवरोध याद कर सकती हूँ जो पहली बार मंच पर

चढ़कर हुआ था। यहाँ से ही वह दीक्षा हुई जहाँ मुझे तीन साल लगातार विश्वविद्यालय में बेस्ट डिबेटर का पुरस्कार मिला। और 'ध्रुवस्वामिनी' का वह अभिनय। पिता को लड़कियों का सजना-सँवरना पसन्द नहीं था। बड़े भाई से अनुमति लेकर नाटकों में भाग लेना शुरू किया। 'ध्रुवस्वामिनी' में भी सबसे अच्छी अभिनेत्री का पुरस्कार पाया। छोटे शहर में लड़की नाटक करती है; भाषण देती है; लड़कों के साथ रात-बिरात लौटती है, जरूर ही बदचलन है। छोटे शहर और गाँव अपनी लड़कियों और स्त्रियों के साथ कितना भेदभाव, अत्याचार और अनाचार करते हैं यह किसी को दिखाई ही नहीं देता। परम्परा और संस्कृति की सड़ी-गली चादर के नीचे सबको छिपा दिया जाता है। वहाँ कोई प्रतिवाद नहीं होता। प्रतिवाद माने मर्यादा का उल्लंघन यानी कि सजाए मौत।

आज लिखने बैठी हूँ तो मन हाहाकार करता है। ऐसा क्या है जो चैन से बैठने नहीं देता। लेकिन अतीतजीवी होकर क्या किया जा सकता है ? आठवीं में थी तो पिता रिटायर हो गए। बारहवीं के इम्तिहान दिए तो उनकी मृत्यु हो गई ? उनकी लम्बी बीमारी, उनकी आहें और घर में पैसे का घोर संकट। बड़े भाईसाहब वनस्थली विद्यापीठ चले गए थे। वहाँ वक्त पर तनख्वाह नहीं मिलती थी। घर क्या भेजते ? जिस दोस्त के हाथ किसी से उधार लेकर पैसे भेजते थे वह खुद लेकर बैठ गया। बीचवाले भाई ने आनन-फानन में अपनी गृहस्थी अलग कर ली इस सूत्र वाक्य के साथ—माता-पिता की देखभाल तो की जा सकती है। होटल का खर्चा कौन उठाए ? बड़ी बहन की अपनी गृहस्थी थी। छोटे भाई बेरोजगार थे, घर की मदद क्या करते ? एक दिन घर में खाने को कुछ नहीं था। पड़ोसिन गाय को खिलाने के लिए कीड़े पड़ा बेसन दे गई। माँ ने उसी को छाना-फटका। कुछ आटा गाय के दाने से निकाला। बीमार पिता के लिए यह भोजन सौगात जैसा था। 5 जुलाई, 1972 को जब उनकी मृत्यु हुई तो लगा ठीक है वह नहीं रहे। उनका न रहना ज्यादा अच्छा था बजाय उस दुःख के जिन कष्टों में वह थे। उन्हें मैंने अपनी आँखों से तिल-तिलकर मरते देखा—अभावों में। सौ ग्राम दूध नहीं, फल नहीं, कुछ नहीं। उनकी मौत मन पर इस तरह अंकित है कि लगता है, अभी-अभी ही तो वह नहीं रहे। इस पुरुषवादी समाज में एक लड़की के सिर से पिता का साया उठ जाने का अर्थ क्या होता है, यह मैं और मेरी बीचवाली बहन बहुत अच्छी तरह जानते हैं। दुःख और अपमान के दिन हम दोनों ने साथ मिलकर काटे हैं। उसने हमेशा मुझे माँ की तरह मुसीबतों से बचाया। पिता की मृत्यु को इतने निकट से देखा कि जब भी गाँव जाती हूँ, सारे दृश्य आँखों के सामने तैरने लगते हैं। उस समय की बेचारगी से नफरत होने लगती है। सचमुच मुझे अपने आप से भयंकर नफरत है। इस नफरत का उत्स कहाँ है, नहीं जानती। माँ कहती है—जब मैं पेट में थी, उस समय वह अक्सर रोती रहती थी, क्योंकि मेरे जन्म से कुछ समय पहले भाई की मृत्यु हो गई थी। माँ नहीं चाहती थी कि मैं पैदा भी होऊँ, लेकिन मैं किसी जोंक की तरह उसके गर्भ से चिपकी रही। हर बात पर आँखें भर आने का संस्कार वहीं से मिला।

पैदा होने के अगले दिन अस्पताल से एक औरत मिरगी के दौरे के दौरान मुझे

उठा ले गई। माँ को डॉक्टरों ने मोटे-ताजे लड़के दिखाए। कहा कि उस मरियल सतमासी लड़की का क्या करोगी ?

लेकिन माँ अड़ गई। उसने कहा—मुझे अपनी वही लड़की चाहिए। मरियल है तो क्या हुआ, है तो मेरी ? जो माँ मुझे जन्म नहीं देना चाहती थी, वही मेरे लिए लड़ रही थी। क्यों ? माँ की भावुकता मिली, उसकी उतनी दृढ़ता क्यों नहीं ? माँ अगर मुझे पैदा न करती तो क्या नुकसान होता ?

यूनिसेफ की रिपोर्ट्स कहती हैं—लड़कियाँ सबसे अधिक कुपोषित होती हैं। उन्हें पोषक तत्त्व नहीं दिए जाते। और मजेदार बात यह है कि लड़कियाँ भारतीय परिवार में इसे अपने भाग्य की तरह स्वीकार कर लेती हैं। पिता की नौकरी के दौरान घर में बहुत से जानवर पाले जाते थे। घी और मक्खन भाइयों के लिए सुरक्षित रखा जाता था। लड़कियों के हिस्से मट्ठा आता था। कभी यह भी नहीं लगता था कि कुछ गलत हो रहा है। इस पर भी तुर्रा यह कि बीचवाले भाई बालिश्त से घी नापते थे। कहीं किसी और ने तो नहीं खा लिया। जिस घर में लड़की पैदा होती है, वहीं उसके साथ इतना अन्याय होता, जो किसी को दिखाई नहीं देता। इससे बड़ा झूठ क्या कोई हो सकता है कि हमारे घरों में लड़कियों को देवी माना जाता है।

बीचवाले भाई के बाल-बच्चे हो गए थे। फिर भी उनके झगड़े और सबके बीच अपने को हीरो स्थापित करने की लालसा कायम थी। यह सन् 1974 की बात है। मैं उन दिनों बड़े भाईसाहब के पास दिल्ली आकर पढ़ रही थी। उन्हीं दिनों गाँव में पड़ोस का एक लड़का कुछ दूर रहनेवाली लड़की को भगा लाया। लड़की के पिता ने आकर भाईसाहब से शिकायत की। बस वह फौरन उस लड़के को पीटने चल दिए। उस लड़के का लड़कियाँ सप्लाई करनेवाले गिरोह से सम्बन्ध था। गिरोह ने तय किया कि वह इस पहलवान के बच्चे को सबक सिखाएँगे। सबक कैसे सिखाएँ ? उनके घर की लड़कियों पर कीचड़ उछालकर।

श्यामसुन्दर वर्मा, जो बड़े भाई का अभिन्न मित्र था, इन दिनों गाँव में लड़कियाँ सप्लाई करनेवाले गैंग का लीडर था। बीचवाले भाई उससे दुशमनी मोल ले चुके थे। बीचवाले भाई के करतबों का दंड उनके घर की लड़कियों ने भोगा। ठीक है, अफवाहें अपनी मौत मर जाती हैं, लेकिन वे अपमान का ऐसा ताना-बाना तैयार करती हैं कि कुछ निशान हमेशा के लिए छोड़ जाती हैं।

एक ओर बीचवाले भाई की युद्ध-प्रियता, दूसरी ओर बड़े भाई का पढ़ने-लिखने का दिया संस्कार। दसवीं तक आते-आते उन्होंने शरच्चन्द्र, प्रेमचन्द, दिनकर, जयशंकर प्रसाद, सुभद्राकुमारी चौहान, महादेवी वर्मा आदि को हमें पढ़वा दिया था। सच बात तो यह है कि बी.ए. करते वक्त तक यह पता नहीं था कि मुझे क्या करना है ? कोई दिशा नहीं, कोई भविष्य नहीं। अन्धकार—एक शून्य। यह जरूर लगता था कि अगर सौ रुपए की भी कोई नौकरी मिले तो कर लूँ। यह अहसास कि पिता की जिम्मेदारी भाई उठा रहे हैं—लगातार मन पर हावी रहता था। ऐसा लगता था कि हम बोझ हैं।

पिता नहीं रहे। दो-तीन दिन बाद तेज वर्षा हो रही थी। घर की टूटी छत टपक रही थी। छत को ठीक कराने के पैसे नहीं थे। वहीं लोग शोक प्रकट करने आ रहे थे। मेरा रोना था कि रुकता नहीं था। तब भाईसाहब ने समझाया था—'तू क्या सोचती है , बाउजी नहीं हैं ? वह हैं इस बरसते पानी में, इस मिट्टी में, बहते पानी में। मुझे लगा, हाँ, वह हैं, यहीं हैं, यहीं हैं—क्षिति-जल-पावक-गगन-समीरा। उस दिन के बाद या तभी यों लगा मेरे किशोर मन को—कल तक थे, सशरीर, आज आत्मा हैं। कहाँ गए ? क्यों ? वे लड़कियाँ कैसी होती होंगी जो जिन्दगी-भर बुढ़ापे तक अपने माता-पिता के घर का सुख भोगती हैं। माता-पिता का घर नहीं होता तो लड़कियों के लिए कोई घर नहीं बचता। वही घर जो हर वक्त लड़कियों को दुत्कारता है, उन्हें दोयम दर्जे का नागरिक बनाता है, उन पर हजार बन्दिशें लगाता है, उसी घर को लड़कियाँ जिन्दगी-भर तलाशती हैं। घर जैसे ही माता-पिता से स्थानान्तरित होकर भाई-भाभी तक पहुँचता है, लड़कियों की दुनिया बदल जाती है। वे उसी दिन कितनी असहाय, कितनी लाचार, कितनी बेचारी हो जाती हैं ? यह मुझसे और मेरी बहन से बेहतर कोई नहीं जानता। गाँव की छत पर हम दोनों के बहाए आँसुओं के शायद कुछ अवशेष अब भी बाकी हों ?

कितना समय बीत गया है, लगता है, जैसे युग ही; लेकिन आज भी सब कुछ नजरों के सामने उसी तरह साफ है जैसे शीशे के सामने चेहरा। उस पर वक्त की झाईं-झुर्रियाँ उग आई हैं, मगर एक हाथ फेरो तो सब साफ-साफ दिखाई देने लगता है। सारी धुन्ध छँट जाती है। जिन भाई ने पिता के जिन्दा रहते वह गाय छीन ली थी, जो घर के दूध का एकमात्र सहारा थी, वही बाल्टी-भर दूध से पिता की स्मृति में छींटे मारते। मन क्रोध से खौलता था—एक जीता-जागता पाखंड हमारे आँसुओं में बहता था।

लेकिन इस दुनिया में कमजोर के आँसुओं की कोई कीमत नहीं होती। ताकतवर के आँसुओं भी उसका हथियार होते हैं। बड़े भाईसाहब बहुत खुले दिमाग के थे। पूरे खानदान में सबसे अधिक पढ़े-लिखे और मेधावान। वह चाहते थे कि उनकी बहनें पढ़ें-लिखें, कुछ करें। घर के अन्य लोगों की छातियों पर दो अविवाहित बहनें किसी भारी-भरकम चट्टान की तरह रखी थीं।

वह जमाना मीना कुमारी, मधुबाला, वहीदा रहमान की फिल्मों का था। जहाँ नायक-नायिका बीच में पचास फुट की दूरी रखकर गाना गाते थे। वे जिन्दगी-भर एक होने के वायदा करके भी प्रायः एक नहीं हो पाते थे। यह आदर्श प्रेम था—भरे भौन में करत हैं नैनन ही सौं बात। बन्द भारतीय समाज में जहाँ स्त्री के अँगूठे की झलक-भर दिखाई देने से वह पापिनी हो जाती है। वहाँ पर्दे पर दिखता फिल्मी रोमांस, उसका आदर्शीकरण, एक-दूसरे से मिलने की लालसा, एक चमत्कार की तरह था। सारे माता-पिता (कम-से-कम हिन्दी क्षेत्र में) इस बात को लेकर परेशान थे कि कहीं उनके बच्चे फिल्मों के प्रभाव से बिगड़ न जाएँ। लड़कियों के फिल्म देखने पर अक्सर ही पाबन्दी लगी रहती थी। हाँ, जो फिल्में उन्हें माता-पिता द्वारा जबरिया दिखाई जाती थीं, वे होती थीं—'सती अनसूया', 'सती सावित्री', 'जय हनुमान' आदि-आदि। कूट-कूटकर

लड़कियों को ऐसे साँचे में ढाला जाता था जिससे वे कभी बाहर न निकल सकें। लड़कियों के लिए प्रेम का वही स्वरूप सबसे बड़ा आदर्श था जहाँ प्रेमी-प्रेमिका जिन्दगी-भर जुदा न होने की कसमें खाते थे, मगर कभी मिल नहीं पाते थे। जहाँ एक-दूसरे का स्पर्श (शादी से पहले) सबसे बुरी बात थी। दूसरा प्रेम का स्वरूप था लड़के-लड़कियों का एक-दूसरे को भाई या बहन कहके पुकारना। इस प्रकार घर में घुसना जरा आसान था। ऐसे धर्म-भाइयों से लड़कियों की माताएँ अक्सर उनके लिए वर खोजने का आग्रह किया करती थीं। इसके अलावा प्रेमिका की सहेली को सबसे प्यारी बहन बनाकर उसके जरिए पत्रों और सन्देशों का लेन-देन हुआ करता था। ऐसे प्रेम मुझे भी अक्सर हो जाया करते थे। किसी की आँखों से, किसी के हाथों से, किसी की आवाज से, किसी की बुद्धिमत्ता से।

प्रेम का एक दादागीरीवाला स्वरूप भी था। इसमें लड़के पहले तो लड़कियों को बहलाते-फुसलाते थे। जब लड़कियाँ उन्हें लिफ्ट नहीं देती थीं तो वे ही लड़के उनके बारे में बेहद अश्लील और अपमानजनक बातें कहते फिरते थे। लड़कों की दोहरी चित्तवृत्ति और पजैसिवनेस। या तो लड़की पर पूरा कब्जा हो, नहीं तो वे उसके बारे में कोई भी उलटी-सीधी बात कहने को स्वतन्त्र हैं ? लोग उनकी बातों पर यकीन भी कर लेते थे। अगर कोई लड़का किसी लड़की के बारे में गलत बात कह रहा है तो कोई उससे सवाल नहीं करता था। लड़की को अनिवार्य रूप से दोषी मान लिया जाता था। छोटे शहरों की लड़कियाँ मेल डामीनेशन को किस तरह झेलती हैं, उसका शिकार बनती हैं, यह बात कभी किसी खबर का हिस्सा नहीं बनती। एक तरफ प्रेम अलौकिक है, आध्यात्मिक है; दूसरी ओर लड़की का लड़के से बात-भर कर लेना उसकी बदचलनी का प्रमाण है।

परिवारों में रहनेवाले डबल स्टैंडर्ड-लड़की के लिए एक मानक, लड़कों के लिए दूसरे मानक। लड़की बड़ी हुई तो प्रथम कर्त्तव्य यह कि उसे जैसे-तैसे योग्य-अयोग्य किसी भी लड़के के साथ धक्का दे दिया जाए, हो गया गंगास्नान, कन्यादान, छाती की चट्टानों का हटना। अब जिन्दगी-भर पूजो एक मूर्ख को देवता मानकर।

हमारे परिवार में चूँकि दूर-दूर तक बड़े भाईसाहब जितना पढ़ा-लिखा, बुद्धिमान कोई नहीं था, इसलिए उनकी बात सुनी जाती थी। वह नहीं चाहते थे कि उनकी बहनों का विवाह सिर्फ हाईस्कूल पास कराकर कर दिया जाए। हमारे विकास, शिक्षा और व्यक्तित्व-निर्माण में बड़े भाई ने जो भूमिका निभाई वह अनुपम है। मैं आज कुछ लिखने योग्य बन सकी तो उन्हीं के कारण। शुरू में जो कुछ लिखती थी, उसे वह ठीक करते थे, उत्साह बढ़ाते थे। मैं इन पन्नों पर उन्हें प्रणाम करती हूँ।

लेकिन दुःख की एक अजस्र धारा बहती रहती थी। जब भाइयों की अपनी गृहस्थी बस गई थी तो निश्चित रूप से हमारी दुनिया उनसे अलग हो ही जानेवाली थी। परिवार में होनेवाली बहुत सी ऐसी बातें थीं जिन्हें देख मन क्षोभ से भर उठता। आखिर इस दुनिया में आने के लिए मैं या मेरी बहन खुद ही जिम्मेदार नहीं हो सकते थे।

लिखते वक्त दिमाग में इतनी हलचल है कि लगता है बहुत कुछ छूटा जा रहा है,

जो कभी लिख ही नहीं पाऊँगी। जो लोग 'गरीबी-गरीबी' गाकर उसे ग्लैमराइज करते फिरते हैं वे नहीं जानते कि गरीबी होती क्या है ? इस दुनिया में जो गरीब है वह अपनी गरीबी और उससे जुड़े अपमान से भयंकर नफरत करता है प्यार नहीं। घटनाएँ इतनी बेतरतीबी से याद आ रही हैं कि इस वक्त उन्हें एक तरतीब से याद करना भी मुश्किल है। घर में और तो क्या स्त्रियों को अपनी पसन्द के भोजन का चुनाव करने का अधिकार नहीं होता। अक्सर घरों में भोजन वह पकता है जो घर के पुरुषों और लड़कों को पसन्द होता है। जिन घरों में मांसाहारी भोजन पकता है, वहाँ स्त्रियाँ उसे खाएँ-न खाएँ, पकाना पड़ता है। घर में पकी दाल को खाने से लड़कियाँ मना करें, सम्भव नहीं। बीचवाले भाई से माँ खौफ खाती थीं। इसलिए अक्सर चूल्हे में दो अरबी या आलू भूनकर उनके लिए रख दिए जाते थे। लड़कियाँ मूँग की दाल पीकर ही काम चला लेती थीं।

जो छोटे शहर से दिल्ली में आता है, प्रायः उसकी दो वक्त की रोटी का इन्तजाम हो जाता है। लेकिन लोग छोटे शहर को किसी स्वर्ग की तरह याद करते हैं। जो शहर रोटी देता है वह हत्यारा शहर कहा जाता है, जो खदेड़ता है वह स्वर्ग। क्या इसे सिर्फ नोस्टेलजिया कहा जा सकता है या कि दोहरापन। दिल्ली में रहते हुए मुझे अरसा गुजर गया। मुझे यह शहर बहुत प्यारा लगता है, चाहे कोई इसे नरक माने। बड़े शहर स्त्रियों को जिन्दा रहने और उनके विकास की आजादी देते हैं। आज यदि प्रतिशत निकाला जाए तो साक्षर, आत्मनिर्भर और विचारपूर्ण स्त्रियों की संख्या सबसे अधिक यहीं मिलेगी। दूसरों के मामले में टाँग न अड़ाना महानगर की विशेषता है और दूसरों को जिन्दा रहने देने का एक लोकतान्त्रिक तरीका भी।

जब बी.ए. सेकेंड ईयर में पढ़ती थी उन्हीं दिनों मेरी अध्यापिका श्रीमती राजकुमारी प्रसाद ने आकाशवाणी में कमला शास्त्री के पास भेजा। उन्होंने दस मिनट की एक वार्त्ता लिखने को दी थी। उसका विषय क्या था, यह तो याद नहीं लेकिन उसे मैंने लिखा। उसका पारिश्रमिक पन्द्रह रुपए पाकर जो खुशी हुई, आज पन्द्रह हजार भी नहीं दे सकते। यह मेरी प्रथम आय थी। लगा कि और भी कुछ कर सकती हूँ। दिशाहीन जीवन को कोई दिशा भी मिल सकती है। हर तीन महीने में एक कार्यक्रम मिलने लगा। कमला शास्त्री बड़ी बहन की तरह पेश आतीं। उन्हीं दिनों रेडियो में शरत शशांक, गीता गांगुली, विष्णु शर्मा आदि से परिचय हुआ। शरत और गीता ने बाद में विवाह भी कर लिया। विष्णु उम्र में हम सबसे बड़ा था। उसका विवाह हुआ था, लेकिन एक हादसे में उसकी पत्नी की मत्यु हो गई। हम चारों का ग्रुप था। एक-दूसरे की मदद करते थे। कहीं कोई अनुवाद। यू.एस.आई.एस. के लिए कोई काम। जिंगल, कमर्शियल कुछ भी। शरत और गीता बाद में काफी कटुता से अलग हुए। विष्णु बम्बई चला गया। वहाँ काम करने लगा। आज भी वह और उसकी पत्नी आभा चाहे वर्षों बाद मिलें, सम्बन्धों की ऊष्मा में कोई कमी नहीं नजर आती।

खैर, रेडियो कार्यक्रमों को करने से एक आत्मविश्वास पैदा हुआ। उन्हीं दिनों मैं

'हिन्दुस्तान टाइम्स' में श्री चन्द्रप्रकाश शर्मा से मिलने आई। वह दैनिक 'हिन्दुस्तान' में प्रूफ रीडर थे। वह मुझे शीलाजी के पास 'कादम्बिनी' में ले गए। एक दिन 'हिन्दुस्तान टाइम्स' में जा रही थी कि शुभाजी से मुलाकात हुई। न जाने क्या हुआ कि वह मुझे अपने कमरे में ले गईं। पता चला कि वह भी कालकाजी में रहती हैं। उन्होंने मुझे अपने घर बुलाया। वह हमारे घर आईं। उनके और मेरे बीच में ऐसा एक अनकहा बोंड बना, जो बना ही रहा।

शुभाजी ने 'साप्ताहिक हिन्दुस्तान' में खूब लिखवाया। क्षितीशजी दैनिक में थे। उन्होंने न केवल लिखने को कहा बल्कि लिखी हुई चीजों में कमियाँ निकालकर लिखना भी सिखाया। 'नवभारत टाइम्स' में श्रीमती माया शर्मा और स्वर्गीय रमेशजी ने बहुत मदद की। एक लड़की को अपने पाँव पर खड़ी होने के लिए इतना सहारा मिलना कम नहीं था।

यह दिसम्बर 1976 की बात है। एक दिन शुभाजी ने एक विज्ञापन दिखाया। उसमें प्रशिक्षु उपसम्पादक माँगे गए थे। उन्होंने एप्लाई करने के लिए कहा। मुझे पता भी नहीं था कि पत्रकारिता होती क्या है ? लेकिन उन दिनों सिर्फ इतना सूझता था कि जैसे भी हो एक छोटी सी नौकरी ही मिल जाए। कुछ संयोग ऐसा बना कि शुभाजी की मदद, श्री गौरीशंकर राजहंस, श्री जयप्रकाश भारती और श्री चन्द्रदत्त इन्दु के लिए साक्षात्कार ने मुझे यह नौकरी दिला दी। श्री राजहंस ने जब वेतन के बारे में पूछा तो मैंने चार सौ रुपए कह दिया। चार सौ रुपए उन दिनों इतनी बड़ी रकम थी कि एक रुपया घर से लेकर निकलो तो पूरा दिन कट जाता था।

इस तरह मेरी नौकरी की शुरुआत हुई। लोग कहते हैं, मैं 'नन्दन' में ट्रेनी आई थी, सहायक सम्पादक बन गई। यह सब कैसे हुआ इस बारे में फिर कभी विस्तार से लिखूँगी। जीवन के इन पचीस वर्षों में क्या खो गया, क्या रह गया इसका हिसाब-किताब होना बाकी है। कुछ वर्ष पूर्व महिला संगठनों ने कामकाजी स्त्रियों से सम्बन्धित एक रिपोर्ट तैयार की थी। उसमें बताया गया था कि जिन स्त्रियों को सफलताएँ मिलती हैं, अक्सर उनकी योग्यता, उनकी प्रतिभा, उनका परिश्रम—इस ओर ध्यान नहीं दिया जाता। प्रायः चलताऊ किस्म के फिकरे कस दिए जाते हैं। अधिकारियों के साथ उन स्त्रियों का नाम जोड़ने की कोशिश की जाती है क्योंकि आम अवधारणा यही है कि सफल स्त्री यानी उसका शरीर। लेकिन अब स्थितियाँ बदल गई हैं। काम के क्षेत्र में स्त्रियों की बढ़ती संख्या इस प्रकार की गोसिप मोंगरिंग को तोड़ रही है। यदि कुछ स्त्रियाँ भी ऐसी स्कैंडलबाजी के मर्द विमर्श में शरीक होती हैं तो वक्त उन्हें खदेड़कर दूर फेंक देता है। उनके निशान भी नहीं मिलते। मैंने खुद ऐसा होते देखा है।

'नन्दन' की नौकरी मुझे फरवरी '77 में मिली थी। अगस्त '77 में मेरा विवाह हो गया। मेरे विवाह की कहानी भी कम दिलचस्प नहीं है। सुधीश पचौरी से शादी की बात सुनकर लोग ऐसे बिदकते थे जैसे विवाह नहीं किसी की हत्या होनेवाली थी। सच बात तो यह है कि मैं विवाह ही नहीं करना चाहती थी। मेरे जीवन में कुछ कटु अनुभव

और मेरी बहन की शादी के दुःखद अनुभव—दोनों ने मेरे मन में काफी विरक्ति का भाव भर दिया था। जब भी मेरे भाई लोग शादी की बात करते मैं जवाब ही नहीं देती। आसपास लड़कों की कोई कमी नहीं थी। लेकिन मैं सोचती थी कि अगर विवाह लड़की का विक्रय है तो उसे क्यों होना चाहिए ?

सुधीश पचौरी से मेरी मुलाकात और एकाएक उनका प्रस्ताव—वह भी ऐसा जैसा मैं चाहती थी—कोई दहेज नहीं, कोई लेन-देन नहीं, कर्मकांड नहीं, विवाह भी कोर्ट में और हम दोनों जीवन-भर बहुत अच्छे मित्र की तरह रहेंगे ऐसा वायदा भी। उन दिनों जो हलचल मची। मेरे भाइयों, माँ तथा अन्य लोगों ने कहा—तेरे लिए लड़कों की कमी है जो इससे शादी करना चाहती है जिसका एक पैर जेल में रहता है।

लेकिन सुधीशजी का वह फक्कड़पन, किसी छोटी बात पर ध्यान न देना, उनकी तेजस्विता, मेधा—मुझे लगा, नहीं, मुझे यही व्यक्ति चाहिए। मैं इसी के साथ जीवन बिताना चाहूँगी। यह कितनी हैरानी की बात है कि एक लड़की अपने जीवन साथी के बारे में जैसी कल्पना करती है वह वैसे ही नहीं, उससे लाखों गुना अच्छे निकले। यह कोई अतिशयोक्ति नहीं है। मैंने एक खूबसूरत जीवन उनके साथ बिताया है। मेरी छोटी से छोटी बात की चिन्ता करना। लिखने से मेरा मन शान्त हो जाता है, इस पर खास ध्यान देना, इसके लिए परिस्थितियाँ तैयार करना—मैं अपनी पढ़ाई पूरी कर लूँ इसका आग्रह, इसीलिए मैं पी-एच.डी. कर पाई और अभी तक इतनी पुस्तकें लिख पाई। सुधीश ने कभी घर को मेरे ऊपर बोझ की तरह नहीं डाला। बच्चे और घर की जिम्मेदारियों को उन्होंने बाँटा। यदि कभी कुछ लिख रही हूँ तो वह मना करते हैं कि खाना मत बनाओ। बाजार से ले आएँगे या खुद बना लेते हैं।

मेरी-उनकी अंडरस्टैंडिंग—जिसमें मैं उनसे अपनी कोई भी समस्या डिस्कस कर सकती हूँ। वह मुझे सलाह देते हैं, बहस करते हैं। मैं रूठ भी जाती हूँ; लेकिन उन जैसे अच्छे मनवाले व्यक्ति से रूठना भी कितनी देर ! मैं उनसे कहती हूँ कि मेरा असली जीवन तो विवाह के बाद शुरू हुआ है। वह मुस्कुराते हैं। सचमुच मुझ जैसी भावुक और पागल लड़की को वही सँभाल सकते थे। स्त्रियाँ अपने लिए ऐसा ही घर तो चाहती हैं जहाँ बराबरी ऊपर से थोपी न गई हो, वह मानसिक हो, व्यवहार में दिखती हो। मैं कई बार उनसे पूछती हूँ कि उन्होंने मुझे क्यों चुना ? उनके लिए लड़कियों की कोई कमी नहीं थी। लेकिन वह कभी इस बात का जवाब नहीं देते। हो सकता है, कभी बताएँ।

मेरी मित्र नीलम गुप्ता ने एक दिन कहा था, "भाईसाहब को देखकर लगता है कि आपने पूर्वजन्म में मोती दान किए हैं।"

मैं पूर्वजन्म को नहीं मानती। लेकिन यदि ऐसा है तो मैं फिर से मोती दान करना चाहूँगी—अगले जन्म में सुधीश पचौरी के यहाँ अपनी सीट रिजर्व कराने के लिए। आमीन।

हे ईश्वर, हमें बेटियाँ जरूर देना*

पहले-पहल जब सुनीलजी का पत्र मिला कि आपको सेमिनार में बोलना है तो मुझे बहुत घबराहट हुई। डर लगा। आखिर मैं कोई विद्वान् नहीं हूँ। एक मामूली सी लेखिका हूँ। कहानियाँ-उपन्यास लिखती हूँ। आप जैसे विद्वानों के बीच मैं क्या बोलूँगी ? फिर हिन्दी में बोलूँगी, क्या आप लोग मेरी बात समझ सकेंगी।

मैं कई दिन सोचती रही कि कौन सा बहाना बनाऊँ कि मुझे न जाना पड़े और मैं भाषण देने से बच जाऊँ। महिला संगठनों में काम कर चुकी हूँ। ट्रेड यूनियंस में भी काम किया है; लेकिन एम.बी.ए. और मैनेजमेंट के क्षेत्र में तो मेरा दूर-दूर तक वास्ता नहीं रहा। आप लोग जो बड़ी से बड़ी समस्या को चुटकियों में निपटा सकती हैं, उन्हें मैं क्या सिखा सकती हूँ। लेकिन मेरी सोलह साल की लड़की ने कहा, "तुम जो ठीक समझो वही बोलना। कोई तुम पर नहीं हँसेगा।" उसकी बात पर भरोसा करके मैं यहाँ चली आई हूँ। जो कुछ थोड़ा-बहुत सोचती-समझती हूँ उसे आपके सामने रखूँगी।

मैं एक गरीब घर की लड़की, मध्यवर्ग में नई-नई शामिल हुई, उसने कोई क्रान्ति नहीं की। हाँ, जो कुछ सिर्फ मेरे लिए बदल सकता था, या अपने लेखन के जरिए जो भी बदलाव के विचार हो सकते थे उन्हें अपने पाठकों तक पहुँचाने की कोशिश जरूर की। अपने विवाह के बाद जो मुझे सबसे गैरजरूरी लगा, वह था अपना नाम बदलना। यदि किसी पुरुष का नाम ही मेरे साथ जुड़ना था, मेरी पहचान के लिए जरूरी था तो मेरे पिता का नाम ही क्या बुरा था !

तो आज कुछ बातें, कुछ अनुभव आपके साथ शेअर करना चाहती हूँ :

पिता बीमार हैं...वह सूखकर काँटा हो गए हैं—घर में इतने पैसे भी नहीं हैं कि दवाएँ तो क्या, उनके लिए एक फल या सौ ग्राम दूध खरीदा जा सके। घर में पिता की पाली गाय भी है जिसे बीचवाले भाई ने छीन लिया है। वह और उनके बच्चे—दूध, दही, घी, मक्खन उनके लिए है। बड़े भाई जो घर को आर्थिक रूप से मदद करते हैं, ऐसी जगह नौकरी पर हैं जहाँ साल-साल-भर तनख्वाह नहीं मिलती। घर में फाके की नौबत है। गाँव के लड़के इस घर की लड़कियों को इन नजरों से देखते हैं कि कब वे उनके पास जाएँ मदद के लिए और कब वे...यह मनोज कुमार की फिल्मों का गाँव

* सितम्बर 2000 में दिल्ली मैनेजमेंट एसोसिएशन की सेमिनार में व्याख्यान।

नहीं है जहाँ सब कुछ हरा-भरा, साफ-सुथरा, भाईचारे से भरा दिखाई देता है। जहाँ हर पुरुष गाँव की बहन-बेटियों को आदर की नजर से देखता है। यह पश्चिमी उत्तर प्रदेश का तीस साल पहले का एक गाँव है—जहाँ लड़कियों का घर से बाहर निकलना लगभग मना है। जहाँ यदि कोई लड़का लड़की को छेड़े तो उँगलियाँ लड़की पर उठती हैं। घरवालों की डाँट और पिटाई उसे झेलनी पड़ती है। यह वड्र्सवर्थ या राष्ट्रकवि मैथिलीशरण गुप्त का गाँव भी नहीं है; जिसे देख गुप्तजी लिखते हैं, "अहा ग्राम्य जीवन भी क्या है ?" गाँव में जिन्दा वह रह सकता है जो शक्तिशाली है। जिसके डंडे की ताकत पुजती हो। जिसके पास अनाप-शनाप पैसा हो। राजनेताओं, गुंडों, पुलिस और जमींदारों की मिलीभगत से किसी भी लड़की को घर से उठवाया जा सकता हो। यदि यह लड़की दलित की है, हरिजन की नवविवाहिता वधू है तब तो सबकी चाँदी-ही-चाँदी है क्योंकि दलित की स्त्री माने सबकी स्त्री। जाति से बहुत से समीकरण तय होते हैं, लेकिन जिस परिवार का जिक्र मैंने ऊपर किया है वह परिवार किसका है। वह एक ब्राह्मण परिवार है। उसकी वे लड़कियाँ कौन हैं? वह मैं हूँ। हाँ, मैं ही और मेरी बड़ी बहन।

चारों ओर अँधेरा है—हम लड़कियाँ हैं क्या करें ? कहाँ जाएँ ? हमारा भविष्य क्या है ? हिन्दी के प्रतिष्ठित कवि रघुवीर सहाय ने क्या हम जैसी लड़कियों के बारे में ही ये पंक्तियाँ लिखी थीं :

पढ़िए गीता, बनिए सीता
फिर उन सबमें गला पलीता
किसी मूर्ख की बन परिणीता, निज घर-बार बसाइए।

गाँव में हर रोज चीखने-चिल्लाने की आवाजें आती हैं। औरतें जोर-जोर से चीखती हैं, रोती हैं। पता चलता है, किसी औरत का पति उसे पीट रहा है। किसी की सास उसे चबूतरे पर घसीटकर घर से बाहर निकाल रही है। थोड़ी देर यह सब चलता है। फिर चारों ओर खामोशी छा जाती है। औरतों का पिटना, उन्हें जान-बूझकर भूखा रखा जाना अथवा बच्चे के जन्म के दौरान उनकी मृत्यु बहुत मामूली सी और रोज की बातें हैं। एक मर गई, या दहेज कम लाई तो क्या दुनिया में लड़कियों का अकाल पड़ गया। दूसरी आ जाएगी। आदमी की शादी की उम्र कभी निकलती है भला, अस्सी बरस की उम्र में भी वह सोलह साल की लड़की को ब्याहकर या खरीदकर ला सकता है।

एक दिन तो हद ही हो जाती है। सामनेवाले काछी का छोटा लड़का अपनी भाभी के पैर को चाकू से फाड़ देता है। कच्चे आँगन की मिट्टी उस औरत के पाँव से बहते खून को सोख लेती है। घर के आगे भीड़ इकट्ठी हो जाती है। जिस औरत को चाकू मारा गया है वह रोते-रोते, अपने बहते खून की परवाह किए बिना सबसे प्रार्थना करती है कि उसके देवर को पुलिस के हवाले न किया जाए क्योंकि यदि पुलिस उसके देवर को पकड़कर ले गई तो घर की इज्जत का क्या होगा ? सब तो यही कहेंगे कि भाभी

के कारण देवर को पुलिस ले गई। वह आदर्श भारतीय नारी है। जिसकी प्रशंसा में हमारे शास्त्र भरे पड़े हैं। वह अपनी जान देकर भी घर की इज्जत की रक्षा करती है।

लोग कहते हैं कि स्त्रियों के प्रति अत्याचार की बातों को बहुत बढ़ा-चढ़ाकर कहा-लिखा जाता है। शायद हमारे न्यायकर्ताओं को भी यही सच लगता हो, तभी तो आज तक हर रोज दहेज के लिए औरतें मारी जाती हैं और अपराधियों को सजा नहीं मिलती। भँवरीबाई, मैगसेसे पुरस्कार पानेवाली, के बलात्कारी बाइज्जत रिहा कर दिए जाते हैं।

लेकिन क्या स्थिति सचमुच बहुत निराशाजनक है ? हाल ही में स्त्रियों से सम्बन्धित जो रिपोर्ट्स आई हैं वे तस्वीर का दूसरा पक्ष प्रस्तुत करती हैं। हाल ही की जनसंख्या रिपोर्ट में बताया है कि महिलाओं में साक्षरता बढ़ी है। 'नेशनल कमीशन फॉर वुमैन' की रिपोर्ट में कहा गया है कि नौकरी करनेवाली स्त्रियों की संख्या बढ़ रही है। औरतों के विकास से सम्बन्धित संयुक्त राष्ट्र के संगठन यूनिफेम ने दुनिया की स्त्रियों की 'प्रगति रिपोर्ट 2000' जारी की है। इसमें बताया गया है कि स्त्रियों की आर्थिक प्रगति की जानकारी उनके निर्णयकारी पदों पर बैठे होने और आदमियों के मुकाबले उनकी आय से भी जानी जा सकती है। जैसे कि कितनी स्त्रियाँ रोजगार पाने की क्षमता रखती हैं या स्वयं रोजगार कर रही हैं। सन् 1990 में रोजगार देनेवाली स्त्रियों की संख्या 28 देशों में तीस प्रतिशत या इससे अधिक थी। सन् 1980 के मुकाबले 59 में से 51 देशों में प्रशासनिक और प्रबन्धन के क्षेत्रों में स्त्रियों की संख्या बढ़ी है। सन् 1990 में ही 16 देशों में 30 प्रतिशत या इससे अधिक महिलाएँ उच्च पदों पर कार्य कर रही हैं।

इन दिनों स्त्रियों की समझ में यह आ गया है, जब तक उनकी आर्थिक स्थिति नहीं सुधरती तब तक उनका विकास नहीं हो सकता क्योंकि दुनिया के 98 प्रतिशत संसाधनों पर पुरुषों का कब्जा है। इसीलिए स्त्रियाँ वित्तीय बाजार में होनेवाले परिवर्तनों में दिलचस्पी लेने लगी हैं। उन्हें अपने अनुकूल बनाने की कोशिश कर रही हैं। राष्ट्रीय-अन्तर्राष्ट्रीय स्तर पर ऐसी आर्थिक नीतियाँ बनवाने में प्रमुख भूमिका अदा कर रही हैं जो स्त्री समर्थक हों। साथ ही ग्लोबलाइजेशन के इस दौर में अधिक मानवीय हों। बदलती तकनीक से स्त्रियाँ डरने के मुकाबले उसमें अधिक-से-अधिक दक्ष होने की कोशिश कर रही हैं। अन्तर्राष्ट्रीय स्तर पर स्त्रियों में इस बात पर भी आम सहमति बनने लगी है कि उनके विकास के लिए सिर्फ ऋण देना ही काफी नहीं है बल्कि उन्हें व्यापारिक प्रशिक्षण और बाजार में होनेवाले परिवर्तनों के प्रति सही सलाह चाहिए। क्योंकि स्त्रियाँ खुद ऐसे संगठन बना रही हैं जो औरतों को ऋण आदि उपलब्ध कराते हैं।

सिंगापुर की 'यूनिफेम नेशनल कमेटी' ने एक इक्विटी फंड बनाया है जो स्त्रियों के इस तरह 'एमपावरमेट कार्यक्रमों' के प्रचार में मदद करेगा। थोड़े ही समय में यह राशि दो करोड़ डॉलर तक जा पहुँची। इसमें पचहत्तर प्रतिशत स्त्रियों ने निवेश किया है।

आज जब मैं आप लोगों के सामने बैठी हूँ। स्त्रियों के एमपावरमेंट में हम ऑर्गेनाइजेशंस और संगठनों के बारे में बात कर रहे हैं। आप लोग कल बड़े-बड़े प्रशासनिक पदों पर बैठी होंगी। मैनेजमेंट में स्त्रियाँ होंगी तो वे अपने साथ की स्त्रियों के भाग्य के बारे में सही और उचित फैसला देंगी।

इसीलिए जहाँ स्त्रियों से सम्बन्धित कानून बनाए जाते हैं यानी कि पार्लियामेंट में उन्हें तैंतीस प्रतिशत आरक्षण दिया जाए और वे बहुमत में हों। इस पर लगभग सभी महिला संगठन, स्त्रियों के लिए काम करनेवाली अन्य संस्थाएँ एकमत हैं। राजनीतिक स्वार्थों के चलते अभी तक यह बिल पास नहीं हो सका है। लेकिन खुशी की बात यह है कि दुनिया में आठ देश ऐसे हैं जहाँ पार्लियामेंट में तीस प्रतिशत स्थान स्त्रियों के लिए आरक्षित हैं। ये देश हैं—स्वीडन, डेनमार्क, फिनलैंड, नार्वे, आइसलैंड, नीदरलैंड, जर्मनी और दक्षिण अफ्रीका।

सन् 1971 में श्रीमती गाँधी के शासनकाल में पहली बार एक कमेटी का गठन किया गया था जिसे भारत की स्त्रियों के हालात का जायजा लेना था। इस कमेटी की रिपोर्ट सन् 1975 में आई थी। आज इस बात को सत्ताईस साल बीत गए हैं। इस रिपोर्ट में बताया गया था कि स्त्रियों के विकास में यदि कोई बात सबसे अधिक बाधक है तो वे हैं हमारी रूढ़ियाँ, परम्परा और रीति-रिवाज। एक आदर्श स्त्री के समाज में जो मानक हैं वे ये हैं कि वह स्त्री कभी घर से बाहर नहीं निकलती। कभी अपने लिए कुछ नहीं माँगती। हमेशा त्याग और तपस्या में लगी रहती है। सन् 1975 में ही संयुक्त राष्ट्र ने 'अन्तर्राष्ट्रीय महिला वर्ष' या 'इंटरनेशनल वुमन ईयर' मनाया था। इस बात को भी पूरे सत्ताईस साल हो गए। यही वह निर्णायक बिन्दु था जहाँ से हमारे यहाँ स्त्रियों की भूमिका में बदलाव शुरू हुआ।

महिला वर्ष की घोषणा के बाद मीडिया संवेदनशील हुआ और उसने महिलाओं की समस्याओं के प्रति गम्भीर विश्लेषणात्मक रुख अपनाया। यद्यपि इसकी जमीन हमारे यहाँ आजादी के आन्दोलन ने ही तय कर दी थी। हमारे यहाँ स्त्रियों को वोट देने का अधिकार पाने के लिए कोई संघर्ष नहीं करना पड़ा। जबकि अमरीका में वोट देने का अधिकार प्राप्त करने के लिए स्त्रियों को पूरे सत्तर वर्ष तक संघर्ष करना पड़ा था। हमारे यहाँ मीडिया का बैकलैश स्त्रियों को नहीं झेलना पड़ा है। बल्कि मीडिया ने उनकी समस्याओं को सहानुभूतिपूर्वक देखा। पहले जहाँ अखबारों-पत्रिकाओं में स्त्रियों के लिए छपनेवाली इस प्रकार की सामग्री की बहुतायत रहती थी कि अचार कैसे बनाएँ, पापड़ कैसे बनाएँ, बची हुई कतरनों का इस्तेमाल कैसे करें वहीं सन् 1975 के बाद स्त्रियों की समस्याएँ प्रमुखता से छपने लगीं। उनके लिए पर्सनल कॉलम शुरू हुए। स्त्रियों की शिक्षा, स्वास्थ्य, रोजगार सम्बन्धी मसले भी उठने लगे। मीडिया ने स्त्रियों को नई आवाज दी। फेमिनिस्ट आन्दोलन ने भी स्त्रियों की आवाज को उनके एमपावरमेंट की प्रक्रिया में सबसे पहली कड़ी माना था। वह औरत जो कल तक बोल नहीं सकती थी, पूछ नहीं सकती थी, वह आज अपनी आवाज बुलन्द कर सकती है, लोग उसकी बात

सुन सकते हैं यह क्या कोई कम बड़ी उपलब्धि है ? यही वह दौर था जब भारत में सूचना का महत्त्व बढ़ रहा था। टेलीविजन के प्रचार-प्रसार ने स्त्रियों को घर बैठे ज्ञान देना और शिक्षित करना शुरू किया। महिला संगठन बने। वे स्त्रियों को न्याय दिलवाने के लिए आगे आने लगे। बहुत से एन.जी.ओ. स्त्रियों के लिए काम करने लगे। स्त्रियों के अधिकारों की रक्षा के लिए कानून बनने लगे, जिन कानूनों में कमियाँ थीं उन्हें बदलने की माँग भी उठने लगी। ये बातें बहुत तल्ख ढंग से कही जाने लगीं—यदि विवाह जीवन-भर का साथ है तो फिर दहेज कम लाने पर औरतों को क्यों मार दिया जाता है ? यदि पढ़ाई छुड़वानी हो तो लड़कियों की पढ़ाई ही सबसे पहले क्यों छुड़वाई जाती है, उसे ही सबसे कम पोषक आहार क्यों दिया जाता है ? कारखानों में छँटनी के लिए सबसे पहले औरतों को ही क्यों चुना जाता है ?

इसी दौर में मथुरा कांड, सती, शाहबानो और अमीनो सेंटेसिस जैसे मसले भी तेजी से उभरे, बार-बार यह बात सामने आने लगी कि समाज अपने ही आधे हिस्से यानी कि स्त्रियों के प्रति कितना भेद-भावपूर्ण रवैया अपनाता है। इन मसलों को आगे लाने में महिला संगठनों ने जोरदार भूमिका निभाई। यदि ये संगठन न होते तो शायद ये सभी मसले फर्श के नीचे सरका दिए गए होते। महिला संगठनों का साथ दिया मीडिया ने। जिन्होंने साथ नहीं दिया वे थीं सरकारें। राजनेता और सरकारें कट्टरपन्थियों के सामने आत्मसमर्पण करती नजर आईं। जब भी कट्टरपन्थी सत्ता में आते हैं वे खदेड़कर स्त्रियों को ही घर के अन्दर बन्द कर देते हैं। जनप्रतिनिधि, जिन्हें स्त्रियों के पक्ष में बोलना चाहिए था वे अपराधी और जिसके प्रति अपराध हुआ है, उन दोनों के पक्ष में बोलते नजर आए। इसीलिए यह माना गया कि स्त्रियों को सत्ता में हिस्सा मिलना चाहिए। जो नेता लोग उनके लिए कानून बनाते हैं वे उनसे पूछते तक नहीं हैं। इसीलिए पंचायतों से लेकर पार्लियामेंट तक स्त्रियों के आरक्षण की बात उठने लगी। दिल्ली में महिला आयोग का बनना और प्रदेश स्तरों पर महिला आयोगों का बनना एक महत्त्वपूर्ण घटना थी। कुछ लोग कहते हैं कि जितनी स्त्री शक्ति और मुक्ति की बात उठी है, उतने ही उनके प्रति अपराध बढ़े हैं। लेकिन यह सच्चाई नहीं है। स्त्री जागरूकता का ही परिणाम है कि स्त्रियों के प्रति अपराधों को अब अपराध न मानकर फर्श के नीचे नहीं खिसका दिया जाता, बाकायदा खबर दी जाती है। जैसे-जैसे स्त्रियों में शिक्षा का प्रचार-प्रसार हुआ है वैसे-वैसे उनकी कठिनाइयाँ भी सामने आने लगी हैं। कैसे ग्रामीण और शहरी औरतें मामूली सी स्वास्थ्य सुविधाओं के अभाव में बहुत सी बीमारियों से परेशान होती हैं या मर जाती हैं।

बीजिंग सम्मेलन और हाल ही में न्यूयॉर्क में हुए बीजिंग +5 सम्मेलन ने स्त्रियों को नई पहचान दी है। स्त्रियों को आत्मनिर्भर होना चाहिए—यह बात कम-से-कम अब महानगरों में सर्वमान्य हो चली है। महिला संगठनों, एन.जी.ओ., नाटकों, पत्रकारिता ने स्त्री के पक्ष में माहौल बनाया है। जो फिल्में कभी कुटती-पिटती स्त्री को आदर्श रूप में प्रस्तुत करती थीं वे 'एमपावरमेंट ऑफ वुमेन' को सफलता का अचूक नुस्खा मानने

लगी हैं।

सारे दल स्त्रियों का वोट पाने के लिए अपने-अपने चुनावी घोषणा-पत्रों में स्त्रियों से तरह-तरह के वायदे करने लगे हैं। महिला आरक्षण के मुद्दे पर सभी दलों की सांसदों ने इसके समर्थन में जोरदार आवाज उठाई। यह एक महत्त्वपूर्ण पहल थी। दूसरी तरफ जो पुरुष नेता महिलाशक्तीकरण की बात कर रहे थे, उन्हें लगा कि यदि वास्तव में तैंतीस प्रतिशत स्त्रियाँ संसद में आ गईं तो वे सब मिलकर सरकार बना लेंगी। तब उनका क्या होगा ? इसीलिए वे आरक्षण की माँग का मजाक उड़ाने लगे। एक ने कहा, ''इन्हें तो लिपस्टिक के बारे में बातचीत करने के अलावा कोई फुरसत ही न होगी।'' दूसरा बोला, ''इन परकटी औरतों को क्या औरत माना जा सकता है।''

इस लेख के शुरू में मैंने जिस लड़की का जिक्र किया था उसका क्या हुआ ?

वह उस गाँव और कस्बे को छोड़कर दिल्ली चली आई।

दिल्ली—देश की राजधानी, महानगर; यहाँ उसने पाया कि सही अर्थों में इसी शहर ने उसे जीने की आजादी दी। उसे अवसर प्रदान किए। उसे आत्मनिर्भर बनाया।

आमतौर पर लोग महानगरों को बहुत कठोर और निर्ममता से भरा दिखाते हैं तथा छोटे शहर और गाँव को बहुत मानवीय, जबकि छोटे शहर में उसे कोई आजादी नहीं होती। उस पर हजार तरह के बन्धन होते हैं। क्योंकि स्त्री की आजादी का अर्थ उसका अनिवार्य रूप से दुश्चरित्र होना है। प्रायः इन्हीं जगहों पर स्त्रियों के प्रति होनेवाले अपराध 'इज्जत की बात' करके फर्श के नीचे खिसका दिए जाते हैं। परम्परा और रूढ़ियाँ स्त्रियों के प्रति अपराध को कितना बढ़ाते हैं ! आर्थिक अपराधों को भी परम्परा की रेशमी चादर के नीचे छिपा दिया जाता है। स्त्री को सम्पत्ति में हिस्सा न देना पड़े इसके लिए कभी उसे सती कर दिया जाता है, कभी उसे डायन और चुड़ैल बनाकर मार दिया जाता है।

अफसोस कि छोटे शहरों और गाँवों में महिला आयोग या महिला संगठनों की पहुँच नहीं है।

आपको पिछले साल कर्वी, चित्रकूट में हुई घटना याद होगी। जहाँ एक पिता अपनी ही बच्ची से बलात्कार करता रहा। माँ ने जब इसका प्रतिरोध किया तो उसने उसे भी घर से निकल जाने की धमकी दी। माँ को कोई सहारा न मिला तो वह 'वनांगना' नामक संस्था के पास पहुँची। 'वनांगना' की कार्यकर्ता महिलाओं ने उस स्त्री का पक्ष लिया तो पूरे शहर के मर्द 'वनांगना' के खिलाफ हो गए। वे कहने लगे कि ये संस्थाएँ परिवार को तोड़ रही हैं। एक बाप-बेटी के पवित्र रिश्ते को बदनाम किया जा रहा है। किसी को उस बारह साल की लड़की की चिन्ता नहीं थी जिसे उसके पिता ने ही गड्ढे में धकेल दिया। इनसेस्ट सभी समाजों में प्रचलित है। इसकी शिकार महिलाओं और लड़कियों की मुसीबत यह होती है कि आखिर वे अपने परिवार के सदस्यों की शिकायत करने कहाँ जाएँ। जिस दिन शिकायत करने जाएँगी उन्हें घर से निकाल दिया जाएगा। तब उनका क्या होगा ? क्योंकि छोटे शहरों में लड़कियों की शिक्षा और साक्षरता बढ़ने

के बावजूद उनकी आत्मनिर्भरता के साधन उपलब्ध नहीं हैं। पढ़-लिखकर भी अन्ततः उन्हें एक पति का इन्तजार रहता है और आदर्श पत्नी की भूमिका निभानी पड़ती है। इसीलिए युनिफेम की रिपोर्ट में लिखा है, ''दुनिया के बहुत से देशों में आज भी स्त्रियों की स्थिति ऐसी है कि वे घर से बाहर नहीं निकल सकतीं।'' असली चुनौती यहीं छिपी हुई है कि कैसे तमाम किस्म की सामाजिक बाधाओं को दूर कर स्त्रियों को विकास की प्रक्रिया में शामिल किया जा सके। अभी पाकिस्तान की मानव अधिकारों की प्रवक्ता आस्माँ जहाँगीर भारत आई थीं। उन्होंने बताया कि पाकिस्तान के कुछ इलाकों में 'परिवार की इज्जत' के नाम पर हर साल एक हजार से अधिक महिलाओं को मौत के घाट उतार दिया जाता है। यदि कोई स्त्री किसी गैर मर्द से बात करती पाई जाती है तो परिवार का कोई भी पुरुष उसे मार सकता है। उसे कोई सजा भी नहीं मिल सकती।

हमारे यहाँ 'सेवा' जैसे संगठन भी हैं जो गरीब स्त्रियों को आत्मनिर्भर बना रहे हैं। उनकी दैनिक जरूरतों को उन्हीं की सहायता से पूरा कर रहे हैं। हाल ही में 'वुमैन इन्फोलाइन डॉटकाम' शुरू किया गया है। हिन्दी और अंग्रेजी भाषाओं का यह पोर्टल स्त्रियों की तमाम समस्याओं पर बात करता है।

कुल मिलाकर हमें लगता है कि सभी संगठनों, संस्थाओं को मिल-जुलकर काम करना चाहिए, तभी स्त्रियों का कुछ भला हो सकता है। सुनील अब्रोलजी ने अपने पत्र में लिखा था कि डी.एम.ए. स्त्रियों के शक्तीकरण में प्रमुख भूमिका निभा रहा है। इसके लिए मैं उन्हें और आपके संगठन को बधाई देती हूँ। साथ ही शुभकामनाएँ कि हम सब मिलकर स्त्रियों के लिए एक स्वर्णिम भविष्य का सपना साकार कर सकें।

आज जब मैं लड़कियों को देखती हूँ, उनका आत्मविश्वास देखती हूँ और सबसे अधिक उनका बदला हुआ ड्रेसकोड देखती हूँ तो लगता है, जिन चीजों के समर्थन में पिछले पचीस सालों से लिख रही हूँ वे मेरे जीवन में ही मेरे सामने हो रही हैं। क्या इससे अधिक खुशी किसी लेखिका के लिए हो सकती है कि जैसा उसने सोचा था, बिल्कुल वैसा ही हो गया। लड़कियों को भाषा मिलना, उनका आत्मनिर्भर होना, रूढ़ियों से परे निकलकर आत्मविश्वास से भरे कपड़े पहनना—यही उनकी मुक्ति का पहला कदम है।

'अथर्ववेद' में कहा गया है कि ''हे ईश्वर, पुत्र हमारे घरों में पैदा हों, पुत्रियाँ दूसरों के घर।''

लेकिन आनेवाले दिन ऐसे जरूर होंगे जब सभी माता-पिता ईश्वर से प्रार्थना किया करेंगे, ''हे ईश्वर, हमें बेटियाँ जरूर देना।''

उसका अपराध

नारियों की दारुण दशा को चित्रित करने के लिए लेखिका होना कोई अनिवार्य शर्त तो नहीं। लड़कियाँ दोयम दर्जे की नागरिक हैं यह बात तो उसी दिन तय हो जाती है जब वह गर्भ में आती हैं। यदि उस दिन तय नहीं हुई तो जिस दिन वह जन्म लेती है लटके और सूजे हुए चेहरे दीखती है या यह आप्त वाक्य सुनती है, "अरे, आजकल लड़के-लड़की में कोई फर्क थोड़े ही है।" यह वाक्य ही जैसे चीख-चीखकर कहता है, "फर्क है...फर्क है। लड़की पैदा हुई हो कोई बात नहीं हो तो लड़के जैसी। यानी कि लड़की हो लड़का बनकर दिखा देना।"

आखिर जिस औरत को पूजने की बात आप कह रहे हैं वह कौन सी है। अब से कुछ वर्ष पहले तक हम सभी भारतीय स्त्रियों का रोल मॉडल कौन सी स्त्री थी।

वही न, जो धरती की तरह सहती थी, सहती ही चली जाती थी; जो करुणा की प्रतिमूर्ति थी, जो पति के पीटने को भाग्य स्वीकार कर पिटती ही चली जाती थी और जब पतिदेव पीट-पीटकर पसीने-पसीने हो उठते थे तो अपनी चोटों की परवाह किए बिना 'स्वामी' कहते हुए अपने पल्लू से अपने देवता के माथे का पसीना पोंछती थी। वह देवी थी। पूजने लायक थी। कभी क्रोध नहीं करती थी। अन्नपूर्णा थी। सती-सावित्री थी। पति को आगे बढ़ाकर स्वयं हमेशा उसकी छाया बनी उसके पीछे खड़ी रहती थी। आखिर औरतें होती ही इसलिए हैं कि वे पतिदेव के कैरियर को आगे बढ़ाते हुए हमेशा पीछे खड़ी रहें।

स्त्रीवादी विचार ने और किया सो किया, पूज्य होने के इस विचार की धज्जियाँ उड़ा दी हैं। पहली बार स्त्री को पता चला है कि देवी होने के जिस अभिमान से वह मरी जा रही थी वह दरअसल उसकी महानता का आख्यान नहीं, मर्दों द्वारा सदियों से बनाया गया ऐसा विचार भर था जिसने कभी पूजकर, तो कभी पीटकर अपनी सत्ता कायम कर रखी थी। सारे मानदंड, श्लील-अश्लील की परिभाषाएँ, संस्कृति-अपसंस्कृति की बहस स्त्री के शरीर से होकर मर्दों की नजरों में पहुँचते हुए समाप्त हो जाती है। नहीं तो क्या वजह है कि शरीर तो स्त्री का है लेकिन वह क्या पहनती है, कैसे रहती है, कैसे चलती है, कैसे हँसती है, कैसे बोलती है, कैसी दिखती है—इन सबका विधान आदमियों ने बनाया हुआ है। आज भी संस्कृति की सारी बहस स्त्री की स्कर्ट की ऊँचाई-नीचाई से तय होती रहती है। आखिर आदमियों को यह हक क्यों होना चाहिए

कि वे यह बताएँ कि औरतें किस तरह का आचरण करें ? स्त्रियों की बनी-बनाई छवि का आतंक इस कदर है कि यदि हमें जरा सी भी इधर-उधर हुई स्त्री दिखती है तो मर्द लोग अपने दिमाग में बने-बनाए खाँचे को निकालते हैं। यदि औरत उस खाँचे में फिट नहीं बैठती तो फौरन उसे खलनायिका की श्रेणी में रख दिया जाता है। हिन्दी के कई मनुवादी मर्द लेखक इससे मुक्त नहीं हैं। उन्हें वे सारी औरतें अच्छी लगती हैं जो उनकी सफलता में हिस्सेदारी करती हैं, जिनका वे हाथ पकड़ सकते हैं, जिनके कन्धे पर सिर रख सकते हैं। बाकी दुनिया की हर लेखिका उन्हें वह स्त्री नजर आती है जो अपनी रचनाएँ छपवाने के लिए सम्पादकों की चम्पी करती है, उनके साथ सोती फिरती है। लेकिन ख़ुशी की बात यह है कि इस प्रकार के मर्दवादी विचार के दिन अब लद चुके हैं। स्त्रियाँ प्रश्न पूछना और जवाब देना सीख गई हैं। वे मर्दों के बनाए विधान से बाहर निकल रही हैं। उसे तोड़ रही हैं। वे बीजिंग सम्मेलन में घोषणा कर रही हैं, "यह मेरा शरीर है। इसके बारे में फैसला करने का अधिकार भी मुझे ही होना चाहिए।"

लोग इस विचार को पाप मान रहे हैं। उन्हें लग रहा है कि स्त्री की स्वतन्त्रता का यह विचार उनसे वह स्वायत्तता छीने ले रहा है जो मर्द होने के कारण अब तक उन्हें मिली हुई थी। पहले बलात्कार भी स्त्री का होता था अपराधिनी भी वही ठहराई जाती थी, और अपराधी मूँछों पर ताव देता घूमता था। आज बलात्कार की शिकार स्त्री सिर ऊँचा कर चिल्ला-चिल्लाकर अपराधी का नाम बता सकती है। जब तक वह नाम नहीं बताती थी खुद घुट-घुटकर दम तोड़ती थी तब तक श्लील-अश्लील के पैरोकारों के लिए स्वर्ण युग था, लेकिन जब से स्त्री ने उँगलियाँ उठाना चालू किया है उसकी तरफ उठी हुई सारी उँगलियाँ कसमसा रही हैं। उन्हें चारों तरफ अश्लीलता का खतरा मँडराता दिखाई दे रहा है। बेचारे ! समय की गति अगर वे बदल सकते ?

मुझे कहानियाँ लिखते बीस वर्ष से अधिक हो गए। 'सारिका नवलेखन विशेषांक' 1979 में कहानी 'काला कानून' छपी थी। उसी कहानी में मैंने दूसरी औरत के अधिकार का सवाल उठाया था। आखिर जब आदमी दूसरी औरत रख लेता है तब वास्तविक रूप में वह क्या खोता है ! जो कुछ खोती है वह या तो पत्नी खोती है या दूसरी औरत। दूसरी औरत इसलिए अधिक खोती है कि न तो उसे उत्तराधिकार का कोई कानूनी हक मिलता है, न पत्नी होने का। यहाँ तक कि उसके बच्चे भी अवैध कहलाते हैं। समाज की ओर से सहानुभूति तक नहीं मिलती।

मुझे हमेशा ऐसी स्त्रियाँ फैसीनेट करती रही हैं जिन्होंने किसी-न-किसी रूप में समाज को चुनौती दी है। जो डरती नहीं, जो दबती नहीं, जो हर कानून, हर मर्यादा को चुनौती दे सकती हैं। और क्यों नहीं, इस समाज को हमेशा गिड़गिड़ाती, रोती, कलपती दुखियारी स्त्रियाँ ही क्यों चाहिए ?

अक्सर लोग कुछ मजाक-भरे स्वर में कहते हैं कि आखिर आपको क्या कष्ट है ? अच्छी नौकरी है, परिवार है, सुख-सुविधाएँ हैं। एक-आध मसीहा ऐसा भी है जो भरे हुए गले से बुझे हुए पटाखे की तरह दहाड़ता है, "जहाँ सचमुच शोषण है वहाँ तो जाते

नहीं, यहाँ बैठकर शोषण के गीत गाते हैं।''

ऐसे सवाल करनेवाले समझते हैं कि वे स्त्रीवादी सोच पर उँगली उठाकर कुछ बहुत ही मौलिक सवाल उठा रहे हैं। ऐसे लोग हर उस चीज पर सवाल उठा सकते हैं जो उनकी सुविधा के रास्ते में काँटे की तरह गड़ती है। यदि मर्द आगे बढ़ते हैं, खूब छपते हैं, खूब लिखते हैं तो यह उनकी प्रतिभा का कमाल है; लेकिन यदि कोई स्त्री लिखती है, छपती है तो वह अपनी प्रतिभा नहीं 'एक्स्ट्रा करीकुलर एक्टिविटीज' के कारण छपती है। जरा सा खरोंचिए कि प्रगतिशीलता के गूदड़ों में अन्दर दबा मर्द फुँफकारने लगता है, ''यह औरत जबान लड़ाती है। पलटकर जवाब देती है, साली क्या समझती है अपने को ? औरत होकर यह दुःसाहस ! इसको तो एक बार में ठीक किया जा सकता है। जिनके साथ रहती है, चाय पीती है, नाम जोड़ दो उनके साथ। बस काम खत्म। साथ में अफसर का नाम भी, फिर कुछ करने की जरूरत ही नहीं रह जाएगी।''

अब तक मैं सत्तर-अस्सी कहानियाँ लिख चुकी हूँ। इन कहानियों में मैंने बदलती स्त्री छवि को देखने की कोशिश की है। 'परछाईं अन्नपूर्णा' नामक उपन्यास इसी कामकाजी औरत को उसकी सम्पूर्ण अच्छाइयों और बुराइयों के साथ देखने की कोशिश है। सैकड़ों लेख लिखे हैं। मैंने देखा है कि मीडिया के फैलाव ने स्त्रियों को बहुत कुछ सिखाया है। घर में बैठी स्त्री जो अपना समय काटने-भर के लिए टी.वी. देखती है, पत्रिकाएँ पढ़ती है वह भी कुछ-न-कुछ सीखती है।

जिन लोगों को अब तक भाग्य, जाति, कर्त्तव्य या लिंग के आधार पर दबाकर रखा गया है, अचानक मीडिया ने उन्हें उनके घर में बैठकर सही मायनों में यह अर्थ बताए हैं कि ''इस दुनिया में हम सब बराबर हैं। कोई छोटा-बड़ा या स्त्री-पुरुष नहीं है।'' इसीलिए अतीत में जो लोग दूसरे की सत्ता को अपना भाग्य मानकर स्वीकार कर लेते थे, जैसे दलित, स्त्रियाँ, आदिवासी या अन्य, वे अब खम ठोककर सारे सर्वशक्तिमानों को चुनौती दे रहे हैं। सर्वशक्तिमान—जिनके पास सारी शक्तियाँ हैं और उनके उपयोग की नैतिक वैधता भी। वे समझ नहीं पा रहे कि उनकी सत्ता को चारों तरफ मिलती चुनौती से कैसे निबटें ? कैसे अपनी मर्दानगी के उखड़ते तम्बुओं को दोबारा गाड़ें। कैसे दलितों को उनकी जाति के आधार पर लानतें भेजकर गुलाम बनाकर, कर्त्तव्य-अकर्त्तव्य का पाठ पढ़ाएँ। कैसे स्त्री को उसी के शरीर का डर दिखाकर ब्लैकमेल करें ? इन जगत्-जीतों की दिक्कत ये है कि कल तक जो कुछ पर्दे के पीछे करके ये सते-सावित्री बने घूमते थे वह आज खुलेआम हो रहा है। पाप कल भी होता था, लेकिन घूँघट में होता था तो इनकी नैतिकता बची हुई थी। बहन-बेटियाँ सुरक्षित थीं। अपनी माँ, बहन, बेटी, बीवी सुरक्षित रहे, बाकी औरतों का जो होता है हुआ करे। लेकिन मुश्किल यह है कि नैतिकता के ये पुजारी जब घर की ओर कूच करते हैं और बेटी मिनी स्कर्ट माँग बैठती है तो न निगलते बनता है, न उगलते। साहित्यकारों के बीच यह दोगलापन भारी मात्रा में मौजूद है। इसीलिए कई महान साहित्यकार अपने जीवन में घोर कंजर्वेटिव और लेखन में बहुत प्रगतिशील नजर आते हैं। जिन बनावटी दुःखों की वे गाथा गाते हैं

दरअसल वे जानते ही नहीं कि दुःख होता क्या है ? किसी स्त्री से पूछिए, किसी दलित से पूछिए जन्मना दुःख क्या होता है ? सारी सुविधाएँ हों, अच्छी नौकरी हो, बाप का दिया घर हो तो दुःख के गीत गाना भी बहुत आसान है।

मैं अक्सर इस दोगलेपन पर कलम चलाती रही हूँ। आगे भी चलाऊँगी। मैं सामाजिक तौर पर एक मजबूत स्त्री देखना चाहती हूँ, जिससे कोई यह कहने की हिम्मत न कर सके, ''औरत हो औरत की तरह रहा करो।'' जहाँ स्त्री का जन्म लेना ही उसका अपराध न हो जाए।

('निमित्त', 1997)

दूधो नहाओ, पूतो फलो

किसी मनुष्य की इच्छाएँ क्या होती हैं ? यदि मोटा-मोटा हिसाब लगाएँ तो वे हैं—धन की प्राप्ति, पुत्र की कामना, राजयोग, शत्रु पर विजय और सुख-शान्ति। इनमें भी लड़कियों की इच्छाएँ क्या हो सकती हैं—अच्छा पति मिले (जिस पर आज भी लड़की का कोई बना नहीं है कि वह अच्छा होगा या नहीं), राजरानी बने यानी कि सारी भौतिक सुविधाएँ उसे मिलें। मनपसन्द पति मिले, पुत्र की प्राप्ति हो—ये सारी मनोकामनाएँ कैसे पूरी हो सकती हैं। व्रत करने से। इसमें भी सात दिनों में अलग-अलग इच्छाएँ पूरी करने के लिए अलग-अलग दिन व्रत करने हैं। इन व्रतों को करने के लिए किसी पंडित की जरूरत नहीं है। इनसे सम्बन्धित सारे कर्मकांड 'सप्तवार व्रतकथाओं' में मिल जाएँगे। इन किताबों के उपलब्ध होने से पंडित की अनिवार्यता खत्म हो गई है। स्त्रियों की साक्षरता ने इस कर्मकांड के लिए पंडितों पर उनकी निर्भरता को कम किया है। व्रतकथाओं जैसी पुस्तकें बेहद घटिया कागज पर छपी हैं। फिर भी इन पुस्तकों की बिक्री का अनुमान नहीं किया जा सकता। एक प्रकाशक को अपनी पुस्तक बेचने के लिए पूरा-का-पूरा तन्त्र विकसित करना पड़ता है, मगर इन पुस्तकों की बिक्री के लिए न तो कोई प्रचार चाहिए, न विज्ञापन, न दुकानें, न सेल्स एजेंट। इनकी बिक्री मेले-ठेलों साप्ताहिक बाजारों से लेकर परचून की दुकान तक की जा सकती है क्योंकि भारी मात्रा में ग्राहक (ग्राहिकाएँ) उपलब्ध हैं। सस्ते दामों पर मिलनेवाली ये कथाएँ स्त्रियों के बीच बहुत लोकप्रिय हैं क्योंकि पुस्तकों में हर व्रत के साथ उससे जुड़ी कथा को पढ़ना, सुनना और सुनाना अनिवार्य बताया गया है।

क्रम से 'सप्तवार व्रतकथा' के व्रतों की कहानी और ये व्रत क्यों करने चाहिए देखते हैं।

रविवार व्रतकथा : रविवार का व्रत 'सर्व मनोकामना पूर्ति' वाला बताया गया है। भोजन के बारे में निर्देश दिए गए हैं कि सूर्य छिपने से पहले अवश्य भोजन कर लेना चाहिए। भोजन में नमक और तेल का प्रयोग नहीं करना चाहिए। इस व्रत के फल के बारे में कहा गया है कि इसे करने से मान-सम्मान बढ़ता है। शत्रुओं का क्षय होता है। आँख के अतिरिक्त सभी पीड़ाएँ दूर हो सकती हैं।

व्रतकथा कुछ इस तरह से शुरू होती है—एक बुढ़िया गाय के गोबर से अपने घर को लीपती, फिर भगवान् का भोग लगाकर ही कुछ खाती-पीती थी। बुढ़िया बेचारी

गरीब थी। उसके पास गाय तो थी नहीं इसलिए वह पड़ोसिन की गाय का गोबर उठा लाती थी। पड़ोसिन ने यह देखा तो गाय को उसने घर के अन्दर बाँध लिया। अगली सुबह घर न लीपने के कारण बुढ़िया भगवान का भोग न लगा सकी। इसलिए उसे भूखा रहना पड़ा (यहाँ लीपने यानी कि सफाई को कर्मकांड से जोड़ दिया गया है)। बुढ़िया भूखी ही सो गई। सपने में भगवान ने पूछा। सारी बात जानकर भगवान् ने कहा कि मैं ऐसी गौ दूँगा जो सारी मनोकामना पूरी करेगी। मैं निर्धन को धन और बाँझ स्त्रियों को पुत्र देकर (पुत्री नहीं) दुःख दूर करता हूँ। भगवान के ऐसा कहते ही सचमुच बुढ़िया के आँगन में एक गाय आ खड़ी हुई। यह गाय ऐसी-वैसी नहीं थी, सोने का गोबर करती थी।

बुढ़िया चूँकि गाय को घर के बाहर बाँधती थी इसलिए उसे पता ही नहीं चला कि उसकी गाय सोने का गोबर करती है। पड़ोसिन को यह बात पता चल गई थी इसलिए वह बुढ़िया की गाय का गोबर उठा ले जाती और अपनी गाय का गोबर वहाँ रख जाती। भगवान ने यह देखा तो एक शाम उन्होंने तेज आँधी चला दी। बुढ़िया ने अपनी गाय को अन्दर बाँध ली, तब उसे पता चला कि उसकी गाय तो सोने का गोबर करती है। (यहाँ भगवान की कृपा के अतिरेक में यह बात भुला दी गई है कि यदि बुढ़िया की गाय सोने का गोबर करेगी तो वह आँगन किससे लीपेगी।)

जब पड़ोसिन को मुफ्त का गोबर मिलना बन्द हो गया तो उसने बुढ़िया की शिकायत राजा से की। कहा कि "महाराज, वह बुढ़िया इतने सोने का क्या करेगी ? आप उस गाय को ले आइए और उस सोने से प्रजा का पालन कीजिए।" राजा ने तुरंत अपने कर्मचारी भेजे, जो बुढ़िया से गऊ छीन लाए। लेकिन गऊ के आते ही राजा को पूरा महल गोबर से भरा नजर आने लगा। भगवान् ने सपने में राजा से कहा कि "तेरा भला इसी में है कि तू बुढ़िया को गाय लौटा दे। मैंने बुढ़िया को रविवार के व्रत के कारण गाय दी है।" राजा ने बुढ़िया को गाय लौटा दी, पड़ोसिन को दंड दिया और आदेश निकाला कि सब रविवार का व्रत किया करें।

पूरी कथा में व्रत नियम से धन मिलने की बात पर जोर दिया गया है। ईश्वर चाहे तो गोबर को भी सोने में बदल सकता है, यह बताया गया है। चूँकि गोबर से लीपने की बात सिद्ध करनी है इसलिए गाय सिर्फ गोबर ही नहीं, दूध भी देती होगी, यह कहीं नहीं बताया गया। पड़ोसी पड़ोसी से जलता है, इस बात पर भी जोर है। कहानी में एक-दूसरे से जलनेवाली औरतें हैं। इनके घर में कोई पुरुष भी है यह पता नहीं चलता। कहानी में इस बात पर भी जोर है कि बिना ईश्वर की मदद के न्याय नहीं मिलता। राजा भी अन्त में उसी की बात सुनता है, जिसके साथ ईश्वर होता है। यही नहीं व्रत, धर्म, कर्म का मूल उद्‌देश्य भौतिक लाभ है यानी कि सोने की प्राप्ति। रविवार की आरती की हर पंक्ति में 'राम' आता है।

सोमवार व्रत कथा : सोमवार के व्रत के बारे में बताया गया है कि यह शिव का व्रत है। शिव-पार्वती के पूजन के बाद व्रत की कथा सुननी चाहिए। सोमवार के व्रत

तीन प्रकार के हैं—सोमवार, प्रदोष व्रत और सोलह सोमवार।

इस कथा में एक धनवान साहूकार था। वह शिव भक्त था। उसका कोई पुत्र नहीं था। वह पुत्र प्राप्ति के लिए शिव का व्रत करता था (व्रत करनेवाला पुरुष)। जब साहूकार ने शिवजी की खूब पूजा की तो पार्वती ने शिवजी से कहा कि वह उसकी मनोकामना पूरी कर दें। शिवजी ने कहा कि वह उसे पुत्र तो दे सकते हैं मगर उसकी उम्र सिर्फ बारह वर्ष होगी। साहूकार भगवान् की बातें सुन रहा था। उसके यहाँ पुत्र पैदा हुआ। जब वह ग्यारह साल का हुआ तो पत्नी उसके विवाह (बाल विवाह) की जिद करने लगी। लेकिन साहूकार नहीं माना। उसने अपने साले के साथ लड़के को काशी पढ़ाने भेजा। यह आदेश भी दिया कि रास्ते-भर यज्ञ करते जाओ और ब्राह्मणों को भोजन कराते जाओ।

वे रास्ते में जा रहे थे तो वहाँ की राजकुमारी का विवाह हो रहा था, मगर दूल्हा काना था। दूल्हे के पिता ने जब साहूकार के लड़के को देखा तो दूल्हे की जगह उसे घोड़े पर बिठा दिया। फेरे होने के बाद उसने राजकुमारी की चुन्नी पर लिख दिया, राजकुमार काना है और मैं काशी पढ़ने जा रहा हूँ। यह पढ़कर राजकुमारी ने राजकुमार के साथ जाने से मना कर दिया। बारह साल का होते ही लड़का मर गया। लेकिन पार्वती के आग्रह पर शिव ने उसे जिन्दा कर दिया। लौटते हुए वह अपनी पत्नी को भी विदा कराता लाया। जब वह अपने घर वापस आया तो उसकी माँ ने खुश होते हुए साहूकार से कहा, "आपका बेटा अपनी पत्नी के साथ वापस आया है।" यहाँ भी व्रत शिव का है और आरती राम की है।

प्रदोष व्रत में बताया गया है कि एक ब्राह्मणी अपने बेटे के साथ भीख माँगती है। उसकी भेंट एक राजकुमार से होती है। वह उसे भी पाल लेती है। राजकुमार का गन्धर्व कन्या से विवाह हो जाता है। जब वह राजा बनता है तो ब्राह्मणी के बेटे को मन्त्री बना लेता है।

सोलह सोमवार व्रतकथा में शिव पार्वती के साथ अमरावती में रहते हैं। वहाँ वह चौसर खेलने लगते हैं। पुजारी कहता है कि शिवजी जीतेंगे, मगर पार्वती जीत जाती हैं। वह क्रोधित होकर पुजारी को कोढ़ी होने का शाप देती हैं। पुजारी की यह हालत कुछ अप्सराएँ देखती हैं। वे पुजारी से कहती हैं कि शिवजी तुम्हें शाप-मुक्त करेंगे। सोलह सोमवार का व्रत करो। पुजारी ने वैसा ही किया और वह रोगमुक्त हो गया। पार्वती को जब यह पता चला तो उन्होंने व्रत की विधि पूछी और व्रत करने लगीं। इस व्रत के फल के कारण उनके रूठे हुए पुत्र कार्तिकेय वश में आ गए। व्रतकथा यहीं समाप्त नहीं होती। कार्तिकेय को जब यह पता चलता है कि पार्वती के व्रत के कारण वह मन गए हैं तो वह सोचते हैं कि इस व्रत को वह भी करेंगे क्योंकि उनका ब्राह्मण मित्र खो गया है। यह व्रत भगवान् और इनसान के लिए समान फलदायक है। कार्तिकेय का मित्र मिल जाता है। वह भी सोलह सोमवार का व्रत करने लगता है। उसका विवाह राजकन्या से हो जाता है। (इन कथाओं में गरीब-से-गरीब आदमी राजकन्या से विवाह

के सपने देखता है, जैसे कि आजकल विश्व सुन्दरियाँ सबके सपनों में आती हैं) राजकुमारी पुत्र प्राप्ति के लिए व्रत करने लगी। उसका पुत्र बड़ा होकर राजा बनने के लिए व्रत करने लगा। एक बूढ़े राजा ने अपनी कन्या का विवाह उससे कर दिया। उसने पत्नी से शिवालय चलने को कहा। उसके मना करने पर आकाशवाणी हुई कि इसे घर से निकाल दो।

(उन दिनों शायद पत्नी को घर से निकाल देने का चलन इतना ज्यादा है कि आम आदमी से लेकर राजा तक ऐसा आचरण करते दिखाई देते हैं। व्रत करने का मूल उद्देश्य भौतिक सुख-सुविधाओं का बढ़ना। सोलह सोमवार के व्रतकथा के अब तक के निष्कर्ष हैं—रोगमुक्ति, रूठे पुत्र का मन जाना, मित्र का मिलना, राजकुमारी से विवाह, पुत्र की प्राप्ति, राज्याधिकार, पति का मिलना, प्रजा में सुख-शान्ति। इस पूरे कार्य व्यापार में श्रम के मुकाबले व्रत करने के कारण हुए चमत्कार को बताया गया है। मजेदार बात यह है कि आकाशवाणी से यानी कि देवता पति को आदेश देता है कि पत्नी को घर से निकाल दे, जबकि सीताजी को घर से निकालने के मामले में यह बला धोबी के सिर मढ़ दी जाती है।)

यह कथा आगे बढ़ती है। जब राजा दरबार में देवता के आदेश के बारे में बताता है तो मन्त्री आदि दुःखी होते हैं कि जिसके कारण राज्य मिला उसी को घर से निकाला जा रहा है (पुत्र न हो तो दामाद को राजा बनाया जा सकता है, पुत्री को नहीं)। आश्चर्य कि राजकुमारी को कोई बचाने नहीं आता। उसे कहीं शरण नहीं मिलती। वह एक बुढ़िया के पास जाती है, उसका सूत उड़ जाता है, तेली के मटके फूट जाते हैं, नदी का जल सूख जाता है, सरोवर के जल में कीड़े पड़ जाते हैं, तब कुछ ग्वाले रानी को गुसाईंजी के पास ले जाते हैं (मददगार निचली जातिवाले, तारनहार हमेशा ब्राह्मण ही)। रानी की शक्ल देखते ही गुसाईंजी समझ जाते हैं कि यह कोई कुलीन अबला है (यानी कि यदि वह कुलीन न होती तो पुजारीजी के यहाँ आश्रय न मिलता)। पुजारीजी उसे सोलह सोमवार का व्रत करने की सलाह देते हैं। जैसे ही व्रत खत्म होते हैं कि राजा के मन में ख्याल आता है कि रानी पता नहीं कहाँ भटकती होगी। उसे ढूँढ़ना चाहिए। रानी का पता लगने पर राजा उसे ले जाता है और ब्राह्मणों को दान देता है।

सारे भौतिक सुखों को प्राप्त करने के लिए कथा में से कथा निकालते हैं। राजा की मदद ब्राह्मण करते हैं और ब्राह्मणों की मदद राजा यानी कि क्षत्रिय। इन कथाओं में उच्च जातिवाले, उच्च जातिवालों की ही मदद करते रहते हैं।

शिव की पूजा से मोक्ष मिल सकता है या स्वर्ग जाया जा सकता है यह कहीं नहीं बताया गया। इस व्रत से कितना अधिकार, कितनी ताकत, कितना पैसा मिल सकता है इस बात पर जोर है। गरीब आदमी जिसके पास न धन की ताकत है, न सत्ता की वह इन्हीं की कामना में जीवन काट देता है। ये कथा उसके मन तक पहुँच, उसे यह आशा बँधाती है कि अगर वह यह व्रत करे तो उसकी इच्छाएँ पूरी हो सकती हैं क्योंकि गरीब और अमीर, राजकुमार और रंक, ईश्वर की नजर में सब बराबर हैं। इस व्रत के

करने की विधि धरती के किसी आदमी ने नहीं बल्कि अप्सराओं ने बताई है। व्रत के लिए जो सामान गिनाया गया है वह है—आधा सेर आटा, घी, गुड़, दीप, नैवेद्य, पुंगीफल, बेलपत्र, जनेऊ, चन्दन, फूल। क्या इतना सामान कोई गरीब जुटा सकता है ? जनेऊ-दलित व्यक्ति उन दिनों कहाँ से लाता होगा कोई यह बताए ? वैसे ही सब देवताओं में जिस देवता की पूजा में किसी कर्मकांड की जरूरत नहीं है वे शिव ही हैं; लेकिन इस कथा के जरिए उन्हें भी कर्मकांड को दायरे में लाने की कोशिश की गई है, जिससे कि पंडितों के खाने-पीने का सामान जुटा रहे। इस व्रत को करनेवाले और भगवान् शिव के बीच यह व्रत एक सीधी-सरल सीढ़ी है जिसके करने से शिव को प्रसन्न कर सारी भौतिक सुख-सुविधाएँ प्राप्त की जा सकती हैं।

मंगलवार व्रतकथा : मंगल के व्रत के बारे में शुरुआत में ही बताया गया है कि यह सर्व सुखकारक है। इसे करने से रक्तविकार दूर होते हैं, राज सम्मान मिलता है, पुत्र की प्राप्ति होती है (पुत्री किसी को नहीं चाहिए) इस व्रत को इक्कीस हफ्ते तक करने की बात कही गई है। व्रतकथा की शुरुआत भी ब्राह्मण दम्पति से की गई है। ब्राह्मण पुत्र-प्राप्ति के लिए हनुमानजी की पूजा करने जंगल में जाता है। ब्राह्मणी घर में मंगल का व्रत करती है। एक बार ब्राह्मणी हनुमानजी की पूजा नहीं कर पाती। वह तय करती है कि अगले मंगल को हनुमानजी का भोग लगाकर ही पूजा करेगी। उसकी तपस्या से हनुमानजी प्रसन्न हो, वहाँ खुद बालक बनकर रहने लगे। लौटकर जब ब्राह्मण घर में एक बच्चे को देखता है तो उसे अपनी पत्नी के चरित्र पर शक होता है। वह बालक मंगल को फुसलाकर अपने साथ ले जाता है और उसे कुएँ में धकेल देता है। ब्राह्मण जब घर लौटकर आता है तो उसे हँसता हुआ बालक मंगल दिखाई देता है।

चमत्कार के अलावा व्रतकथाओं का केन्द्रीय भाव डर है। डर दिखाकर ही सत्ता स्थापित की जा सकती है। फिर वह डर भगवान् का हो, राजा का या किसी तानाशाह का। इस कथा में लाल वस्त्र पहनने और लाल फूलों से पूजा करने पर जोर है।

मंगल की दूसरी कथा में एक बुढ़िया के बेटे का नाम मंगलिया है। बुढ़िया मंगल के दिन न घर को लीपती है, न खोदती है (क्यों, कारण नहीं बताया गया)। एक दिन मंगलवार के दिन एक साधु आता है, वह बुढ़िया के घर आकर कहता है, "तू लीप दे तो मैं भोजन करूँ।" बुढ़िया कहती है, "मेरा व्रत है, मैं लीपूँगी नहीं।" एक ओर रविवार की कथा में बुढ़िया लीपे बिना कुछ नहीं करती, जबकि मंगल की कथा में वह नहीं लीपती। साधु बुढ़िया से कहता है कि वह अपने बेटे को बुलाए। वह उसकी पीठ पर खाना पकाएगा। बच्चे की पीठ पर अँगीठी रखकर साधु खाना पकाता है, मगर बच्चे को कुछ नहीं होता है। (परीक्षा लेने का कितना क्रूरतम तरीका है। बच्चों की बलि देकर भगवान् को प्रसन्न करने का पाठ लोग यहीं से पढ़ते हैं) बच्चे के प्रति बरती गई निर्ममता को आदर्श की तरह प्रस्तुत किया गया है। साधु-सन्तों के कहने पर कितने मासूम अपनी जान से हाथ धो बैठते हैं। जबकि बलि चढ़ानेवाले माता-पिता को अक्सर लगता है कि ईश्वर की कृपा के कारण उनके बच्चे को कुछ नहीं होगा। कथा में जीवन के बीच में

चमत्कारों और अन्धविश्वासों को इस तरह से पिरोया गया है कि उन्हें अलग करना मुश्किल है।

आमतौर पर इन व्रतकथाओं में स्त्रियाँ विधवा, बुढ़िया, बेसहारा अथवा एक पुत्र की माँ हैं। पुत्री कहीं दिखाई नहीं देती। न ही पुत्री की दीर्घायु या पुत्री जन्म की बात कही गई है।

बुधवार व्रतकथा : बुधवार की व्रतकथा में भी सर्व सुखों का हवाला दिया गया है। हरी चीजों के सेवन और शंकरजी की पूजा का निर्देश दिया गया है।

कथा की शुरुआत में बताया गया है कि एक आदमी अपनी पत्नी को विदा कराने जाता है। ससुरालवाले मना करते हैं कि बुध को नहीं जाते। वह नहीं मानता और पत्नी को विदा करा ले जाता है। रास्ते में पानी लेने जाता है। लौटकर देखता है कि उसी का एक हमशक्ल पत्नी के पास आकर बैठा है। पत्नी भी पहचान नहीं पाती। तब आकाशवाणी होती है कि यह बुधदेव की माया है। जहाँ चीजें तर्क से सिद्ध नहीं होतीं वहाँ आकाशवाणी करवा दी जाती है। फिर भगवान् चमत्कार और पाखंड को सिद्ध करने के लिए क्यों आकाशवाणी करता फिरता है, यह समझ में नहीं आता। कथा के अन्त में यह भी कहा गया है कि जो इस कथा को सुनकर यात्रा करता है उसे बुधवार के दिन यात्रा करने का दोष नहीं लगता है। बुध के दिन भगवान् शंकर की पूजा करने की बात कही गई है, मगर आरती श्रीकृष्ण की की गई है।

बृहस्पतिवार व्रतकथा : बृहस्पति के व्रत के दिन बृहस्पतेश्वर महादेव की पूजा करनी चाहिए। पीले वस्त्र पहनने चाहिए। पीले फूलों से पूजा करनी चाहिए। एक समय बिना नमक के चने की दाल का भोजन करना चाहिए। केले का पूजन करना चाहिए। यह भी कहा गया है कि स्त्रियों के लिए यह व्रत अत्यन्त आवश्यक है।

कथा यों शुरू होती है—एक साहूकार के घर में किसी की बात की कमी नहीं थी, मगर पत्नी कभी किसी को कुछ नहीं देती थी। एक बार एक साधु भिक्षा माँगने आया तो उस स्त्री ने कहा कि उसे अवकाश नहीं है। ऐसा तीन बार हुआ तो साधु ने कहा, ''यदि तुम्हें अवकाश हो जाए तब तो भिक्षा दोगी।'' स्त्री के 'हाँ' कहने पर वह बोला, ''बृहस्पति के दिन देर से उठो। घर में झाड़ू लगाकर कूड़ा एक तरफ रख दो। सब पुरुष इस दिन हजामत अवश्य बनवाएँ। रसोई बनाकर चूल्हे के पीछे रखो। अँधेरा होने पर दीपक जलाओ। बृहस्पति को पीले वस्त्र कभी मत पहनो।'' उसने ऐसा ही किया। जल्दी ही घर का सब धन-धान्य नष्ट हो गया। साधु फिर आया। स्त्री ने कहा कि ''महाराज, अब क्या दूँ ? सब कुछ तो नष्ट हो गया।'' तब साधु ने जो कुछ पहले बताया था, उससे उलटा करने को कहा। सब कुछ पहले जैसा हो गया।

दूसरी कथा में बृहस्पति के आने पर सब आदर से खड़े हो जाते हैं। इन्द्र खड़े नहीं होते। बृहस्पति वहाँ से नाराज होकर चले जाते हैं। इन्द्र मिलने जाते हैं। बृहस्पतिजी अन्तर्धान हो जाते हैं। इसका लाभ उठाकर दैत्यों का राजा वृषवर्षा शुक्र की मदद से इन्द्रपुरी पर आक्रमण कर देता है। इन्द्र उसे हराने के लिए यज्ञ कराते हैं। विश्वरूपा

को अपना पुरोहित बनाते हैं। उसकी माँ दैत्य-कन्या थी इसलिए वह दैत्यों के नाम की भी आहुति देने लगता है। दैत्यों का तेज बढ़ता है। इन्द्र को जब इस बात का पता चलता है तो वह विश्वरूपा को मार डालता है। इन्द्र को ब्रह्म-हत्या का पाप लगता है। अन्ततः बृहस्पति ही इसे दूर करने आते हैं। वह पाप के चार भाग करते हैं। एक भाग धरती को देते हैं तो धरती ऊँची-नीची हो जाती है। ब्रह्माजी धरती को वरदान देते हैं कि उसके गड्ढे अपने आप भर जाया करेंगे। दूसरा भाग वृक्षों को दिया, जिससे उनसे गोंद बहता रहता है। लेकिन उन्हें यह वरदान भी मिला कि सूख जाने पर वे फिर से फूटेंगे। तीसरा भाग स्त्रियों को दिया। इसलिए हर महीने रजस्वला होकर पहले दिन चांडालिनी, दूसरे दिन ब्रह्मघातिनी, तीसरे दिन धोबिन बनकर चौथे दिन शुद्ध होती हैं। स्त्रियों को सन्तान प्राप्ति का वरदान दिया। चौथा भाग जल को दिया। जिसमें गन्दगी और फेन उठता रहता है। स्त्रियों को चांडालिनी और धोबिन कहकर यह बताया गया है कि इस जाति की स्त्रियाँ, स्त्रियाँ ही नहीं होतीं। ब्रह्मघातिनी होना दुनिया का सबसे बड़ा पाप है क्योंकि ये सारी कथाएँ ब्राह्मणों ने गढ़ी हैं। रजस्वला होने को प्रकृति की एक साधारण प्रक्रिया न मान पाप समझकर रखा गया है। क्यों स्त्रियाँ अपने रोगों को बताने तक से संकोच करती हैं और जचगी के दौरान बड़ी संख्या में मारी जाती हैं, समझा जा सकता है। एक राजा और पुरुष को ब्रह्महत्या के पाप से मुक्त करना है इसलिए बोझ औरत के सिर पर डाल दो, चलो छुट्टी।

शुक्रवार व्रतकथा : शुक्रवार की व्रतकथा में बताया गया है कि कायस्थ, ब्राह्मण और वैश्य के लड़कों में गहरी दोस्ती थी। ब्राह्मण और कायस्थ के लड़कों का गौना हो गया। उन्होंने वैश्य के लड़के से कहा, "तुम अपनी पत्नी को घर क्यों नहीं लाते !" वैश्य के लड़के ने कहा कि "मैं अभी जाता हूँ।" तब ब्राह्मण के लड़के ने कहा, "अभी मत जाओ, क्योंकि शुक्र अस्त हो रहा है, उदय हो तो ले आना।" (सारे अन्धविश्वासों को फैलाने में ब्राह्मणों का हाथ) लेकिन सेठ का लड़का न माना। ससुरालवालों ने भी मना किया मगर वह लड़का अपनी जिद पर अड़ा रहा। रास्ते में उसके रथ का पहिया टूट गया। स्त्री और बैल घायल हो गए। डाकू लूट ले गए। घर पहुँचते ही साँप ने काटा। वैद्य ने कहा कि तीन दिन में मर जाएगा। तब ब्राह्मण के लड़के ने आकर कहा, "सनातन धर्म की प्रथा है कि जिस समय शुक्र अस्त हो, उस समय कोई अपनी स्त्री को नहीं लाता। परन्तु यह शुक्र के अस्त होने पर भी अपनी स्त्री को विदा कराकर ले आया है। इस कारण कुल विघ्न उपस्थित हुए हैं। यदि यह अभी ससुराल जाए और शुक्र के उदय होने पर लौटे तो सब ठीक हो जाएगा।" ससुराल पहुँचते ही उसकी मूर्च्छा दूर हो गई। सब ठीक हो गया।

किस तरह अन्धविश्वास को सनातन धर्म का हिस्सा बनाकर घाल-मेल किया गया है। सनातनधर्मी, जो इन दिनों अपने को बहुत 'प्रगतिशील' दिखाने के चक्कर में रहते हैं, उन्होंने कभी इस बात का विरोध क्यों नहीं किया ? यदि यही सनातन धर्म है तो अन्धविश्वास किसे कहेंगे ?

शनिवार व्रतकथा : शनिवार की कथा में कहा गया है कि नौ ग्रह आपस में इसी बात पर लड़ते रहते थे कि उनमें कौन बड़ा है ? उनका झगड़ा देख इन्द्र ने उनसे कहा कि तुम राजा विक्रमादित्य के पास जाओ। सारे ग्रह विक्रमादित्य के पास गए। तब राजा ने सोना, चाँदी, काँसा, पीतल, शीशा, राँगा, जस्ता, अभ्रक तथा लोहे के आसन बनवाए। कहा कि जो सबसे पहले बैठेगा वह सबसे बड़ा माना जाएगा, जो पीछे बैठेगा वह छोटा। सारे ग्रह बैठ गए। शनि को सबसे पहले लोहे के आसन पर जगह मिली। शनि ने समझ लिया कि राजा ने उन्हें छोटा किया है। कहा, तू मेरे पराक्रम को नहीं जानता। सूर्य एक राशि पर एक महीना रहता है, चन्द्रमा सवा दो दिन, मंगल डेढ़ महीना, बृहस्पति तेरह महीने, बुध और शुक्र एक महीने, राहु और केतु उलटे चलते अठारह महीने और मैं एक राशि पर कम-से-कम तीन महीने रहता हूँ।'' बाकी सारे ग्रह तो राजा से खुश होकर चले गए, मगर शनि नाराज हो गया। राजा पर शनि की साढ़े साती चढ़ गई।

अब राजा के बुरे दिन शुरू हो गए। एक घोड़े ने राजा को जंगल में छोड़ दिया। वह एक दुकान पर नौकरी करने लगा। एक दिन राजा ने देखा कि खूँटी सोने के हार को निगल रही है। व्यापारी ने शिकायत की तो चोरी के जुर्म में उसे हाथ-पैर काटने की सजा दी गई। नौकर बने विक्रमादित्य का नाम बीका था। दुःख में वह गाने लगा। राजकुमारी ने पता कराया कि कौन गा रहा है ? अब तक शनि की साढ़े साती खत्म हो चुकी थी। इसलिए बीका बने विक्रमादित्य के अच्छे दिन शुरू हो गए थे। राजकुमारी ने कहा कि वह उसी से विवाह करेगी। विक्रमादित्य को शनिदेव ने सपने में दर्शन दिए। राजा ने उनसे माफी माँगी। व्यापारी ने भी माफी माँगी तथा अपनी कन्या का उससे विवाह कर दिया और खूब दहेज दिया (बहु विवाह तथा दहेज)। राजा ने उज्जैन पहुँचकर घोषणा कराई कि शनि सबसे बड़े देवता हैं।

इन पुस्तकों ने घर में घुसकर स्त्री साक्षरता का खूब फायदा उठाया है। बेशक इन्हें पढ़कर कहानी सुनने-सुनाने ने कर्मकांडों से पंडितों को हटा दिया है, मगर सत्ता तो बार-बार उन्हीं की स्थापित होती है। घर में बैठी स्त्री के जरिए ये पुस्तकें अपनी सत्ता को हमेशा बनाए रख सकती हैं। 'धार्मिक और पूजा पाठ' के नाम पर बिकनेवाली इन पुस्तकों को खरीदने के लिए आदमी भी मना नहीं करते क्योंकि अन्ततः ये पुस्तकें 'परिवार' यानी कि 'पुरुष की सत्ता' की रक्षा करने को सन्नद्ध नजर आती हैं।

बेहद खराब कागज, छह रुपए मूल्य और मोटे टाइप में छपी चौहत्तर पृष्ठ की इस पुस्तक में शिव-हनुमान को छोड़कर और किसी देवता के व्रत की बात नहीं कही गई है। देवी पूजन का एक भी व्रत नहीं है। जबकि दुहाई बार-बार सनातन धर्म की दी गई है।

मेल ओरिएंटेड सोसाइटी की सत्ता की स्थापना के लिए भगवान् (मेल) की पूजा, व्रत, नियम, धरम स्त्रियों को करने हैं और हर हालत में 'मेल सुपीरियारिटी' के 'ऑर्डर' को बचाए रखना है। व्रत की प्रमुख कामनाएँ हैं—धन की प्राप्ति, पुत्र प्राप्ति, राज्याधिकार, राजकुमारी से विवाह और शत्रु का नाश।

राजकुमारी से विवाह में एक दूसरी कामना भी छिपी है कि उसका कोई भाई न हो, जिससे राजकुमारी के साथ-साथ राज्य भी मिल सके।

पुस्तक में नौ प्रकार के बताए गए व्रतों में मनुष्य के भीतर छिपी कामनाओं का खुलासा किया गया है। कहीं एक वाक्य में इस बात का उल्लेख तक नहीं है कि अपनी 'समृद्धि' के अलावा कभी दूसरों या समाज के भले के लिए भी सोचा जाना चाहिए।

कवर पर हनुमान, शिव, सूर्य, देवी, ब्रह्मा, यमराज तथा एक साधु के चित्र छपे हैं। सूर्य सात घोड़ों के रथ पर सवार और मूँछवाले हैं। सूर्य के दो चित्र हैं। एक में वह कोड़ा लिये हैं और दूसरे में अभय की मुद्रा में हैं। हनुमान, शिव, देवी, राम और यमराज के हाथों में गदाएँ हैं। देवी के हाथ में तलवार भी है। दाएँ हाथ से अभय और बाएँ हाथ में हथियार यानी कि शक्ति का प्रदर्शन। सभी देवता ढेर सारे जेवर पहने हुए हैं।

पुस्तक के पिछले कवर पर सात चित्र बने हैं। इनमें आकाश में देवता और धरती पर भक्तों को दिखाया गया है। भक्तों में पाँच स्त्रियाँ और चार पुरुष दिखाए गए हैं। इन चित्रों की छवियों में भी भक्त लोग फटेहाल और देवता खूब जेवर पहने हैं। इन चित्रों में शिव के साथ पार्वती खड़ी हैं। बाकी देवी का कोई भी चित्र नहीं है। भक्त स्त्रियों में तीन ने लाल और दो ने पीली साड़ी पहन रखी है। यहाँ तक कि पार्वती को भी स्त्री-स्त्री एक समान के आधार पर लाल साड़ी पहना दी गई है। उन सात चित्रों में चार देवताओं के हाथ में हथियार हैं। इन सभी चित्रों की स्त्रियाँ साड़ी पहने और सिर ढके हैं, जैसे कि सभी हिन्दू स्त्रियाँ साड़ी पहनती हों। समाज में स्त्रियों के प्रति हिंसक वातावरण तैयार करने में ऐसी पुस्तकें बहुत मदद करती हैं।

जो लोग इस बात को कहते थकते नहीं कि हिन्दू धर्म सिर्फ मोक्ष की कामना का धर्म है उन्हें उन व्रतकथाओं को जरूर पढ़ना चाहिए। क्यों औरतें कुपोषित रहती हैं ? उसमें उन व्रतों का भी बहुत बड़ा हाथ है जो उन्हें अपने परिवार की भलाई के लिए रखने पड़ते हैं। हर समस्या के निदान के लिए एक व्रत मौजूद है। परिवार के ढाँचे में चाहे स्त्री सबसे अन्तिम सीढ़ी पर खड़ी हो, व्रत करने-कराने के लिए उसे सौ फीसदी आगे रखा गया है। परिवार में भी पति और पुत्र के लिए किए गए व्रत सबसे महत्त्वपूर्ण हैं। यानी कि मर्द की सत्ता बनी रहे इसकी कामना भी स्त्री को ही करनी है। यही नहीं उनकी सत्ता की कामना के लिए अपनी इच्छाओं को मारना है। भूखा रहना है, व्रत करना है। लेकिन जिन पुरुषों के लिए ये व्रत किए जा रहे हैं वे इन कथाओं से गायब हैं। स्त्री की बन्द दुनिया को ये व्रत एक तर्क प्रदान करते हैं, क्योंकि अब तक की मर्दवादी व्याख्याओं के अनुसार स्त्री के जीवन और अस्तित्व का प्राथमिक और अन्तिम लक्ष्य है—परिवार की रक्षा करना है, जिसे मर्दवादी कहानीकार 'पारिवारिकता' कहते हैं। उस परिवार की रक्षा जिसमें अचल-चल सम्पत्ति कुछ भी उसके नाम नहीं होती। किसी चीज में कोई हिस्सा नहीं मिलता। भोजन और स्वास्थ्य की कोई गारंटी नहीं होती, फिर भी हमेशा उसे त्याग करते रहना चाहिए, त्यागमयी दिखना चाहिए और 'कर्त्तव्य' का पाठ पढ़कर अपने को समाप्त कर देना चाहिए। 'मनुस्मृति' को यदि कहीं जिन्दा देखना

हो तो उसे स्त्रियों के जीवन और उनके लिए बनाए गए विधान में देखना चाहिए।

आश्चर्य की बात है कि अभी तक व्रतों के समाजशास्त्र और अर्थशास्त्र को अध्ययन के योग्य ही नहीं समझा गया है।

(वूमन सहयोग, 2001)

दिल्ली : गाँव और छोटे शहर की लड़कियाँ

मीना अलीगढ़ से दिल्ली आई थी। शुरू में वह बहुत डरी हुई थी। दिल्ली उसे एक खौफनाक शहर लगता था, लेकिन जल्दी ही उसने पाया कि दिल्ली से कहीं अधिक खौफनाक उसका अपना शहर है। लेकिन वहाँ स्त्रियों के प्रति हुए अपराधों की अक्सर कोई खबर नहीं बनती। शुरू में मीना कुछ दिन तक अपने रिश्ते की बहन के घर रही। उसने नौकरी के साथ-साथ पढ़ाई जारी रखी। आज वह एक बहुराष्ट्रीय कम्पनी में काम करती है और कभी दिल्ली छोड़कर जाना नहीं चाहती। वह कहती है, "मुझे इस शहर ने इतना कुछ दिया है। नौकरी, सम्मान, प्रतिष्ठा, आत्मनिर्भरता। जबकि छोटे शहरों में लड़कियाँ चाहे जितना पढ़ लें, उन्हें कुछ करने की आजादी नहीं होती। आपके माता-पिता से अधिक आपके पड़ोसी इस बात का ध्यान रखते हैं कि आप कब आती हैं, कब जाती हैं, किससे बात करती हैं, अगर किसी लड़के से बात कर ली तो जब तक बात करने के बाद आप घर तक पहुँचेंगी, उससे पहले यह बात पूरे शहर में पहुँच जाती है कि फलाँ की लड़की, फलाँ के लड़के से बात कर रही थी। कितनी बिगड़ी हुई है ? हर एक आदमी-औरत वहाँ निन्दा करने के लिए दूसरों के बच्चों का गार्जियन है। जबकि दिल्ली में ऐसा कुछ नहीं है। अक्सर लोग यहाँ इतने व्यस्त रहते हैं कि दूसरों की जिन्दगी में झाँकने का मौका नहीं निकाल पाते। इसीलिए यह शहर मुझे बहुत पसन्द है। कोई मुझे एक करोड़ रुपए देकर करोड़पति बना दे और वापस अलीगढ़ जाने को कहे तो भी नहीं जाऊँगी।"

मीना की तरह ही श्रुति और विनीता हैं। श्रुति इन्दौर से यहाँ आई है। कई छोटे-मोटे अखबार-पत्रिकाओं में काम करने के बाद अब वह एक विदेशी चैनल में काम कर रही है। विनीता कम्प्यूटर में डिप्लोमा करने के बाद एक निजी कम्पनी में काम करती है। वह मुजफ्फरपुर, बिहार की है। दोनों लड़कियाँ अपने को खुशनसीब समझती हैं कि वे दिल्ली आ सकीं। यहाँ जितने अवसर हैं, छोटे शहर या गाँव में तो कतई नहीं हैं। श्रुति कहती है कि उसके सभी मित्र कहते हैं कि वह कुछ इसीलिए बन सकी कि यहाँ से बाहर चली गई। विनीता का कहना है कि "आज कस्बे-कस्बे उच्च शिक्षित लड़कियाँ घर-घर बैठी हुई हैं। उनके पास करने के लिए कुछ नहीं है सिवाय विवाह के इन्तजार के। और विवाह भी आसानी से होता नहीं, क्योंकि लड़कों को चाहिए सुष्मिता सेन, प्रियंका चोपड़ा और उनके माता-पिता को ढेर सारा दहेज।"

मीना, श्रुति या विनीता—तीनों अपने दिल्ली आने और कुछ कर दिखाने का श्रेय अपने माता-पिता को देती हैं। उनका मानना है कि उनके माता-पिता ने उन्हें कभी कुछ करने से नहीं रोका। जब उन्होंने दिल्ली में भाग्य आजमाने का फैसला किया तो माता-पिता को कुछ हिचक हुई। जितने रिश्तेदारों और अड़ोसी-पड़ोसियों ने हमारे अकेले चले आने पर फब्तियाँ कसी थीं, वे आज अपनी लड़कियों को हमारी जैसी बनाना चाहते हैं। बाईस-पचीस साल की ये लड़कियाँ मानती हैं कि यदि माता-पिता चाहें तो अपनी लड़कियों का भाग्य बदल सकते हैं। यदि वे लड़कियों को यह बताने की जगह कि विवाह उनकी अन्तिम नियति है, यह शिक्षा दें कि लड़कियाँ कुछ करें, आगे बढ़ें तो इससे दहेज की समस्या भी कुछ हद तक हल हो सकती है।

इन लड़कियों जैसी हजारों लड़कियों को आप दिल्ली तथा अन्य महानगरों में देख सकते हैं। ये लड़कियाँ दृढ़ निश्चयी हैं, आत्मविश्वास से भरी हैं। इन्हें देखकर हिन्दी क्षेत्र की लड़कियों की छटपटाहट का अनुमान लगाया जा सकता है। बदलाव के प्रति लड़कियों और उनके माता-पिता के सकारात्मक सोच का ही परिणाम है कि कुछ कट्टरपन्थियों को लगता है कि लड़कियाँ उनके काबू से बाहर हुई जा रही हैं, इसलिए कुछ तालिबानी प्रति-ध्वनियाँ इन दिनों सुनाई देने लगी हैं। लड़कियों को जींस पहनने से रोका जा रहा है, सौन्दर्य प्रतियोगिताओं पर रोक लगाई जा रही है। लेकिन अच्छी बात यह है कि लड़कियाँ अब प्रतिरोध करना सीख रही हैं। वे लड़कों से पलटकर सवाल कर रही हैं कि यदि जींस विदेशी है और इसे हम नहीं पहन सकतीं, तो तुम पैंट-शर्ट कैसे पहन सकते हो ? ये भी तो उतने ही विदेशी हैं ? तुम्हें भी धोती-कुर्ता या कुर्ता-पाजामा पहनना होगा।

यदि लड़कियों ने खुद को बदलने का फैसला किया है तो कोई तालिबान न तो उन्हें रोक सकता है, न उनका कुछ बिगाड़ सकता है।

लड़कियाँ शिक्षित हो रही हैं। पढ़ने की ललक गाँव और कस्बों की लड़कियों में बहुत अधिक है। 'नेशनल फैमिली हेल्थ सर्वे' ने अपनी रिपोर्ट में बताया है कि गत सात वर्षों में गाँवों में लड़कियों की साक्षरता 12.1 प्रतिशत तक बढ़ गई है, जबकि शहरों में लड़कियों की साक्षरता मात्र सात प्रतिशत ही बढ़ पाई है। सर्वे में यह भी बताया गया है कि साक्षरता और स्वास्थ्य का गहरा सम्बन्ध है। गाँव में लड़कियों का शिक्षा के प्रति बढ़ता रुझान यह बताता है कि लड़कियाँ उस कुएँ से बाहर निकलना चाहती हैं, जहाँ 'शास्त्रसम्मत-शास्त्रसम्मत' कह-कहकर उन्हें डाला गया है। गाँव और छोटे शहर मर्दवादी विमर्श के लिए स्वर्ग की आखिरी सीढ़ी क्यों न हों, लड़कियों के लिए वे इतने गहरे कुएँ हैं जिनमें से वे मुश्किल से निकल पाती हैं। परम्परा, संस्कृति, मर्यादा आदि के नाम पर बार-बार इन्हें इस अन्धे कुएँ में धकेला जाता है।

लेकिन खुशी की बात है। मीना, श्रुति, विनीता अकेली नहीं हैं। जिस तरह गाँव की लड़कियाँ पढ़ने में आगे बढ़ रही हैं, उसी तरह भारत में नौकरी करनेवाली महिलाओं की संख्या बढ़ रही है। देश के संगठित क्षेत्र में महिला कर्मचारियों की संख्या में एक

दशक में तीन प्रतिशत की वृद्धि हुई है। सन् 2000 में जारी सरकारी आँकड़ों के अनुसार 1987 में महिला कर्मचारियों का हिस्सा 13.2 प्रतिशत था जो 1996 में बढ़कर 16.3 प्रतिशत हो गया। 1987 में कुल 253.88 लाख कर्मचारियों में 33.40 लाख महिलाएँ थीं। यह संख्या 1996 में बढ़कर क्रमशः 277.80 और 45.24 लाख हो गई। 1995 के मुकाबले 1986 में सार्वजनिक क्षेत्र में महिला कर्मचारियों की संख्या में एक प्रतिशत की वृद्धि हुई, जबकि निजी क्षेत्र में यह वृद्धि 11.7 रही।

यहाँ देखने की महत्त्वपूर्ण बात यह है कि जिन सार्वजनिक या सरकारी उपक्रमों को निजी क्षेत्र के मुकाबले हमेशा बेहतर माना जाता है, वहाँ महिला कर्मचारियों की संख्या सिर्फ एक प्रतिशत बढ़ी, जबकि निजी क्षेत्र में यह वृद्धि ग्यारह गुनी से अधिक रही। और यह बात दीगर है कि नजी क्षेत्र प्रायः छोटे शहरों और गाँवों तक नहीं पहुँच पाते। ये प्रायः बड़े शहरों तक ही सीमित रहते हैं। इस सच्चाई को देखें तो मीना, श्रुति और विनीता का बड़े शहर में चले आना उनकी आत्मनिर्भरता के लिए सही कदम माना जा सकता है। साहित्यकारों के लिए दिल्ली दोयम दर्जे का शहर है, शायद इसलिए कि यहाँ उनकी मेल ईगो को स्त्रियाँ बार-बार हर्ट करती हैं—स्त्री और समकक्ष ! इसीलिए इस शहर के मत्थे हजारों दोष मढ़ दिए जाते हैं। जबकि लड़कियों-स्त्रियों से पूछिए तो उन्हें इससे प्यारा शहर कोई दूसरा नहीं लगता, जहाँ कम-से-कम रोजी-रोटी है, कुछ साँस लेने की गुंजाइश है। पहली बार लड़कियों को अपने लिए कुछ स्पेस मिल रहा है।

सभी लड़कियों के लिए यह तो खुशखबरी है कि नौकरी करनेवाली लड़कियों की संख्या भारत में बढ़ रही है, लेकिन इससे भी अधिक खुशी की बात है कि विश्व-भर में स्त्री कर्मचारियों की संख्या बढ़ रही है। इसलिए स्त्रियों के जीवन से जुड़े मुद्दे सामने आ रहे हैं। इसीलिए पिछले वर्ष में जिनेवा में हुए अन्तर्राष्ट्रीय सम्मेलन में मातृत्व का मुद्दा छाया रहा था। इसमें मातृत्व अवकाश, बीमारी की स्थिति में अवकाश, मातृत्व के दौरान रोजगार की सुरक्षा तथा दूध पिलानेवाली कार्यशील महिलाओं को दूध पिलाने का अवकाश आदि देने की बातें प्रमुख थीं। इस सम्मेलन में कहा गया था कि जमाना ऐसा आ गया है कि महिलाएँ अब बच्चे पैदा करने की पूरी उम्र नौकरी करती हैं। पहले वे जितना परिवार को कमा कर देती थीं, उससे अधिक कमा कर दे रही हैं। ऐसी स्थिति में उन्हें बेहतर मातृत्व सुविधाएँ देना जरूरी है। लेकिन तमाम देशों में इस बारे में स्पष्ट कानून नहीं है।

अब से कुछ समय पहले तक कम्पनियाँ महिलाओं को नौकरी देने से कतराती थीं। कहा जाता था कि शादी के बाद लड़कियाँ अपने घर-गृहस्थी के झमेले में फँस जाएँगी और काम ठीक से नहीं करेंगी। लेकिन अब विश्व स्तर पर स्त्रियों को अधिक सुविधाएँ मुहैया कराने की बात इसी का स्पष्ट संकेत है कि नौकरी के क्षेत्र में स्त्रियों की अनिवार्यता को महसूस किया जाने लगा है।

मीना, श्रुति, विनीता तथा उन जैसी जो लाखों-हजार लड़कियाँ अपने जिन्दा रहने के लिए जो नई राह बना रही हैं, उससे लगता है कि एक दिन वह आएगा जब लड़कियाँ

अधिक शिक्षित होंगी, आत्मनिर्भर होंगी, दहेज के लिए मार नहीं दी जाएँगी। खुद माताएँ अमीनो-सेंटेसिस या अल्ट्रासाउंड के जरिए लड़कियों को मारने की बजाय उन्हें जन्म देना पसन्द करेंगी। और इनमें बहुतायत उन लड़कियों की होगी जो अपने भविष्य के लिए अपनी बेड़ियों को तोड़कर बहुत आगे निकल आई होंगी।

(हिन्दुस्तान, 2000)

टूट रहे हैं बचपन के विवाह

राजस्थान के कल्याणपुर गाँव के रतीराम का विवाह दस साल पहले बारह वर्ष की उम्र में हुआ था। अब वह राजस्थान पुलिस में सिपाही है। उसकी पत्नी कैलाशी अनपढ़ है। रतीराम को लगा कि वह अब अपनी पत्नी से नहीं निभा सकता। उसके जीवन में उसका कोई स्थान ही नहीं है। इस वर्ष के शुरू में रतीराम ने कैलाशी को छोड़ दिया। कैलाशी ने पंचायत में इसकी शिकायत कर दी।

"हमें समझौते के तहत उसके परिवार को चालीस हजार रुपए देने पड़े। तब कहीं जाकर उसने अपनी शिकायत वापस ली," रतीराम का पिता गोपाल बताता है। अब कैलाशी अपने माता-पिता के पास लौट गई है।

कल्याणपुर के ही रूपनारायण से जब पूछा गया कि रतीराम तो बन्धन से आजाद हो गया, लेकिन कैलाशी के भविष्य का क्या होगा ? उसने बिना चिन्तातुर हुए बताया कि यह तो गाँवों में बहुत आम हो चला है। जल्दी ही दोनों की फिर से शादी हो जाएगी।

इसी गाँव के दूसरे रतीराम का विवाह भी बचपन में हो गया था। लेकिन बड़े होने पर उसने अपनी पत्नी को घर लाने से मना कर दिया। अब पत्नी के घरवाले उस पर मुआवजा देने के लिए दबाव डाल रहे हैं। मुआवजे के रूप में खेत, पशु, पैसा और दावत देनी पड़ सकती है। राजस्थान में सिर्फ पुरुष ही नहीं, स्त्रियाँ भी बड़ी संख्या में तलाक माँग रही हैं। करीला गाँव की एक स्त्री ने पति के मुकाबले अपने बचपन के मित्र के साथ रहना पसन्द किया। पति ने हर्जाने के रूप में पत्नी के मित्र से एक लाख रुपए माँगे। उसने भी सच्चे प्रेमी की भूमिका निभाते हुए अपनी जमीन और पशु बेच दिए। इधर पति को एक लाख रुपए मिले। उधर उसने अपनी पत्नी का हाथ प्रेमी के हाथ में पकड़ाते हुए कहा, "अब लुगाई तेरी हो गई।"

पढ़ने में यह घटना हिन्दी फिल्म की कहानी लग सकती है, लेकिन सच बात यह है कि हिन्दी फिल्मों ने प्रेम का जैसा चित्ताकर्षक वर्णन किया है, मामूली लड़के-लड़कियों को प्रेम करना और आई लव यू कहना सिखाया है। अब इसका असर दिखाई देने लगा है। प्रेम सामन्ती समाजों में यह वर्जित विषय है। लड़के का प्रेम तो फिर भी चल जाता है, मगर लड़की के प्रेम का अर्थ कभी-कभी उसकी जान पर बन आता भी है। अपना जीवन-साथी लड़कियाँ खुद चुन सकती हैं—यह सांस्कृतिक 'स्पेस' फिल्मों की देन ही है। कोई चाहे तो इसे फिल्मों का दुष्प्रभाव या अपसंस्कृति कह सकता है। क्योंकि जो

तथाकथित संस्कृति है वह वास्तव में पुरुष द्वारा बनाए गए वे कायदे-कानून हैं जो स्त्रियों की पीठ पर कोड़े की तरह बरसते हैं। स्त्रियों के द्वारा लिया गया कोई भी फैसला अपसंस्कृति के खाँचे में फिट कर दिया जाता है। ये घटनाएँ यों भी महत्त्वपूर्ण हैं क्योंकि राजस्थान में आज भी अखतीज के अवसर पर चालीस हजार से अधिक बाल विवाह कर दिए जाते हैं। इनमें वे शिशु अधिक होते हैं जो या तो अपनी माँ की गोद में या पालने में सो रहे होते हैं। पुराने समाज सुधारकों ने जब बाल विवाह का विरोध किया था तो उसका कारण था बच्चों की मृत्यु दर। उसमें भी पति की मृत्यु के बाद नन्हीं बालिकाओं का भविष्य। पालने में ही विधवा हो गई बालिका के अन्धकारमय भविष्य की कल्पना की जा सकती है।

यदि ऊपर की घटनाओं को हम देखें तो बेशक यह क्रूरतापूर्ण लगे, लेकिन उन परम्पराओं का विरोध भी है जो जबरन इन बच्चों के गले मढ़ दी गई। बजाय इसके कि ये उस मार को जिन्दगी-भर ढोते, ये उससे मुक्ति पाना चाहते हैं। राजस्थान-भर में पंचायतों में ऐसे मामलों के ढेर लगे हैं जहाँ बचपन के विवाहित लोग अलग होना चाहते हैं।

यह समय के बदलाव का एक संकेत है। लड़के पढ़-लिख रहे हैं। बाहर जा रहे हैं। टी.वी. देख रहे हैं। ऐसे में उन्हें लगता है कि वे अपनी अनपढ़ पत्नी से कैसे तालमेल बिठाएँ ? इसमें ध्यान देने की बात यह है कि पत्नी को स्वीकार न करने का एक बड़ा कारण उसका अशिक्षित होना भी है। अक्सर माता-पिता बचपन में लड़की का विवाह करते ही इसलिए हैं कि उसकी देखभाल, कपड़े-लत्ते, पढ़ाई-लिखाई पर कुछ खर्च न करना पड़े। कल्याणपुर के ही रामदेव गुर्जर ने कहा, "हम लड़कियों की पढ़ाई-लिखाई पर क्यों खर्च करें ? वे तो पराई अमानत हैं।"

बचपन में जिनके विवाह हो गए हैं और अब वे शिक्षित पत्नी चाहते हैं, इसका एक अच्छा पक्ष भी है। हो सकता है कि इस डर से कि बड़ा होकर लड़का कहीं लड़की को अशिक्षित होने के कारण छोड़ न दे, इसलिए माता-पिता अपनी लड़कियों को पढ़ाने लगें। क्योंकि इन दिनों भी राजस्थान के गाँवों में कक्षा पाँच के बाद लड़कियों को घर में बिठा दिया जाता है। जब लड़कियाँ पढ़ेंगी तो स्पष्ट है कि माता-पिता बचपन में उनका विवाह नहीं कर पाएँगे। आमतौर पर बचपन में लड़कियों का विवाह उनसे छुटकारा पाने का एक तरीका है। नून्हेरा गाँव के दो भाइयों पन्नालाल और मोतीलाल ने अपनी पाँच बेटियों का विवाह एक ही दिन कर दिया। इनमें सबसे बड़ी बच्ची की उम्र तेरह वर्ष थी और सबसे छोटी अपनी माँ की गोद में सो रही थी। पन्नालाल ने बताया कि "अगर हम छोटी उम्र में लड़कियों का विवाह नहीं करेंगे तो हमें तो अपनी जाति में लड़के भी नहीं मिलेंगे।" देखने की बात यह है कि बाल विवाह में जाति जहाँ एक महत्त्वपूर्ण कारक है, वहीं शिक्षा उसे तोड़ रही है। पति शिक्षित पत्नी चाहता है, कल जब लड़कियों में शिक्षा का प्रसार होगा तो वे भी शिक्षित पति ही चाहेंगी।

एक बात और गौर करने योग्य है कि तलाक के बाद लड़की का क्या होगा ?

दूसरा विवाह—यह एक आम जवाब है। समाज सुधारकों ने जब विधवा विवाह के लिए अभियान चलाया था तब उनके मन में लड़कियों के भविष्य की चिन्ता ही थी। लेकिन आज गाँव-गाँव लड़कियों की दूसरी शादी राजस्थान में सहज स्वीकृत हो चली है। यह नई स्थितियों की देन है।

इन दिनों समाज सुधारकों का काम वे शक्तियाँ कर रही हैं जो समाज को चलाने का काम कर रही हैं। वे घर-घर सूचना पहुँचा रही हैं। रूढ़ियों को वे ही लोग तोड़ रहे हैं जो उनके शिकार रहे हैं। गाँव-गाँव शिक्षा के प्रसार ने यह बात फैला दी है कि बचपन का विवाह कोई जीवन-भर का साथ नहीं है। यदि बात न बने तो उसे तोड़ा भी जा सकता है। यह एक महत्त्वपूर्ण पक्ष है। बाल विवाह टूटने लगेंगे तो धीरे-धीरे वे होंगे भी नहीं। बल्कि इससे लड़के-लड़कियों की शिक्षा में भी बढ़ोतरी होगी।

लड़की को जैसे-तैसे हाथ पीले करके घर से बाहर धक्का देना है, यह अवधारणा ही दोषपूर्ण है। लड़की को बाहरवालों के मुकाबले अपने घरवालों के अन्याय से पहले बचना है। बचपन में विवाह से बड़ा अन्याय और क्या हो सकता है ?

(हिन्दुस्तान, 1999)

महिला-पुरुष भेदभाव : एक नज़र

सास जब पुत्रवधू को आशीर्वाद देते हुए कहती है कि दूधो नहाओ, पूतों फलो। तब वह प्रकारान्तर से पुत्र के जन्म की आकांक्षा को बलवती करते हुए कन्या के जन्म का शोक गीत गा रही होती है।

जितने नियम, धर्म, कायदे, कानून हैं उनमें पुत्र जन्म यानी कि सामाजिक हैसियत और ताकत का महत्त्व कितना है कि आज भी दिल्ली जैसे महानगर में 'शर्तिया लड़का पैदा होगा' के विज्ञापन और पोस्टर दिखाई दे सकते हैं। यही नहीं, जिस दम्पति का लड़का नहीं होता है, वह लड़के की चाह में बहुत सी लड़कियाँ पैदा कर सकता है, लेकिन लड़का अवश्य चाहिए। हमारे सारे धार्मिक ग्रन्थ, पुराण, उपनिषद्, संहिताएँ यहाँ तक कि वेद भी मर्दवादी वर्चस्व से भरे पड़े हैं। 'अथर्ववेद' संहिता में कहा गया है, "हे ईश्वर, हमारे यहाँ पुत्र पैदा हों, पुत्रियाँ किसी और के घर।" पुत्र की कामना के लिए पुत्रेष्टि यज्ञ, ढेरों व्रत-उपवास हमारे लोकमानस में रचे-बसे हैं। लोक कथाओं में वे स्त्रियाँ बहुत आदर की पात्र हैं जो सात पुत्रों की माताएँ हैं। जादू, टोने, टोटके, सन्त, पीर, फकीर समाज में ऐसे न जाने कितने तन्त्र, मन्त्र हैं जो स्त्रियों की पुत्र-कामना को पूरी करने के लिए लाइन लगाकर खड़े हैं। हाल ही के एक्स क्रोमोसोम और वाई क्रोमोसोम की थ्योरी—जिसमें पुत्र जन्म के लिए पुरुष का वाई क्रोमोसोम जिम्मेदार होता है क्योंकि स्त्रियों के पास सिर्फ एक्स क्रोमोसोम होते हैं, वाई नहीं, की खोज ने कम-से-कम स्त्रियों को इस अपराध-बोध से मुक्ति दी है कि वे लड़के पैदा नहीं कर सकतीं। अन्यथा तो पत्नी को मात्र पुत्र न पैदा करने के अपराध में सौत लाने का सजा दी जाती थी। हम चाहे जितना गार्गी, अपाला, मैत्रेयी तथा अन्य धर्मशास्त्रों का हवाला दें, इस बात से इनकार नहीं कर सकते कि सभी धर्मों ने दुनिया-भर में स्त्रियों को दोयम दर्जे की नागरिकता सौंपी है। उसका बड़ा कारण धार्मिक आचार-विचार और नियमन पर पुरुषों का नियन्त्रण रहा है। इसीलिए उन्होंने सारे अधिकार, सारी स्वतन्त्रता अपने पास रखी है और सारी जिम्मेदारी स्त्री के सिर पर थोपी है। दूसरी बात स्त्रियों के मन में बैठा हुआ डर भी है। सृष्टि का डर, सृजन से भय। इसीलिए यह अनायास नहीं है कि जैसे-जैसे चल-अचल सम्पत्ति के स्वामी पुरुष बने उन्होंने स्त्रियों को भी अपनी दासी बना डाला। सभ्यता की शुरुआत में जिन देवियों की पूजा होती थी उन्हें अपदस्थ करके वहाँ देवता पधरा दिए गए।

कई बार यह सोचकर हैरत होती है कि स्त्रियों ने घर, परिवार, मान, मर्यादा के नाम पर कितना कुछ सहा है। कभी व्रिदोह क्यों नहीं किया ? वे मीरा बनकर हमेशा जहर का प्याला पीने को मजबूर क्यों हुई ? शायद इसीलिए कि वे पैदा होने से लेकर मृत्युपर्यन्त किसी-न-किसी पर आश्रित थीं—कर्टसी टु मनु महाराज—बचपन में स्त्री पिता के, युवावस्था में पति के और बुढ़ापे में पुत्रों के अधीन रहे।

इस लेख की शुरुआत में क्रमवार ढंग से करना चाहती हूँ। चलिए, पुत्री के जन्म की बात करते हैं। यहाँ बचपन की एक घटना याद आती है। मैं छोटी थी। शायद चौथी-पाँचवीं में पढ़ती थी। पड़ोस में ठकुरानी चाची रहती थीं। माँ जो पिता से बातें करती थीं उसी से पता चला कि ठकुरानी चाची के बच्चा होनेवाला है। चाची अक्सर माँ से कहती थी, "जीजी, अगर इस बार लड़की हो गई तो मेरी सास मुझे खा जाएगी।" लेकिन चाची के व्रत, पूजा-पाठ कुछ काम न आए। एक शाम चाची के घर से माँ के लिए बुलावा आया और फिर जब माँ लौटी तो वह इतनी उदास थी जैसे कि उसका कोई सगा-सम्बन्धी मर गया हो। मालूम पड़ा कि चाची के फिर लड़की हो गई थी। सास ने जब यह सुना था तो उसने चाची के लिए तैयार किए गरम पानी की पतीली को उलट दिया था। पानी का घड़ा फोड़ दिया था। तवा और चिमटा फेंककर मारा था और पानी डालकर चूल्हा बुझा दिया था। मातम ! मातम ! एक लड़की के पैदा होने का दुःख। वह लड़की जो लड़के को जन्म देती है उसके अपने जन्म पर सब कितना दुःख मनाते हैं। चाची की सास ने जो किया, क्या वह हम सबके घरों की कहानी नहीं है ? जो लोग कहते हैं कि देखो, विज्ञान ने क्या कर दिया ? गर्भ में लड़कियों को मारने के लिए अमीनो सेंटेसिस और अल्ट्रासाउंड का तोहफा दे दिया। हम सब जानते हैं कि ये दोनों खोजें गर्भस्थ शिशु में किसी जेनेटिक खराबी का पता लगाने के लिए की गई थीं। लेकिन मेल ऑर्डरवाली सोसाइटी ने इसे लड़कियों को मारनेवाला अस्त्र बना लिया।

बल्कि जब भी हम लड़कियों के दुःखों की बात करते हैं अक्सर कहते हैं, कि न जाने उन्हें ससुराल में उन्हें क्या-क्या सहना पड़े; लेकिन यहाँ यह बताना जरूरी है कि लड़कियाँ ससुराल तो बाद में जाती हैं। पहला अन्याय तो उसके साथ उसी वक्त शुरू हो जाता है जब वे पैदा होती हैं और खुशी की जगह आँसू बहाए जाते हैं। जिस घर में वे जनमती हैं, जहाँ का रक्त, मांस, मज्जा, कौशल वे अपने अन्दर समेटे होती हैं, वही घर उन्हें सबसे अधिक घृणा करता है। कहता कोई बेशक यह रहे कि जी हम तो लड़कियों को देवियाँ मानते हैं और शास्त्रों में लिखा है—यत्र नार्यस्तु पूज्यन्ते रमन्ते तत्र देवताः। जिस हिसाब से पिछले दिनों गर्भ में लड़कियों को मारा गया है उस हिसाब से तो उन घरों से देवताओं को कूच कर जाना चाहिए। हाल ही की जनसंख्या रिपोर्ट ने बताया है कि स्त्रियों की संख्या प्रति हजार पुरुषों के मुकाबले कुछ ही सालों में 935 से 927 रह गई है।

बेटे और बेटी के जन्म में कितना फर्क है उसे हम अपने सामाजिक ताने-बाने और

आए दिन के समारोहों में देख सकते हैं। लड़के के जन्म पर बधाइयाँ हैं, खुशियाँ हैं, गीत हैं, दावतें हैं, छोछक, लोहड़ी है, अघोई आठें हैं। और लड़की के जन्म पर आँसू है। दुःख है, माँ की भाग्यहीनता पर आहें-कराहें हैं। इसके अलावा आजकल का चिर-परिचित वाक्य है, "लड़की हो गई तो क्या ? लड़के-लड़कियाँ बराबर हैं।" कोई भी लड़के के जन्म पर ऐसे वाक्य बोलते नहीं मिल सकता।

साप्ताहिक बाजारों, मेलों-ठेलों में जो व्रतकथाएँ बिकती हैं, जिनके सर्कुलेशन के बारे में कोई ए.बी.सी. रिपोर्ट नहीं बनतीं। इन पुस्तकों में हर समस्या के निदान के लिए एक व्रत मौजूद है। परिवार के ढाँचे में चाहे स्त्री सबसे अन्तिम सीढ़ी पर खड़ी हो, व्रत करने-कराने के लिए उसे सौ फीसदी आगे रखा गया है। परिवार में भी पति और पुत्र के लिए किए जानेवाले व्रत सबसे महत्त्वपूर्ण हैं। पुत्री के लिए कोई व्रत नहीं है। आखिर 'पाप की खान' लड़कियाँ किसे चाहिए और क्यों चाहिए ? स्त्री का अन्तिम और प्रथम कर्त्तव्य परिवार की रक्षा करना है। वही परिवार जो उसके पाँव में कर्त्तव्य की तो हजार बेड़ियाँ डालता है, अधिकार कुछ नहीं देता।

चलिए लड़की का जन्म हो गया। अब आती है शिक्षा की बारी।

लड़की के जन्म के साथ ही उसके स्वास्थ्य और शिक्षा के प्रश्न जुड़े हैं। आमतौर पर माना जाता है कि लड़कियाँ इतनी कठजीव होती हैं कि बिना किसी इलाज के आराम से जी जाती हैं। जबकि यूनिसेफ की रिपोर्ट कहती है कि हमारे देश में लड़कियाँ सर्वाधिक कुपोषित हैं। घरों में हर प्रकार के पौष्टिक भोजन पर पहला अधिकार लड़कों का है। यहाँ आज से पचीस साल पहले की एक घटना का जिक्र जरूरी है।

यह घटना दिल्ली की है। कालकाजी में मैं अपने भाई के घर रहती थी। घर के सामने शिरीष का पेड़ था। उससे चँवर जैसे पीले फूल झरते रहते थे। सड़क के उस पार एक धोबी की झोंपड़ी थी। झोंपड़ी में धोबी अपने सात बच्चों के साथ रहता था। इनमें से पाँच लड़कियाँ थीं, उस पर भी तुर्रा यह कि इन सात बच्चों की माँ नहीं थी। धोबी दूसरी पत्नी ले आया था। अब जैसा कि हम कथा-कहानियों में सौतेली माँ का चरित्र-चित्रण पढ़ते हैं, यहाँ भी कुछ-कुछ वैसा था। बच्चे भूखे-प्यासे शिरीष के पेड़ के नीचे खेलते रहते। नींद आती तो वहीं लोट लगा लेते। जब भर पेट भोजन नसीब नहीं था तो पढ़ने की बात कौन करता ! अचानक एक दिन मेरी नजर धोबी की सबसे छोटी बच्ची पर पड़ी। उसकी उम्र होगी कोई तीन-चार साल। उसका पेट फूलकर बड़ा हो गया था और उसके पाँव सूज-सूजकर मोटे हो गए थे। मैंने जब धोबी से इस बारे में पूछा तो वह बोला, "अब यह कहाँ बचेगी ? इसमें तो कुछ नहीं रहा।"

"लेकिन यह तो अभी ठीक-ठाक है। अस्पताल ले जाओ, शायद ठीक हो जाए।" धोबी पर इन बातों का कोई असर नहीं पड़ा। दो-तीन दिन बाद उसी शिरीष के पेड़ के नीचे वह लड़की मर गई। जब मैं कॉलेज से लौटी तो मैंने उस बच्ची की सौतेली माँ की गला फाड़ आवाजें सुनीं। आखिर दुःख भी कई तरह का होता है। दुःख से ज्यादा दुःख का प्रदर्शन जरूरी है। इस घटना का उल्लेख इसलिए जरूरी है कि पहले तो समाज

चाहता है कि लड़कियाँ पैदा ही न हों। यदि वे पैदा हो जाती हैं तो उन्हें मारने के बहुत से तरीके ईजाद किए हुए हैं। आज तक तमिलनाडु के सलेम इलाके में जहरीली बूटी पिलाकर लड़कियों को मार दिया जाता है। यदि वे इन सब दुर्घटनाओं से भी बच निकलती हैं तो उन्हें उचित इलाज नहीं मिलता। लड़कियों के मामले में हमारा मानवतावाद कहाँ बिला जाता है। अपनी ही सन्तान से हम इतना अन्याय क्यों करते हैं ?

स्वास्थ्य के मामले में सिर्फ छोटी उम्र की बच्चियाँ ही नहीं, बड़ी उम्र की स्त्रियाँ भी लापरवाही का शिकार हैं। तीसरी दुनिया के देशों में जचगी के समय रक्ताल्पता के कारण बड़ी संख्या में स्त्रियाँ मर जाती हैं। स्त्रियों के स्वास्थ्य के प्रति एक तो हमारा समाज ही जागरूक नहीं है। दूसरी ओर अशिक्षित होने के कारण स्त्रियाँ खुद भी इस ओर ध्यान नहीं दे पातीं। वैसे भी समाज में स्त्रियों के बारे में यह अवधारणा चलती चली आती है कि उन्हें कुछ नहीं होता। जबकि विश्व स्वास्थ्य संगठन के अनुसार एशियाई देशों में लड़कों के मुकाबले लड़कियों की मृत्यु दर अधिक है।

इसी प्रकार शिक्षा के मामले में पहले तो लड़कियों को स्कूल ही नहीं भेजा जाता; यदि उन्हें भेजा भी जाता है और घर की परिस्थिति कुछ खराब हुई तो लड़कों के मुकाबले पहले उन्हीं का स्कूल छुड़वाया जाता है। कुछ समय पहले तक लड़कियों का ड्रॉप आउट रेट बहुत अधिक था, लेकिन अब परिस्थिति बदल रही है। एक खबर के मुताबिक ग्रामीण क्षेत्रों में स्कूल जानेवाली लड़कियों की संख्या बढ़ रही है।

चौथी पंचवर्षीय योजना में सबसे अधिक जोर स्त्री की शिक्षा पर दिया गया था। लेकिन पंचवर्षीय योजनाओं में स्त्री शिक्षा पर चाहे जितना जोर दिया गया, सरकारें उसे लागू कराने में नाकाम रहीं। इसीलिए सन् 1999 में सरकार को अलग से नेशनल पर्सपेक्टिव प्लान फॉर वुमेन बनाना पड़ा।

एक अच्छी खबर यह है कि दुनिया-भर में कामकाजी स्त्रियों की संख्या बढ़ रही है। यूनिफेम ने दुनिया की स्त्रियों की प्रगति रिपोर्ट 2000 जारी की थी, इसमें बताया गया था कि बीजिंग में हुए अन्तर्राष्ट्रीय महिला सम्मेलन में संयुक्त राष्ट्र के प्रस्ताव पर तमाम सरकारों के प्रतिनिधि महिला विकास कार्यक्रमों पर सहमत हुए थे। इसमें लक्ष्य रखा गया था कि प्राइमरी शिक्षा के स्तर पर स्कूल जानेवाले लड़के-लड़कियों में जो अन्तर है उसे सन् 2005 तक कम कर दिया जाएगा। इसे महिला सशक्तीकरण और समानता के सबसे बड़े प्रतीक के रूप में देखा गया। इस रिपोर्ट में लड़के-लड़कियों के भेदभाव के रूप में तीन सबसे अधिक संवेदनशील चिह्न रेखांकित किए गए—1. सेकेंड्री स्कूलों में लड़कियों और लड़कों का पंजीकरण, 2. गैरकृषि क्षेत्रों (उद्योग और सेवा) में सवैतनिक काम करनेवाली महिलाओं की संख्या, तथा 3. लोकसभा में स्त्रियों का प्रतिशत।

संयुक्त राष्ट्र ने अपने सर्वेक्षण में पाया था कि सेकेंड्री शिक्षा के क्षेत्र में ग्यारह प्रतिशत देशों में लड़के-लड़कियों में समानता है। इक्यावन प्रतिशत देशों में सेकेंड्री स्कूलों

में लड़कियों की पंजीकरण संख्या लड़कों से कम है। माध्यमिक शिक्षा के मामले में भारत में 48, नेपाल में 39.7, बाँग्लादेश में 15.6 और श्रीलंका में 79.3 प्रतिशत लड़कियाँ स्कूल जाती हैं।

स्त्रियों के प्रति होनेवाले अपराधों को हम देखें तो पाएँगे कि दहेज, हत्या, बलात्कार, यौन उत्पीड़न के मामलों में प्रायः अपराधियों को सजा नहीं मिलती। संगठित क्षेत्रों के मुकाबले असंगठित क्षेत्र जहाँ कुल 93 प्रतिशत स्त्रियाँ काम करती हैं, वहाँ महिलाओं का यौन उत्पीड़न भी अधिक होता है। यही नहीं, पर्यटन बढ़ने के साथ-साथ हमारे यहाँ तटवर्ती क्षेत्रों में बाल वेश्यावृत्ति भी बढ़ रही है। 'सेंटर ऑफ कनसर्न फॉर चाइल्ड लेबर' ने सन् 1995 में बाल वेश्यावृत्ति के सन्दर्भ में एक रिपोर्ट तैयार की थी। इस स्वयंसेवी संस्था का कहना है कि भारत में वेश्यावृत्ति सम्बन्धी कानून बहुत ढीले हैं। लोग इन्हें आसानी से तोड़ देते हैं। उन्हें सजा भी नहीं मिलती है। समुद्र तटीय इलाकों में वेश्यावृत्ति में तेजी से वृद्धि हुई है। इन लड़कियों की उम्र आठ से दस तक भी हो सकती है। इस धन्धे में लगी तीस प्रतिशत लड़कियों की उम्र पन्द्रह वर्ष से कम है। यूनिसेफ का कहना है कि यदि लड़कियों को इसी तरह से देह व्यापार में झोंका जाता रहा तो वह दिन दूर नहीं जब भारतीय बच्चों में सबसे अधिक रोगी एड्स के होंगे।

दहेज, बलात्कार, वेश्यावृत्ति, बाल विवाह—ये सब स्त्री-पुरुष भेदभाव के प्रतीक ही हैं। मजेदार बात यह है कि इन सभी के खिलाफ हमारे यहाँ कानून हैं, लेकिन कानून का क्रियान्वयन लगभग न के बराबर है। बाल विवाह के खिलाफ कानून हैं लेकिन आज भी अखतीज के अवसर पर राजस्थान में पालने में पड़े चालीस हजार बच्चों का विवाह कर दिया जाता है। आज भी दहेज के लिए सैकड़ों औरतों को मार दिया जाता है। कामकाजी स्त्रियों को यौन उत्पीड़न झेलना न पड़े इसके लिए उच्चतम न्यायालय के आदेश पर दफ्तरों में सैक्सुअल हैरेसमेंट कमेटियाँ बनाई गई हैं। लेकिन प्रायः ये पीड़ित स्त्रियों को न्याय नहीं दिला पातीं। दफ्तरों के बीच चलनेवाली ऐसी बहुत सी बातें हैं जिन्हें यह सोचकर कि आदमियों की दुनिया तो है ही ऐसी, 'अनसुना' कर दिया जाता है। आज भी जब ज्यादा-से-ज्यादा औरतें बाहर निकल रही हैं, पुरुषों के मन को खरोंचकर देखिए तो उन्हें नौकरीपेशा औरतें पसन्द नहीं हैं। एक तो पैसे कमानेवाली पत्नी दबकर नहीं रहती, सौ फीसदी सेविका नहीं बन पाती; दूसरे वे समझते हैं कि वे जो व्यवहार वे अपनी महिला साथियों के साथ करते हैं वही व्यवहार उनकी स्त्रियों को झेलना पड़ सकता है। आजकल ऐसे लोग भी मौजूद हैं जो बेहद निर्लज्जता से कहते हैं कि जब हमारी स्त्रियाँ बाहर निकलती हैं और लोग उन्हें छेड़ते हैं तो हम क्यों चूकें। चूँकि महिलाओं के खिलाफ किए गए अपराध प्रायः अनदेखे रह जाते हैं, यदि महिलाएँ शिकायत करती हैं तो भी अपराधियों को सजा नहीं मिलती, इसलिए अपराधियों के हौसले बुलन्द होते हैं, अपराध बढ़ते हैं। दिल्ली की स्वयंसेवी संस्था 'साक्षी' ने एक सर्वेक्षण में पाया कि कुछ छींटाकशी सम्बन्धी बातें समाज में स्वीकृत हैं। यदि औरतें इन पर प्रतिक्रिया व्यक्त करती हैं तो उन्हें छोटी-छोटी बातों पर रिएक्ट करनेवाली और

परेशानी पैदा करनेवाली माना जाता है। समझा जाता है कि इस स्त्री में ही कुछ खराबी है, अन्यथा अच्छी औरतें इस ओर ध्यान नहीं देतीं। महिला संगठनों का मानना है कि दरअसल मर्दवादी सोच ही कार्यालयों में छाया रहता है, इसलिए महिलाओं की दिक्कतें बदली हैं।

हमारे यहाँ जितने भी अधिकार हैं वे पुरुषों के हैं, जितने भी कर्त्तव्य हैं वे सब स्त्रियों के। स्त्रियों को पैसे की भी जरूरत हो सकती है यह सोचा तक नहीं गया। सम्पत्ति और उत्तराधिकार के सारे अधिकारों का स्थानान्तरण पुरुष से पुरुष तक होता है। सम्पत्ति में प्रायः स्त्रियों को हिस्सा नहीं मिलता। बहनें यदि भाइयों से अपना हिस्सा माँगती हैं तो प्रायः मनमुटाव की नौबत आ जाती है और भाइयों के घर के दरवाजे बन्द हो जाते हैं।

विश्व स्तर पर यह माना गया है कि यदि महिलाओं की स्थिति सुधारनी है, उनके प्रति भेदभाव कम करना है तो उनकी आर्थिक स्थिति सुधारनी होगी। स्त्रियों को यह समझ में आ गया है कि जब तक उनकी आर्थिक स्थिति नहीं सुधरती तब तक उनका विकास नहीं हो सकता क्योंकि दुनिया के अट्ठावन प्रतिशत संसाधनों पर पुरुषों का कब्जा है। इसीलिए स्त्रियाँ वित्तीय बाजार में होनेवाले परिवर्तनों में दिलचस्पी लेने लगी हैं। उन्हें अपने अनुकूल बनाने की कोशिश कर रही हैं। राष्ट्रीय-अन्तर्राष्ट्रीय स्तर पर ऐसी आर्थिक नीतियाँ बनवाने की प्रमुख भूमिका अदा कर रही हैं, जो स्त्री समर्थक हों। अन्तर्राष्ट्रीय स्तर पर स्त्रियों में इस बात पर भी आम सहमति बनने लगी है कि उनके विकास के लिए सिर्फ ऋण देना ही काफी नहीं है, बल्कि उन्हें व्यापारिक प्रशिक्षण और बाजार में होनेवाले परिवर्तनों के प्रति सही सलाह चाहिए। स्त्रियों का मानना है कि यदि उन्हें व्यापारिक दक्षता हासिल होती है तो यह उनके साथ-साथ सामाजिक विकास में भी बड़ी भूमिका निभा सकता है। इसके लिए उन्हें अपने लिए अधिक आय की स्रोत तो तलाश करने ही हैं, अधिक सामाजिक सुरक्षा की भी जरूरत है। स्त्रियों के विकास के लिए जरूरी है कि स्त्री पक्षधर संगठनों का आर्थिक ज्ञान बढ़ाया जाए। जब भी आर्थिक नीतियाँ बनें उनमें स्त्रियों की अधिक भागीदारी हो। आर्थिक विश्लेषण स्त्री-पुरुष के भेदभव को कम करनेवाले हों।

लेकिन दुनिया के बहुत से देशों में आज भी स्त्रियों की स्थिति ऐसी है कि वे घर से बाहर नहीं निकल सकतीं। असली चुनौती यहीं छिपी हुई है कि कैसे तमाम किस्म की सामाजिक बाधाओं को दूर कर स्त्रियों को विकास की प्रक्रिया में शामिल किया जा सके।

महिलाओं की आवाज बढ़ रही है। उनकी आवाज को मजबूती प्रदान करने में महिला संगठनों, शिक्षा संस्थाओं, स्वयंसेवी संस्थाओं, बुद्धिजीवियों तथा मीडिया का बहुत बड़ा हाथ है। कहना तो यह चाहिए कि मीडिया ने स्त्री को साहस और नई वाणी प्रदान की है। इसीलिए आज पीड़ित स्त्री अपने को छिपाने की कोशिश नहीं करती। न वह समाज और लांछनों से डरती है। क्योंकि अब तक चाहे अपराध किसी का हो,

स्त्री ही डरती और लांछित होती रही है। बल्कि शिकायत न करके मृत्यु का वरण करनेवाली स्त्री को बहुत आदर्श रूप में पेश किया जाता रहा है। लेकिन आज हम नई स्त्री देख रहे हैं। वह भेदभाव सहने को तैयार नहीं है। यदि वह सामर्थ्यवान है तो अपने से कम समर्थ स्त्री की मदद कर इस मिथ को तोड़ना चाहती है कि औरत ही औरत की दुश्मन होती है।

(हिन्दुस्तान, 2000)

मुसलमान औरतें-I

मुस्लिम समाज इन दिनों आत्ममन्थन के दौर से गुजर रहा है। इसमें सबसे अधिक विचार हो रहा है इस समाज की स्त्रियों के बारे में। हाल ही में 'मुस्लिम वुमेंस फोरम' द्वारा एक सम्मेलन आयोजित किया गया था। इसमें मुसलमान स्त्रियों ने अपनी आपबीती सुनाई थी। सबसे दुःखद स्थिति उन स्त्रियों की है जिन्हें बिना कारण तलाक दे दिया गया। उनके पास भरण-पोषण के कोई साधन नहीं हैं और पालने के लिए भरा-पूरा परिवार है। इस सम्मेलन में सिर्फ भारत ही नहीं बल्कि पाकिस्तान और बाँग्लादेश से भी स्त्रियाँ आई थीं।

इस सम्मेलन से पहले बँगलूर में मुस्लिम पर्सनल लॉ बोर्ड की मीटिंग में भी मुसलमानों में तलाक स्त्रियों की स्थिति और निकाहनामे का मुद्दा छाया रहा।

राष्ट्रीय महिला आयोग ने मुसलमान स्त्रियों से सम्बन्धित अपनी रिपोर्ट 'वायस ऑफ द वायसलैस' में मुस्लिम पर्सनल बोर्ड से यह माँग की थी कि एक स्टैंडर्ड निकाहनामा तैयार किया जाए। क्योंकि आज हालत यह है कि लोग अपनी मर्जी से निकाहनामा तैयार करा लेते हैं। इसमें प्रायः स्त्रियों की स्थिति को अनदेखा कर दिया जाता है। आयोग ने मुसलमान स्त्रियों की स्थिति को जानने के लिए भारत के कुछ शहरों, जैसे—अलीगढ़, अहमदाबाद, इन्दौर, जबलपुर, मुम्बई, कोल्हापुर, हैदराबाद, बँगलूर, चेन्नई, कालीकट, तिरुअनन्तपुरम, कोलकाता और तेजपुर में जन सुनवाइयाँ की थीं। इसमें बड़ी संख्या में मुसलमान स्त्रियों ने भाग लिया था।

इन सभी शहरों में की गई सभाओं में स्त्रियों ने जिन समस्याओं पर सबसे अधिक दुःख और रोष प्रकट किया था वे वही थीं जो 'मुस्लिम वुमेंस फोरम' द्वारा आयोजित सम्मेलन में सुनाई दीं। यानी कि बिना कारण तलाक, पति का परिवार को छोड़कर चले जाना, गुजारा भत्ता या किसी भी प्रकार की कोई आर्थिक सहायता न करना। ऐसे मामले बहुतायत से सामने आए जिनमें पति दूसरा विवाह करने के लिए पत्नी को तलाक देकर चले गए या दूसरी पत्नी को घर ले आए और पहली पत्नी को बच्चों के साथ घर से निकाल दिया। मेहर की रकम तक न दी। बच्चों की परवरिश की कोई जिम्मेदारी तक नहीं उठाई।

जुलाई, 1998 में इंस्टीट्यूट ऑफ इस्लामिक स्टडीज और सेंटर फॉर स्टडी ऑफ सोसाइटी एंड सेक्यूलरिज्म ने मुम्बई में आयोग के लिए जन सुनवाई और सेमिनार

आयोजित की थी। इसी में यह बात उभरकर आई थी कि सन् 1980 में बने गोपाल सिंह कमीशन ने पाया था कि आर्थिक रूप से और शिक्षा के क्षेत्र में मुसलमान दलितों से भी पीछे हैं। इसी में मुस्लिम पर्सनल लॉ बोर्ड के एक सदस्य ने स्टैंडर्ड निकाहनामा की बात की थी। इसे मुसलमान स्त्रियों ने ही तैयार किया है। इसे एक हजार उलेमाओं का समर्थन प्राप्त है। यदि पति निकाहनामे की शर्तें तोड़ता है या पत्नी के साथ बुरा व्यवहार करता है तो पत्नी भी पति को तलाक दे सके और यदि निकाहनामे की शर्तें तोड़ी गई हैं तो मेहर की राशि दोगुनी कर दी जाए। मुसलमान बुद्धिजीवियों का एक बड़ा तबका यह मानता है कि चाहे जब तलाक रोकने के लिए एक स्टैंडर्ड निकाहनामा बनाया जा सकता है जिसमें यह शर्त होनी चाहिए कि तलाक से पहले स्त्रियों को भी अपना पक्ष प्रस्तुत करने का मौका मिले। स्त्री की इच्छा के बिना तलाक न हो और यदि ऐसा होता है तो पति की चल-अचल सम्पत्ति में स्त्री को हिस्सा मिले।

आज से सत्तर साल पहले जाने-माने इस्लामी विद्वान् मौलाना अशरफ अली थानवी ने कहा था कि निकाहनामा औरत की मर्जी के अनुसार बनना चाहिए। मुस्लिम समाज में विवाह एक कांट्रेक्ट है। इसलिए यदि सम्बन्ध विच्छेद होता है तो पति को मेहर देनी पड़ती है। लेकिन अक्सर विवाह के वक्त निकाहनामे में इतनी कम रकम लिखाई जाती है कि उसका कोई महत्त्व नहीं होता। यह रकम भी स्त्रियों को दी नहीं जाती।

मुसलमान स्त्रियाँ इन दिनों जिस नई समस्या से जूझ रही हैं, वह है दहेज। इस समाज में दहेज बढ़ता जा रहा है, इसीलिए गरीब माता-पिता अपनी किशोरियों को बूढ़े शेखों के हाथों बेच देते हैं।

मुम्बई में मुमताज नाम की एक महिला ने बताया कि वह अपने माता-पिता से पति द्वारा माँगी गई रकम न ला सकी तो उसके पति ने उसे तलाक दे दिया। जब उसके माता-पिता ने पचीस हजार रुपए दे दिए तो पति ने तलाक के खिलाफ फतवा जारी करा दिया। लेकिन आठ माह बाद अपने माता-पिता के कहने पर पति उसी मुफ्ती को बुला लाया जिसने तलाक के खिलाफ फतवा जारी किया था। मुफ्ती ने कहा कि तलाक जायज था।

दक्षिण में ही गरीब लड़कियों से कश्मीर, राजस्थान और दिल्ली के कुछ युवकों ने विवाह किया। दहेज बिल्कुल नहीं लिया। लेकिन बाद में लड़कियों को वेश्यावृत्ति में धकेल दिया। महिलाओं का मानना है कि सरकार की तरफ से लड़कियों के लिए चलाए जा रहे कल्याणकारी कार्यक्रम इसलिए सफल नहीं हो पाते क्योंकि अधिकारियों की उनमें कोई दिलचस्पी नहीं होती। वे सिर्फ खानापूरी करते हैं। चेन्नई में मुसलमान स्त्रियों की स्थिति में सुधार के लिए आन्दोलन चलाया जा रहा है। तमिलनाडु अल्पसंख्यक आयोग की भूतपूर्व अध्यक्ष और वकील बेदर सईद मुसलमान महिलाओं का संगठन 'रोशनी' चलाती हैं। उनका कहना है कि मुसलमानों में बहुविवाह प्रथा को फौरन खत्म किया जाना चाहिए। उन्हें भी सम्मानपूर्वक जिन्दा रहने का हक है। उनके भी मानव अधिकार हैं। उन्होंने यह भी कहा कि जितने उलेमा हैं, उतने ही फतवे हैं। मुसलमान स्त्रियों को

संगठित होकर अपने हकों की लड़ाई लड़नी चाहिए।

बेदर सईद का कहना बिल्कुल सही है। लेकिन संगठित होकर आवाज उठाने के लिए शिक्षा और जागरूकता चाहिए। इसका एक उदाहरण आयोग ने इन्दौर में हुई अपनी जन सुनवाई के दौरान देखा।

अगस्त, 1999 में इन्दौर के इस्लामिया करीमिया ट्रस्ट द्वारा एक बड़ा जलसा किया गया था। ट्रस्ट द्वारा नौ शिक्षा संस्थान चलाए जाते हैं। इसमें सत्रह हजार विद्यार्थी पढ़ते हैं। इन संस्थानों की बहुत सी छात्राएँ इसमें भाग लेने आईं। ग्यारहवीं-बारहवीं कक्षाओं में पढ़नेवाली इन छात्राओं ने जो कुछ बोला उसे जानना दिलचस्प है। इनमें से अनेक छात्राएँ जानना चाहती थीं कि ऐसा क्यों होता है कि जब वे पढ़ना चाहती हैं, माता-पिता उनका विवाह कर देते हैं। लड़का पैदा होता है तो घर में खुशियाँ मनाई जाती हैं, जबकि लड़की पैदा होने पर दुःख। ऐसा क्यों ? जब लड़के पढ़ना नहीं चाहते, तब उनसे पढ़ने के लिए कहा जाता है। जब लड़कियाँ पढ़ना चाहती हैं, उन्हें रोक दिया जाता है। लड़कों को हमेशा आगे रखा जाता है और लड़कियों को पीछे। ऊपर से लड़कियों को पर्दा करना पड़ता है। जो लड़कियाँ पर्दा करती हैं, वे पढ़ कैसे सकती हैं ? आखिर हम अपने माता-पिता को कैसे रोकें कि वे छोटी उम्र में हमारा विवाह न करें। समाज को हमारी मदद करनी चाहिए। आखिर दहेज जैसा अन्याय समाज हमारे ऊपर कैसे होने देता है ? इन लड़कियों ने यह भी जानना चाहा कि वे आई.ए.एस. कैसे बन सकती हैं ? वायु सेना में कैसे जा सकती हैं ? देश-सेवा के लिए और क्या-क्या कर सकती हैं ?

इन लड़कियों की बातों से पता चलता है कि चूँकि ये पढ़-लिख रही हैं इसलिए अपने भविष्य को बेहतर बनाने के सपने देख रही हैं। कहना यह चाहिए कि उनमें खुद को और अपने समाज को बदलने की इच्छा इतनी तीव्र है कि कई लड़कियाँ फूट-फूटकर रो भी पड़ीं। वे हर तरह से कठमुल्लापन और बेड़ियों से आजादी चाहती हैं। तभी तो कोलकाता में आयोग की सदस्याओं के सामने एक लड़की ने बहुत आक्रोश से कहा था, "जब भी औरतों के अधिकारों की बात की जाती है, कुरान का हवाला दे दिया जाता है; लेकिन कुरान में तो चोरों के हाथ काटने की बात कही गई है, मगर इसे मानव अधिकार कहकर रफा-दफा कर दिया जाता है। कहा जाता है कि हम बीसवीं सदी में रह रहे हैं। क्या स्त्रियाँ बीसवीं सदी में रह रही हैं।"

कुल मिलाकर यदि देखें तो मुसलमान स्त्रियों की जो समस्याएँ नजर आती हैं, वे हैं—गरीबी, अशिक्षा। हमेशा बना रहनेवाला तलाक का डर और तलाक हो जाने पर बच्चों के भरण-पोषण की जिम्मेदारी। किसी भी प्रकार की आर्थिक सहायता का न मिलना। अफसोस कि धर्म के ठेकेदार कभी भी महिलाओं की समस्याओं पर ध्यान देने की जरूरत नहीं समझते। वे अपने ही धर्म की महिलाओं के साथ इतने दोयम दर्जे का व्यवहार क्यों करते हैं ! शाहबानो के गुजारा भत्ता दिए जाने के सवाल पर जो हो-हल्ला मचा था कि शाहबानो को सुप्रीम कोर्ट के फैसले पर कहना पड़ा था कि सुप्रीम कोर्ट ने गलत किया है। यह कितना आश्चर्यजनक है कि जिसे न्याय मिला था वह कोर्ट को

दोषी ठहरा रहा था कि उसे न्याय देकर गलती की गई। बात में शाहबानो ने एक टी. वी. इंटरव्यू में कहा था कि अगर वह ऐसा न कहती तो न जाने कितने बेगुनाहों का खून बह जाता।

यहीं हम राजनीति की भूमिका देख सकते हैं। कोई भी राजनीतिक पार्टी मुसलमानों के वास्तविक विकास में दिलचस्पी नहीं रखती। अन्यथा क्यों ऐसा है कि मुसलमानों खासतौर से स्त्रियों की शिक्षा, रोजगार, तलाक के मसले आदि के लिए कोई सुधारात्मक आन्दोलन इन पार्टियों ने नहीं चलाए हैं। इनकी दिलचस्पी सिर्फ उनके वोट प्राप्त करने में है। इसीलिए अक्सर सारे दल कट्टरपन्थियों के सामने आत्मसमर्पण करते नजर आते हैं। इसमें पचास साल से औरतों की बलि चढ़ रही है तो चढ़ती रहे, लेकिन इन स्वार्थी नेताओं को जानना चाहिए कि स्त्रियाँ चाहे वे हिन्दू हों, मुसलमान, सिख या ईसाई वे सब एक हैं। वे दुनिया की आधी आबादी हैं। आज नहीं तो कल वे अपने हक लेकर ही रहेंगी।

मुसलमान औरतें–II

ओरे विधाता, बिनती करूँ, परु पइयाँ बारम्बार।
अगले जन्म मोहे बिटिया न कीजो, चाहे नरक में दीजो डार!

—पूर्वांचल का लोकगीत

वायस ऑफ द वायस लैस—भारत में रहनेवाली मुसलमान स्त्रियों का आकलन करती एक रिपोर्ट है। इसे सईदा सयैदेन हामिद ने राष्ट्रीय महिला आयोग के लिए तैयार किया है। आठ अध्यायों में बँटी इस रिपोर्ट के जरिए हम मुसलमान स्त्रियों की दारुण अवस्था को देख सकते हैं। सन् 1997 में 'वुमेन एंड इस्लाम इन इंडिया' नाम से एक दस्तावेज तैयार किया गया था। इस पर बहस के बाद ही आयोग ने यह निर्णय लिया कि मुसलमान स्त्रियों की कहानी उन्हीं की जुबानी सुनी जाए। इसके लिए उन संस्थाओं की मदद ली गई जो अल्पसंख्यकों के लिए काम करती हैं। भारत-भर के जिन शहरों में औरतों की सभाएँ की गईं वे थे—अलीगढ़, अहमदाबाद, इन्दौर, जबलपुर, मुम्बई, कोल्हापुर, हैदराबाद, बँगलूर, चेन्नई, कालीकट, तिरुअनन्तपुरम, कलकत्ता और असम में तेजपुर। आयोग की सदस्याओं ने केरल से कश्मीर तक और कोलकाता से सूरत तक की यात्राएँ कीं। इन सभाओं में नगर के बुद्धिजीवी, समाजसेवक, छात्र-छात्राएँ आए। इन औरतों की भाषा चाहे तमिल थी, उर्दू, बाँगला, हिन्दी या मलयाली, उनके दुःख एक जैसे थे।

5 जून, 1997 को केरल महिला आयोग के सौजन्य से तिरुअनन्तपुरम में सभा की गई थी। इसमें बड़ी संख्या में मुस्लिम महिलाएँ आई थीं। कुछ लोगों ने इस सभा को इस तरह से प्रचारित किया जैसे कि मुस्लिम निजी कानून में दखलन्दाजी की कोशिश की जा रही है। इसलिए कुछ महिलाओं ने अभद्र भाषा का प्रयोग किया। यह भी कहा कि उन्हें तीन बार तलाक कहकर तलाक दिए जाने से कोई परहेज नहीं है। न ही इस बात से कि उनके रहते उनका पति दूसरी पत्नी ले आए। एक महिला ने तो यहाँ तक कहा कि एक पुरुष का कई महिलाओं से विवाह करना बहुत अच्छी बात है क्योंकि इससे गरीब लड़कियों की शादी होने में मदद मिलती है। सभी सभाओं में यही एकमात्र सभा थी जिसमें एक राजनीतिक दल ने न केवल विरोध करनेवाली महिलाओं का साथ दिया बल्कि बहुत सी औरतों को बोलने नहीं दिया। लेकिन अच्छी बात यह थी कि बहुत सी औरतों ने इस संकीर्णता का विरोध भी किया।

चेन्नई में 4 जून, 1998 और 28 दिसम्बर, 1999 को सुनवाई की गई थी। इनमें सिर्फ चेन्नई से ही नहीं बल्कि मदुरै, त्रिची और कोयम्बटूर की भी महिलाएँ आई थीं। इनमें से नब्बे प्रतिशत वे थीं जो बेहद गरीबी में जीवन बिताती हैं।

हाजरा बेग, मुमताज, जमीला, मलैकका, बिस्मी तथा नाजनीन ने कहा कि विद्यालयों में सुधार किया जाए। कक्षा में अक्सर अध्यापक नहीं होते। इसलिए मजबूरी में उन्हें अपने बच्चों को काम पर भेजना पड़ता है। सईदा ने कहा कि मासिक धर्म शुरू होने पर लड़कियों को स्कूल जाने से रोक दिया जाता है। बानो ने कहा कि वह अपने पति की तीसरी पत्नी है। उसका पति उसे वेश्यावृत्ति करने पर मजबूर करता है। जब वह नहीं मानती तो तलाक की धमकी देता है।

लतीफा ने कहा, "मैं कब्रिस्तान में रहती हूँ। मेरे पति ने मुझे तलाक दिया, दूसरी शादी की। मुझे न मेहर दी, न गुजारा भत्ता।" शकीरा सुल्ताना की उम्र सिर्फ अठारह साल है। उसके पाँच बच्चे हैं। उसे तलाक दे दिया गया, लेकिन कुछ दिया नहीं गया।

हसन बाबू बी.ए. पास हैं। उसका पति अक्सर उसे पीटता और माता-पिता से पैसे लाने के लिए कहता। उसने जब अदालत से गुजारा भत्ता माँगा तो उसे जान से मारने की धमकी देने लगा।

चेन्नई में मुस्लिम महिलाओं की हैसियत में सुधार के लिए आन्दोलन चलाया जा रहा है। तमिलनाडु अल्पसंख्यक आयोग की भूतपूर्व चेयरमैन और वकील बेदर सईद का कहना है कि मुसलमानों में बहुविवाह प्रथा को फौरन खत्म किया जाना चाहिए। मुसलमान स्त्रियों को भी सम्मानपूर्वक जिन्दा रहने का हक है। उनके भी मानव अधिकार हैं। मुसलमान स्त्रियों को संगठित होकर अपने हकों की लड़ाई लड़नी चाहिए।

हैदराबाद में 30 जून, 1998 को हुई बैठक में भी तीन सौ से अधिक औरतों ने हिस्सा लिया।

यहाँ भी वही समस्याएँ थीं तीन बार तलाक, बहुत से बच्चे, उनके पालन-पोषण की जिम्मेदारी और पति द्वारा न मेहर दिया जाना, न गुजारा भत्ता। इन बेसहारा औरतों को वक्फ बोर्ड द्वारा भी कोई मदद नहीं की जाती। राष्ट्रीय महिला आयोग की अध्यक्षा का कहना है, "इसमें से अधिकांश औरतों के आठ या नौ बच्चे हैं। उनके पतियों ने सिर्फ तलाक कहकर उनसे छुट्टी पा ली। वक्फ बोर्ड के पास उनकी आर्थिक रूप से सहायता करने के लिए पैसे नहीं हैं। इन स्त्रियों की दशा वाकई बहुत खराब है।" नजमा, अमीना, खुर्शीदा, दुरदाना, मोहम्मदी बेगम सबके पतियों ने उन्हें तलाक दे दिया। उन्हें छोड़कर चले गए। इन गरीब स्त्रियों के पास कोई आय का साधन नहीं है। वे शिक्षित भी नहीं हैं जिससे कि अपने पाँवों पर खड़ी हो सकें।

झुग्गी बस्ती हफीज बाबा नगर में मुसलमानों की बहुतायत है। यहाँ 'कोवा' नामक संगठन जन-जागरण का काम करता है। महिलाओं की आर्थिक मदद के लिए 'स्वयं मदद' करनेवाले ग्रुप बनाए गए हैं। यहाँ दो सौ महिलाओं ने एक-एक रुपया इकट्ठा किया। अब उनके पास इतने रुपए हैं कि उधार देती हैं। महिलाओं ने डाक के जरिए

तलाक की भी शिकायत की। बाबरी मस्जिद के ढहाने के बाद औरतों पर पर्दा कट्टरता से लागू कर दिया गया है। मुसलमानों में दहेज बहुत अधिक बढ़ गया है। इसीलिए गरीब माता-पिता अपनी किशोरी लड़कियों को खाड़ी देशों के बूढ़े शेखों के हाथ बेच देते हैं। कुछ ऐसे विवाह भी कश्मीर, दिल्ली और राजस्थान के युवकों ने किए जिन्होंने दहेज बिल्कुल नहीं लिया और बाद में उन्हें वेश्यावृत्ति में धकेल दिया। अल्पसंख्यकों विशेषकर लड़कियों के लिए चलाए जानेवाले कल्याणकारी कार्यक्रम भी इसलिए सफल नहीं हो पाते क्योंकि अधिकारी सिर्फ खानापूरी करते हैं, वास्तविक कल्याण में उनकी कोई दिलचस्पी नहीं होती। यहाँ शिक्षा का स्तर इसी बात से आँका जा सकता है कि दसवीं कक्षा में पढ़नेवाले बच्चे ठीक से अपना नाम नहीं लिख सकते। जो माता-पिता अपनी लड़कियों को पढ़ाना भी चाहते हैं वे लड़कियों को तो उर्दू माध्यम के स्कूलों में भेजते हैं जबकि लड़कों को अंग्रेजी माध्यमों के स्कूलों में भेजा जाता है। महिलाएँ बढ़ती साम्प्रदायिकता खासतौर से पुलिस के साम्प्रदायिक होने की शिकायत करती हैं।

3 जुलाई, 1998 को इंस्टीट्यूट ऑफ इस्लामिक स्टडीज और सेंटर फॉर स्टडी ऑफ सोसाइटी एंड सेक्यूलरिज्म ने मुम्बई में आयोग के लिए पब्लिक हीयरिंग और सेमिनार आयोजित की थी। इसमें केरल, कर्नाटक, गुजरात, तमिलनाडु, आन्ध्र प्रदेश, उत्तर प्रदेश, दिल्ली और महाराष्ट्र के प्रतिभागी आए थे। इसमें यह बात उभरकर सामने आई कि सन् 1980 में बने गोपाल सिंह कमीशन ने पाया था कि आर्थिक रूप से और शिक्षा के क्षेत्र में मुसलमान दलितों से भी पीछे हैं। मुस्लिम पर्सनल लॉ बोर्ड के एक सदस्य ने इसमें स्टैंडर्ड निकाहनामा की बात की। इसमें पत्नी द्वारा पति को तलाक देने की बात भी की गई, यदि पति निकाहनामे की शर्तें नहीं मानता और पत्नी के साथ बुरा व्यवहार करता है। पति यदि निकाहनामा की शर्तों को तोड़ता है तो मेहर की राशि भी दोगुनी कर दी जाए।

यहीं मुमताज नाम की एक महिला ने बताया कि वह अपने माता-पिता से पति द्वारा माँगी गई रकम न ला सकी तो उसके पति ने उसे तलाक दे दिया। जब उसके माता-पिता ने पचीस हजार रुपए दे दिए तो पति ने तलाक के खिलाफ फतवा जारी करा दिया। लेकिन आठ माह बाद अपने माता-पिता के उकसावे पर पति उसी मुफ्ती को बुला लाया जिसने तलाक के खिलाफ फतवा जारी किया था। मुफ्ती ने कहा कि तलाक जायज था। उसे सिर्फ पैंतीस सौ रुपए मिले। उसके तीन साल का एक बेटा भी है।

अलमास का विवाह सन् 1996 में हुआ था। उसका पति छोटी-छोटी बातों पर उसे पीटता था। एक दिन अलमास जब अपनी आंटी के घर में थी उसके पति ने उसे तीन बार तलाक कहा और बाहर चला गया। यह सिर्फ शादी के दो महीने बाद हुआ।

नसीम नायक ने बताया कि उसका विवाह सन् 1980 में हुआ था। पति ने उसके तीनों बच्चों का टेस्ट कराया कि वे बच्चे किसके हैं। यह साबित होने पर भी कि वही उनका पिता है उसने तलाक दे दिया। फिर तलाक को नाजायज होने का फतवा जारी

किया और नसीम से दोबारा विवाह कर लिया। अब वह नसीम के रहते हुए भी एक और पत्नी ले आया था।

स्त्रियों को मानसिक और शारीरिक यातनाएँ दी गईं। तीन बार तलाक कहकर तलाक देने का डर लगातार बनाए रखा गया और घर से बाहर निकाल दिया गया। उनका भरण-पोषण कैसे होगा यह चिन्ता नहीं की गई।

इस मीटिंग में भी चेन्नई की मीटिंग की तरह ही बार-बार माँग की गई कि मुस्लिम पर्सनल कानून को वक्त के साथ बदला जाना चाहिए। स्त्रियों को इसके बदलाव की माँग संगठित होकर उठानी चाहिए। मुस्लिम पर्सनल लॉ बोर्ड से भी माँग की गई कि वे राष्ट्रीय महिला आयोग के साथ मिलकर तीन बार तलाक, बहुविवाह और स्त्रियों की आर्थिक दशा को सुधारने में कारगर कदम उठाए।

इन दिनों जो मुस्लिम पर्सनल कानून भारत में प्रचलित है उसे ब्रिटिश काल में लागू किया गया था। उसे उन दिनों एंग्लो-मामडन लॉ कहा जाता था। उन दिनों यह आज की तरह नहीं था। सन् 1939 में मौलाना अशरफ थानवी ने एक महत्त्वपूर्ण विवाह कानून बनवाया था। जिसके अन्तर्गत उन महिलाओं को कानूनी रिलीफ दिलवाया था जिनके पति उन्हें छोड़कर गायब हो गए थे। एक निश्चित अवधि के बाद विवाह अपने आप समाप्त माना जाने लगा।

6 सितम्बर, 1998 को जबलपुर में हुई सभा में आयोग की सदस्याएँ मुसलमानों की बस्तियों की बदहाली देखकर दहल गईं। अँधेरे सीलन-भरे घर, गन्दगी, बीमारियाँ, हैजा, पेचिश, पीलिया, शिशु और जचगी के दौरान माता की अधिक मृत्यु दर। आमतौर पर महिलाएँ और बच्चे बुनकरी तथा बीड़ी बनाने के काम में लगी थीं इसीलिए उनमें से अस्सी प्रतिशत टी.बी. या दमा के शिकार हैं। वे इतने छोटे घरों में रहते हैं कि सोने तक के लिए बारी लगानी पड़ती है क्योंकि घर में लोग ज्यादा हैं। महिलाएँ अधिक बच्चे नहीं चाहतीं। वे परिवार नियोजन के साधनों का इस्तेमाल करना चाहती हैं, लेकिन मर्द इसके लिए तैयार नहीं होते। बहुत सी स्त्रियाँ अपने पतियों को बिना बताए परिवार नियोजन का तरीका इस्तेमाल करती हैं। स्त्रियों ने आयोग की सदस्याओं से कहा कि वे 'मुल्लाओं' को समझाएँ कि परिवार नियोजन में ही देश और सबका भला है।

कलकत्ता में 8 नवम्बर, 1998 को हुई सुनवाई में ढाई सौ मुसलमान स्त्रियों ने भाग लिया। यहाँ कुछ लड़कियों ने दहेज की माँग, मेहर का न दिया जाना और बहुविवाह का कड़ा विरोध किया। पचीस साल की मनोहरा खातून ने बताया कि उसे पति ने चार साल पहले तलाक दे दिया था। पति ने दूसरा विवाह कर लिया। वह बच्चे को पालने के लिए छोड़ दी गई, जबकि पति दूसरी पत्नी के साथ मौज उड़ाता घूम रहा है।

5 दिसम्बर, 1999 को तेजपुर में सुनवाई हुई—वही दुःख, वही कायरता।

आयशा, "मैं तीन महीने की गर्भवती थी। पति ने मुझे तलाक दे दिया। न गुजारा भत्ता, न मेहर।"

पन्द्रह साल की हजीरा—ग्यारह साल की उम्र में विवाह, पन्द्रह साल की उम्र में

तलाक। पन्द्रह साल की ही नूरी। डेढ़ साल से पति अलग रह रहा है और तलाक की धमकी दे रहा है। अठारह साल की आयशा खातून—सिर्फ पन्द्रह दिन पति के साथ रही, अब पति तलाक देना चाहता है। जाहिया का पति बार-बार पैसे की माँग करता था। उसने बीस हजार रुपए भी लाकर दिए। एक दिन वह सारा कीमती सामान लेकर गायब हो गया और दूसरी शादी कर ली। अब वह अपने चार साल के बेटे को पाल रही है।

अमीना के पति ने भी दूसरा विवाह कर लिया। अब वह अपने तीन बेटों को पाल रही है। दूसरी अमीना का पति घर में ही दूसरी औरत ले आया। पति ने अमीना का सारा सामान छीन लिया। मुमताज सात माह की गर्भवती थी तो उसका पति उसे माता-पिता के घर छोड़ गया। वह अपने बच्चे को भी देखने नहीं आया। कुछ इसी तरह की कहानियाँ महजबीं, अजमीरा, नजरुन, फिरोजा और अजूबा की हैं। फूलबानू के पति ने तो छह बार विवाह किया।

12 अगस्त, 1999 को इन्दौर के इस्लामिया करीमिया ट्रस्ट द्वारा बड़ा फंक्शन किया गया। ट्रस्ट द्वारा चलाई जा रही नौ विभिन्न शिक्षण संस्थाओं में सत्रह हजार विद्यार्थी पढ़ते हैं। इन संस्थाओं की बहुत सारी छात्राएँ इसमें आईं। बाद में आयोग द्वारा की जा रही सुनवाई में भी वे उपस्थित रहीं। जो लड़कियाँ बोलीं वे ग्यारहवीं-बारहवीं कक्षा की छात्राएँ थीं।

''माता-पिता उनका विवाह क्यों कर देना चाहते हैं। क्या राष्ट्रीय महिला आयोग इसे रोक नहीं सकता।''

महजबीं ने कहा, ''जब लड़के पढ़ना नहीं चाहते उन्हें पढ़ने के लिए कहा जाता है; लेकिन जब लड़कियाँ पढ़ना चाहती हैं, उन्हें रोक दिया जाता है। क्या समाज कुछ नहीं कर सकता ?''

संजीदा बोली, ''लड़के क्यों हमेशा आगे रहते हैं और लड़कियाँ पीछे।''

सबा, ''लड़कियों को पर्दा क्यों करना पड़ता है ? (रोने लगी) पर्दे के कारण मेरी सहेली पढ़ नहीं सकी।''

अमीना ने कहा, ''लड़कियों के पढ़ने में पर्दा बाधक है।''

रुखसाना का कहना था, ''हम अपने माता-पिता को कैसे रोकें कि वे छोटी उम्र में हमारा विवाह न करें।''

तसब्बुर ने पूछा, ''पर्दे में रहते क्या हम सेना या वायुसेना में जा सकते हैं।''

मुशर्रफ का सवाल था, ''लड़कियों पर दहेज जैसा अन्याय समाज कैसे होने देता है ?''

सबीहा जानना चाहती थी कि ''क्या वह आई.ए.एस. बन सकती है ?''

आस्माँ ने कहा, ''क्यों रविवार (छुट्टी) लड़कों के लिए होता है, लड़कियों के लिए नहीं।''

फिजा, ''औरतों को पर्दा क्यों करना पड़ता है, आदमियों को क्यों नहीं ?''

दूसरी संजीदा का सवाल था, ''जब लड़का पैदा होता है तो खुशी क्यों मनाई जाती

है, लड़की पैदा होने का दुःख क्यों ?"

रूही जानना चाहती थी कि टेलीविजन के विज्ञापनों में आने के लिए क्या करना चाहिए ?

20 नवम्बर, 1999 को बंगलूर में हुई सभा में स्त्रियों नूरजहाँ, महबूबा, नसरीन, खुर्शीदा की दास्ताँ भी ऐसी ही थी। फरजाना ने कहा, "मैं उन्नीस साल की हूँ। कुछ माह पहले मेरा विवाह हुआ, मेरा पति मुझे मुम्बई ले गया। वहाँ उसने मुझे जलाकर मार डालने की कोशिश की।" फरजाना आगे नहीं बोल सकी। वह फूट-फूटकर रोने लगी। तब उसकी माँ ने कहा कि "हमने ट्रक भरकर दहेज दिया था। तब भी उसका पति उसे तंग करता था। यहाँ तक कि ससुर ने कहा कि उसे उसकी काम इच्छा पूरी करनी पड़ेगी।"

अमातुर रहमान रहमानी मुस्लिम महिला संगठन के लिए काम करती हैं। उनका कहना था कि माता-पिता लड़कियों को नहीं पढ़ाते हैं। उन्होंने माँग की कि निकाहनामा के साथ दहेज में दी गई चीजों की लिस्ट भी जोड़ी जानी चाहिए। उनका कहना था कि जब हम वक्फ बोर्ड के पास जाते हैं तो उनके अधिकारी कहते हैं कि संगठनों का पंजीकरण उनके पास होना चाहिए। लेकिन जब हम रजिस्ट्रेशन करा लेते हैं तो वे हमारे कामों में हस्तक्षेप करते हैं। सन् 1986 के मुस्लिम वुमेन एक्ट की जिम्मेदारी दिए जाने पर भी वक्फ बोर्ड ने बेसहारा विधवा औरतों के लिए कुछ नहीं किया है।

11 फरवरी, 2000 को महिला आयोग ने अहमदाबाद में सुनवाई की। यहाँ भी बड़ी संख्या में औरतों ने अपनी दुःखद दास्तान सुनाई। नूरजहाँ ने कहा, "मेरी शादी सोलह साल की उम्र में हो गई थी। मेरे पति का एक हाथ था। मैं किसी और से प्यार करती थी। लोगों ने उसके कान भर दिए। वह मुझ पर शक करने लगा और पीटने लगा। मैंने लाख समझाया कि अब मेरी तुमसे शादी हो गई है। मैं किसी और से प्यार कैसे कर सकती हूँ। मैंने अपने ऊपर मिट्टी का तेल छिड़क लिया। मेरे पिता मुझे ले गए। मेरा दूसरा विवाह उसी से हुआ जिसे मैं चाहती थी। हम बहुत खुश थे। मैं उसके साथ चौदह साल रही। हमारे तीन बच्चे हुए। फिर उसने मुझे छोड़ दिया। जब मैंने अपने अधिकारों की बात की तो उसने मुझे तलाक दे दिया। क्या मुझे कभी न्याय मिलेगा ? (रोने लगती है) एक औरत न्याय पाने के लिए कहाँ जाए ?"

लेकिन इन सभी स्त्रियों के बीच मिली पठान शमीम।

उसने कहा, "मैं औरतों के लिए टैक्सी चलाती हूँ। एक दिन में सात सौ किलोमीटर टैक्सी चला सकती हूँ। रात में भी टैक्सी चलाने में कोई दिक्कत नहीं होती। मैंने दूध बेचा, स्कूटर ठीक किए हैं। मेरे सात भाई हैं, लेकिन मैं आत्मनिर्भर हूँ। मेरा प्रेम विवाह हुआ था, लेकिन यह चल नहीं पाया। मैंने ही कहा कि अलग हो जाएँ। उस सम्बन्ध को ढोने का कोई फायदा नहीं, जो चल न सके। पहले मैंने एक पुरानी कार चलाई थी। मेरी किसी ने मदद नहीं की। मेरा एक बेटा है जो बोर्डिंग में पढ़ता है। उन्होंने मुझसे उसके पिता का नाम पूछा था। मैंने कहा, 'मैं हूँ तो।' वह मेरा नाम ही लिखता है।"

जेबुन्निसा का कहना था कि मेरा पति मुझ पर बहुत अत्याचार करता था। महिला पंचायत ने मुझे मेरे अधिकार दिलाए। उनका कोई दफ्तर नहीं है। वे एक पेड़ के नीचे बैठकर भी मुझे मेरे अधिकार दिला सके।

महिला आयोग की सुनवाइयों ने यह बात स्पष्ट कर दी कि मुसलमान स्त्रियाँ भारत के किसी भी कोने में रहती हों उनकी तकलीफें एक जैसी हैं। वे कराह रही हैं—हमें इन बेड़ियों से मुक्त करो। वे पितृ सत्तात्मक समाज द्वारा सताई गई हैं। उन्हें बराबरी, सम्मान और संवैधानिक अधिकार मिलने चाहिए। वे खामोशी से कब तक सहती रहें। परम्परा और रूढ़ियों से जकड़ा समाज कब तक उनके रास्ते रोकता रहेगा।

राष्ट्रीय महिला आयोग की यह पहल सचमुच ही सराहनीय है। जिन लोगों को शाहबानो को गुजारा भत्ता दिए जाने मात्र पर धर्म का खतरा नजर आने लगा था, उन्हें सोचना चाहिए कि अपनी ही स्त्रियों के साथ वे क्या कर रहे हैं। और वे राजनीतिक दल जो हर तरह की जुगत भिड़ाकर मुसलमानों के वोट तो प्राप्त करना चाहते हैं, लेकिन मुसलमान स्त्रियों के अधिकारों की बात आते ही बगलें झाँकने लगते हैं, उन्हें स्त्रियाँ कभी माफ नहीं करेंगी।

(हंस, 2000, अतीत होती सदी और स्त्री का भविष्य)

मेरी नहीं तो तू किसी और की भी नहीं

आज से कुछ साल पहले एक सर्वेक्षण ने बताया था कि युवा वर्ग में अब प्रेम के लिए कोई स्थान नहीं बचा है। मध्य वर्ग के किशोर-किशोरियाँ अब प्रेम को नहीं, अपने कैरियर को स्थान देने लगे हैं। उनके लिए देवदास और पारो की कहानियाँ सिर्फ कहानियाँ हैं। सत्तर के दशक में जहाँ आँख खोलते ही बच्चे इश्क का पाठ पढ़ने लगते थे वहीं अब वे पहले अपने जीवन की दिशा को निर्धारित करना चाहते हैं। मरने-जीने की कसमें उनके जीवन का हिस्सा नहीं रही हैं। हाल ही में परिवार नियोजन से सम्बन्धित दूसरे सर्वेक्षण ने भी इस बात की पुष्टि की है कि लड़के-लड़कियाँ पढ़ने में इतने व्यस्त रहते हैं कि विवाह आदि के बारे में नहीं सोच पाते। इसीलिए उनमें माता-पिता द्वारा तय किए विवाह के प्रति रुझान बढ़ा है। यही नहीं, आमतौर पर लड़के अपने माता-पिता को छोड़कर नहीं जाना चाहते।

लेकिन दूसरी तरफ यदि हम निम्न मध्य वर्ग और निम्न वर्ग पर नजर डालें तो वहाँ तक जा पहुँचा है। यदि अखबारों में छपनेवाली खबरों पर गौर करें तो यह प्रेम काफी हिंसा से भरा है। 'तू मेरी नहीं तो किसी और की भी नहीं' के अन्दाज में निराश प्रेमी द्वारा प्रेमिका को मार डालने की घटनाएँ आम हो चली हैं।

हमारी जीवन शैली में उथल-पुथल मची हुई है। जो चीजें अब तक दिखाई देती रही हैं उनका रूप बदल गया है। पुरानी पीढ़ी कहती है कि सब कुछ तहस-नहस हो गया है, कोई भविष्य ही नहीं बचा। जबकि नई पीढ़ी के लिए भविष्य काफी सुनहरा है। आज किसी छोटे शहर में भी लड़कियाँ आपको जींस और टी शर्ट पहने दिखाई दे सकती हैं। कल तक की सलवार-कमीजवाली लड़की अब चौदह-पन्द्रह या बीस साल की लड़कियों की आदर्श नहीं रही है। टेलीविजन ने लड़कियों का ड्रेसकोड बदल दिया है। फैशनेबल या माड कहकर अब लड़की को गाली नहीं दी जा सकती। यह बात सच है कि ड्रेसकोड से मुक्ति में ही लड़की की असली मुक्ति छपी है। इसीलिए जब भी, जहाँ भी कट्टरपन्थी सत्ता में आते हैं वे सबसे पहले खदेड़कर स्त्रियों को घरों में ही नहीं बन्द करते हैं, उनके लिए ड्रेसकोड भी निर्धारित करते हैं।

मेरी एक लेखिका मित्र ने बताया था कि उनकी सास ने जिन्दगी-भर साड़ी पहनी, घूँघट निकाला। अब वह अमरीका में रहती हैं, स्कर्ट पहनती हैं और साड़ी पहनना नहीं चाहतीं। जो लोग इन दिनों लड़कियों के कपड़ों में बढ़ती अश्लीलता को लेकर काफी रोते-गाते दिखाई देते हैं उनके लिए यह उदाहरण गौरतलब है। बल्कि ऐसे लोग लड़कियों

के कपड़ों को उनके विकास से जोड़कर नहीं देखना चाहते। लड़कियाँ बाहर निकलेंगी तो उनके कपड़े भी बदलेंगे। बातचीत, चलने, बोलने, हँसने का ढंग भी।

आमतौर पर युवाओं के बीच ब्रांड का बढ़ता चलन यह भी बता रहा है कि उनके पास क्रय शक्ति है। ब्रांड वही खरीद सकता है जो उसके लिए दाम खर्च कर सकता है। जो नहीं खर्च कर सकते वे अपने पड़ोस के दर्जी से कपड़े सिलवाकर उस ब्रांड का स्टिकर लगवा लेते हैं। यदि मौका मिले तो गरीब तबके का नौजवान वह सब कुछ पाना चाहता है जो अमीर के पास है। लड़कियाँ छुई-मुई न दिखकर आत्मविश्वास से भरी दिखाई देती हैं। चूँकि लड़कियों की लजाने-शरमाने और आसानी से शिकार करनेवाली छवि बदल रही है इसलिए हाय-हाय भी है। क्योंकि आज तक जिस तथाकथित महान् भारतीय नारी की छवि परोसी जाती रही है, देखिए कि उसे कितनी आसानी से दहेज के लिए मारा जा सकता है, घर से निकाला जा सकता है, उसका हर तरह से शोषण किया जा सकता है, लेकिन वह उफ नहीं करती, क्योंकि उसे तो सहते चले जाना है। आज की लड़की यदि उस छवि को तोड़ना चाहती है तो यह उसके जिन्दा रहने का प्रश्न भी है। ब्रांड का अर्थ स्टेटस, स्टेटस का अर्थ शक्ति। हमारे जैसे शक्तिपूजक समाज में शक्ति अर्जित करना कोई नई बात नहीं है। आप कैसे कपड़े पहनते हैं यह आपकी सामाजिक हैसियत तय करता है और हैसियत आपका भविष्य बनाती है।

जीवन शैली का बदलाव हमें अन्य जगहों पर भी दिखाई देता है। जिस तरह फैशन बदलने से कपड़े बदलते हैं, उसी तरह फैशन बदलने से अब कारें, फ्रिज, टेलीविजन, घड़ी बदल जाती है। पहले यदि घर में फ्रिज खरीदा जाता था तो वह जीवन-भर के लिए होता था। घड़ी जब तक चलती थी कलाई में बँधी रहती थी। आमतौर पर कम्पनियाँ दस हजार घंटे चलनेवाला टी.वी. बनाती थीं, लेकिन इससे कम्पनियों का मुनाफा घटता था। यदि उनकी बनाई चीजें खराब ही न होंगी तो उत्पादन कैसे बढ़ेगा। फिर समाज में उपयोगितावादी और छोटी इकोनॉमीवाली दृष्टि भी थी। जब तक कोई चीज खराब नहीं होती थी, उपयोगी बनी रहती थी। रि-साइक्लिग से भी काम चलाया जा सकता था। लेकिन समाज में पैसे के बदले चलन ने स्पर्धा को बढ़ाया है। नई-से-नई चीजें यानी बढ़ती सामाजिक प्रतिष्ठा। हम इसकी आलोचना कर सकते हैं, लेकिन इसके होने से इनकार नहीं कर सकते। विवाह से लेकर उद्योग तक, प्रेम से नौकरी तक स्थायित्व की बातें करना बेमानी हो चला है। पुरानी चीजें टूट रही हैं। उनकी जगह नई चीजें हमेशा लेती हैं और वे अपने समय की सच्चाई को बताती भी है।

यदि हम अपने आसपास नज़र डालें तो चारों ओर युवा वर्ग का वर्चस्व दिखाई देता है। दुकानों में सबसे अधिक सामान उन्हीं के लिए उपलब्ध है। कानूनों का झुकाव उनकी तरफ है। सड़कें, मकान, शिक्षण संस्थाएँ भी उन्हीं को देखकर बनाई जाती हैं क्योंकि युवा वर्ग ही किसी देश की चालक शक्ति होता है। वही देश की आर्थिक, वैज्ञानिक, सामाजिक प्रगति का वाहक भी होता है।

(हिन्दुस्तान, 2001)

स्टेटस ऑफ वूमन! पचीस साल बाद

संविधान निर्माताओं ने औरतों की स्थिति में न केवल सुधार की बात कही थी बल्कि उन्हें बराबरी का हक दिया था। भारत सरकार द्वारा सन् 1971 में औरतों की स्थिति के आकलन के लिए एक राष्ट्रीय समिति का गठन किया गया था। इस समिति को देखना था कि औरतों की स्थिति में क्या परिवर्तन हुए हैं। कानूनी, प्रशासनिक सुधारों से स्वतन्त्रता के बाद क्या फर्क पड़ा—खासतौर से ग्रामीण क्षेत्रों में।

इस समिति में ग्यारह लोग थे—डॉ. फुलरेणु गुहा, मीठाबेन दारा, नीरा डोगरा, सावित्री श्याम, सकीना हसन, के. लक्ष्मीरघुरमैया, उर्मिल हक्सर, लीला दुबे, लोतिका सरकार, विक्रम महाजन और वीणा मजूमदार। इंडियन काउंसिल ऑफ सोशल साइंस रिसर्च के अन्तर्गत काम करनेवाली इस समिति ने सन् 1974 में अपनी रपट सरकार को सौंप दी थी।

जिन चीजों पर गौर किया गया वे थीं—(1) आर्थिक और सामाजिक गैर बराबरी, (2) सामाजिक ताने-बाने में औरतों का रोल मॉडल जिसमें गैर बराबरी अन्तर्निहित है। (3) सामाजिक-आर्थिक राजनीतिक परिवर्तन और औरतों की स्थिति पर इसका असर।

रपट में बताया गया था कि कोई जरूरी नहीं कि परिवर्तन संवैधानिक दिशा में ही हों। उच्च वर्गों में स्त्री का परम्परागत रूप यानी कि आदर्श भारतीय नारी की एक गढ़ी हुई छवि को ही सर्वश्रेष्ठ माना जाता है। इसीलिए स्त्रियाँ घर तक ही सीमित रहीं। शिक्षा ने गरीब तबके को आगे बढ़ने की प्रेरणा दी। जबकि मध्य वर्ग ने आर्थिक दबावों के कारण बहुत से 'कर्मकांडों' को छोड़ दिया। स्त्री के पक्ष में कानूनों में बहुत से संशोधन किए गए, जिन्होंने स्त्री की स्थिति में सुधार का संकेत दिया। श्रम कानूनों के कारण काम करने की जगहों पर मानवीय स्थितियाँ बनीं। सामाजिक कार्यक्रम और नीतियाँ जैसे शिक्षा, स्वास्थ्य, वोकेशनल ट्रेनिंग, परिवार नियोजन और विकास के कल्याणकारी सुधार कार्यक्रम जो आजादी के संघर्ष के साथ-साथ चले थे, उनसे स्त्रियों की स्थिति में क्या परिवर्तन हुए ? स्त्री-पुरुषों के आचरण में क्या परिवर्तन हुए ? परम्परा और आधुनिकता का क्या प्रभाव पड़ा ? मानव अधिकार, सामाजिक न्याय और हमारे जैसे समाज में स्त्रियों की भूमिका को कैसे देखा गया ? इसमें स्त्रियों पर प्रभाव डालनेवाली बहुत सी अच्छी और बुरी बातें सामने आईं। समाज में चलाए जा रहे कल्याणकारी कार्यक्रम तथा शिक्षा और राजनीति में भागीदारी स्त्रियों के पक्ष में गई।

जबकि दूसरी ओर आधुनिकीकरण ने स्त्रियों के पारम्परिक रोजगारों को छीन लिया। वास्तविकता और कानून की दूरी भी नजर आई। स्वतन्त्रता से पहले और बाद की स्थिति के आकलन की कोशिश की गई। क्योंकि पारम्परिक समाज में अतीत, वर्तमान और भविष्य तीनों का अध्ययन करके ही सही नतीजों पर पहुँचा जा सकता है।

यह भी माना गया कि राष्ट्र के विकास के लिए स्त्री की बराबरी होना जरूरी है। आत्मनिर्भर बनाने के लिए रोजगार के अवसर प्रदान किए जाने चाहिए। माँ होने के कारण समाज की स्त्रियों के प्रति अधिक जिम्मेदारी है। बच्चों की जिम्मेदारी माता-पिता दोनों की होनी चाहिए। घरेलू स्त्रियों के योगदान को भी राष्ट्रीय बचत और विकास के रूप में आँका जाए। विवाह और बच्चे स्त्रियों के विकास में बाधक न बनें। इनके अलावा सिर्फ स्त्रियाँ ही समाज में फैली गैर बराबरी को दूर नहीं कर सकतीं।

हमारा सामाजिक और सांस्कृतिक ढाँचा स्त्री-पुरुष की सोच को निर्मित करता है। खासतौर से स्त्रियों की भूमिका को। उन्हें जो मूल्य दिए जाते हैं वे हैं—परिवार और वंश, विवाह और धार्मिक संस्कार। यही नहीं, धर्मों ने स्त्री को सिर्फ माँ और पत्नी के रूप में ही देखा। स्त्री को दबाने के लिए न जाने कितनी रूढ़ियाँ काम करती हैं। वंश चलाने के लिए लड़का जरूरी है। लड़की का कन्यादान करना पड़ता है। दहेज देना पड़ता है। तमाम किस्म के व्रत-उपवास। मासिक धर्म और बच्चे के जन्म से जुड़ी रूढ़ियाँ। विधवा स्त्री अशुभ की सूचक है, जबकि भारत में तो सन् 1856 से विधवाओं के विवाह का कानून है। दूसरी तरफ पारम्परिक ढाँचे में पुरुष अपनी पत्नी के लिए कोई व्रत नहीं रखते हैं। वे एक पत्नी होते हुए भी दूसरा विवाह कर लेते हैं। स्त्रियों को संस्कृति और परम्परा के नाम पर दोयम दर्जे का नागरिक बनानेवाली रूढ़ियाँ हर धर्म में मौजूद हैं। क्योंकि सभी धर्म अन्ततः पितृसत्तात्मक ढाँचों को मजबूत करने के लिए बने हैं। पितृसत्ता में स्त्री की अनिवार्य जगह घर के भीतर और दासी की है। अच्छा परिवार, विवाह परम्परा आदि ने स्त्री को जो विरासत और अवधारणाएँ सौंपी हैं वे प्रायः तेजी से नहीं बदलती हैं। औरतों की स्थिति समाज में वह नहीं है जो संविधान और कानून ने उन्हें प्रदान की है (पृ. 13)। यह हमारी नीतियों की असफलता को भी दर्शाती हैं।

'भक्तिकाल में औरतें अपनी बात कह सकीं और बहुत से धार्मिक आन्दोलनों की नेता बनीं। यहाँ बसे अन्य धर्मों जैसे इस्लाम और ईसाइयत ने भी समाज में फैली बहुत सी बातें अपना लीं।'

ईसाई धर्म में स्त्री के विवाह को उसका अन्तिम लक्ष्य नहीं माना जाता। इसीलिए शिक्षा के क्षेत्र में वे सबसे पहले आगे आईं। पारसियों में पुरुष दूसरे धर्म में विवाह कर सकते हैं स्त्रियाँ नहीं। बहुत से आदिवासी बहुल इलाकों में स्त्रियों को पूजा करने से रोका जाता है।

उन्नीसवीं और बीसवीं सदी में ब्रह्म समाज, आर्य समाज, प्रार्थना समाज ने बाल विवाह का विरोध और स्त्री शिक्षा तथा विधवा विवाह का समर्थन किया था। समाज सुधारक सभी धर्मों की कुरीतियों को दूर करना चाहते थे। उनका ध्यान परिवार के भीतर

फैली रूढ़ियों और कुरीतियों पर ही केन्द्रित रहा। खासतौर से पितृसत्ता के भीतर होनेवाला स्त्री का शोषण।

भारत में ही जहाँ मातृसत्तात्मक समाज हैं वहाँ स्त्रियाँ पुरुषों पर निर्भर नहीं हैं। पुरुषों का बच्चों पर उतना अधिकार नहीं। सम्पत्ति पर भी पत्नी के भाई का अधिकार होता है। आधुनिकीकरण के कारण इन स्थानों के पुरुष भी जब नौकरी ढूँढ़ने बाहर जाते हैं तो स्त्रियाँ इनके साथ चली जाती हैं। और वे पति पर निर्भर हो जाती हैं।

भारत में अधिकांश समाज पितृसत्तात्मक हैं जहाँ लड़की पति के कुल में शामिल होने के लिए स्थान परिवर्तन करती है। चूँकि लड़की पिता की कोई आर्थिक मदद नहीं कर सकती उलटा उसे दहेज देना पड़ता है। इसीलिए लड़कियों की शिक्षा, चिकित्सा और विकास पर कोई ध्यान नहीं दिया जाता। संयुक्त परिवार अधिक पाए जाते हैं। इसीलिए गाँवों और व्यापारी वर्ग में लड़कियों का छोटी उम्र में विवाह कर दिया जाता है। छोटी उम्र में विवाह लड़की के कुँआरेपन की अवधारणा से जुड़ा है। समिति ने अपने सर्वेक्षण में सत्तर के दशक में वह आश्चर्यजनक तथ्य पाया था कि प्रायः लड़के-लड़कियाँ माता-पिता द्वारा तय किया हुआ विवाह पसन्द करते हैं। जबकि स्वतन्त्रता आन्दोलन के दौरान प्रायः मध्य वर्ग और उच्च वर्ग के लड़के-लड़कियाँ अपना मनपसन्द साथी चुनना पसन्द करते थे, यह पहले से चली आ रही मान्यताओं के प्रति एक किस्म का प्रतिरोध था। आमतौर पर लड़की दिखाना और कन्यादान, लड़की देनेवाले को लड़की लेनेवाले के मुकाबले छोटा करना है। पश्चिमी भारत में लड़कीवाले दहेज देते हैं, लेकिन लड़की के घर का पानी तक नहीं पीते।

राजपूतों, जाटों और मैथिल ब्राह्मणों के कुछ तबकों में विवाह की एक और प्रथा प्रचलित है। इसमें लड़की निचली जाति की होती है, लेकिन लड़कीवालों को भारी मात्रा में दहेज देना पड़ता है।

समिति ने नीलगिरि और जानसार वावर में बहुपत्नी प्रथा को भी पाया। सुधारवादियों ने इसका विरोध किया था। महात्मा गाँधी के नेतृत्व में आमतौर पर शिक्षित वर्ग में एक पत्नी प्रथा चल निकली। सन् 1954 में हिन्दू विवाह कानून भी बना था। हालाँकि सन् 1961 की जनगणना में बहुत से हिस्सों में बहुपत्नी प्रथा पाई गई थी। हिन्दुओं में यह 5.78 प्रतिशत, मुसलमानों में 6.7 प्रतिशत, जैनों में 7.8 प्रतिशत, बौद्धों और आदिवासियों में 15.2 प्रतिशत। बहुपत्नी प्रथा के कारणों में पत्नी का बीमार होना, लड़के का न होना, भाई की विधवा से विवाह, बाल विवाह अथवा पति का शिक्षित होना और पत्नी का अशिक्षित होना माने गए थे। कृषि बहुल इलाकों में खेतों पर काम करने के लिए मजदूर लाने के बजाय लोग बहुत सारी पत्नियाँ लाना पसन्द करते थे जिससे कि मजदूरों को पैसा न देना पड़े। समिति के लोगों को ऐसी महिलाएँ भी मिलीं, जिनसे पति के दूसरे विवाह की सहमति के लिए जबरिया लिखवाया गया था। मुसलमान औरतों ने भी इस बात का विरोध जताया था कि उनके पति के दूसरे विवाह को कानूनी वैधता मिली हुई

है। यदि वे इसका विरोध करती हैं तो समाज में उन्हें कोई सहायता नहीं मिलती। बहुत से हिस्सों में लड़की को बेच दिया जाता है। ऐसी स्त्रियाँ भी मिलीं जिन्हें पैसे की लालच में बार-बार बेचा गया था। यही नहीं, कर्जा चुकाने के लिए पत्नियों से वेश्यावृत्ति तक कराई जाती है।

दहेज पनपा ही इसलिए कि स्त्रियों को उत्पादक कार्यों से दूर रखा गया। हिन्दू-मुसलमानों में दहेज को सामाजिक स्वीकृति मिली हुई है। कुछ इसे विपत्ति में बीमा या नए घर को बनानेवाला मानते हैं। सामाजिक हैसियत को उठाने के लिए भी अधिक-से-अधिक दहेज दिया जाता है। समाज में जितना काला धन बढ़ा है, दहेज भी उतना ही बढ़ा है। स्त्रियों के घरेलू काम को काम नहीं माना जाता। दहेज देने के लिए पिताओं को कर्ज लेना पड़ता है, जमीन-जायदाद गिरवी रखनी पड़ती है। जबकि लड़केवाले लड़के को पालने और उसकी शिक्षा पर हुए खर्च का हवाला देते पाए गए। अधिक शिक्षित लड़का यानी कि अधिक दहेज। सन् 1961 में दहेज कानून पर बहस के दौरान यह कहा गया था कि दहेज कम करने के लिए सामाजिक जागरूकता जरूरी है, न कि कानून। यह भी समझा जाता था कि रोजगारशुदा लड़की के लिए दहेज नहीं देना पड़ेगा। जबकि हम देखते हैं कि रोजगारयाफ्ता लड़की की बोली भी दहेज के बाजार में खूब लगती है।

विधवाओं की स्थिति पर विचार करते हुए समिति ने पाया कि सन् 1971 की जनगणना में दो करोड़ तीस लाख विधवाएँ थीं। लेकिन विधवाओं के रहन-सहन में परिवर्तन आया है। उच्च जातियों में उन्हें समारोहों में भाग लेने से कोई नहीं रोकता, जबकि निचली जातियों में उन पर रोक-टोक थी। ऐसी हजारों विधवाएँ थीं जिन्हें उनके परिवारों ने त्याग दिया था। वे भीख माँगकर या वेश्यावृत्ति करके जीवनयापन कर रही थीं। हालाँकि सरकारी कर्मचारी की विधवा को मिलनेवाली पेंशन और सम्पत्ति में विधवाओं को हिस्सा मिलने से उनकी स्थिति में कुछ सुधार हुआ है। परिवार पर उनकी निर्भरता कम हुई है। "संविधान में दिए गए बराबरी के अधिकार का कोई अर्थ नहीं है यदि उसे लोगों ने दिमागी तौर पर स्वीकार नहीं किया है।" पुरुषों के काम अधिक इज्जतवाले माने जाते हैं, जबकि स्त्रियों की स्थिति वेतन न पानेवाले घरेलू नौकर जैसी है। घर के बाहर आदमी रसोइए या दर्जी हो सकते हैं, लेकिन घर में ये काम औरतों के ही जिम्मे हैं। समिति ने ऐसी नौकरीपेशा लड़कियों को भी पाया जिनके माता-पिता ने इस डर से उनकी शादी नहीं की कि परिवार का आय कहीं कम न हो जाए। नई कहानी के दौर में बहुत सी कहानियाँ और उपन्यास इस विषय पर लिखे गए।

रिपोर्ट में इस बात का भी उल्लेख किया गया कि जो परिवार लड़के-लड़कियों में बराबरी का दावा करते हैं वे भी लड़कों से घरेलू काम नहीं कराते। घर के काम की जिम्मेदारी माता और बहनों के ही जिम्मे मान ली जाती है। लड़कियों के लिए अन्तिम लक्ष्य झुकना और एडजेस्ट करना माना जाता है। घर के काम के लिए लड़कियों की

पढ़ाई तक छुड़वा दी जाती है। जो स्त्रियाँ नौकरी करती हैं, घर चलाती हैं, उनकी जिम्मेदारी दोहरी है। इन महिलाओं से भी अच्छी पत्नी, अच्छी माँ और अच्छी आतिथेय करनेवाली की उम्मीद अधिक की जाती है। इस कारण नौकरीपेशा स्त्रियों में तनाव अधिक बढ़ता है। अध्यापन और डॉक्टर बनना औरतों के लिए अधिक अच्छा माना जाता है। जबकि नर्स को अच्छा नहीं माना जाता, क्योंकि वह बहुत से पुरुष मरीजों के सम्पर्क में आती है। छोटे शहरों में स्त्रियों का रोजगारयाफ्ता होना और भी बुरा माना जाता है। आदमी काम करके दफ्तर से देर से घर लौटे तो कोई नहीं पूछता, लेकिन औरतें अगर दफ्तर से देर से आएँ तो उन्हें शक की नजर से देखा जाता है। इसके अलावा पति का वेतन यदि पत्नी से कम है तो भी एडजेस्टमेंट में मुश्किल होती है। विवाह के बाद यदि स्त्रियाँ अपने माता-पिता की मदद करना चाहें तो इसे भी अच्छा नहीं माना जाता। नौकरीशुदा औरतों के लिए समिति ने साफ कहा कि उनके बच्चों के लिए क्रेश की सुविधा, आने-जाने की सुविधा हो। घर के कामों का मशीनीकरण हो, जिससे समय बचे। पुरुष भी घरेलू कामों में हिस्सेदारी निभाएँ। यदि स्त्रियों के लिए बराबरी चाहिए तो उन्हें आर्थिक, सामाजिक बराबरी के साथ-साथ मनोवैज्ञानिक बराबरी भी देनी होगी। समिति ने आत्महत्या करनेवाली स्त्रियों का अध्ययन करते हुए पाया कि ऐसी बासठ प्रतिशत स्त्रियाँ अनपढ़ और विवाहित थीं।

सन् 1971 से पहले जब गर्भपात कानून नहीं बना था तो अविवाहित लड़कियाँ गर्भधारण की अवस्था में आत्महत्या कर लेती थीं। या अवैध रूप से गर्भपात कराती थीं। परिवार इन्हें स्वीकार नहीं करता था इसलिए वेश्यावृत्ति की राह पकड़ती थीं। बलात्कार की शिकार स्त्रियों को भी इसी नरक से गुजरना पड़ता था। कम-से-कम परिवार नियोजन के साधनों ने स्त्री की इन आफतों को कम किया है। क्योंकि वह 'दैवीय' समाज कहीं नहीं है जहाँ स्त्री को दैहिक शोषण से न गुजरना पड़ता हो या उसका दैहिक शोषण कम हो गया हो।

बूढ़ी स्त्रियों की स्थिति को समिति ने और भी अधिक दयनीय पाया। बताया गया कि परिवार टूटने से बूढ़ी स्त्रियों की मुसीबतें और भी अधिक बढ़ी हैं। बहुत सी राज्य सरकारों ने वृद्ध स्त्रियों के लिए पेंशन योजना शुरू की है। लेकिन यह राशि इतनी कम है कि इससे दो वक्त की रोटी जुटाना भी मुश्किल है। विधवाएँ तथा परिवार द्वारा त्यागी हुई औरतें भिखारी बनने को मजबूर हैं। भारत सरकार के आकलन के अनुसार 20 से 44 साल की एक लाख स्त्रियाँ हर साल बेसहारा कर दी जाती हैं। वे वेश्यावृत्ति करने को भी मजबूर होती हैं। स्त्रियों को सबसे अधिक अपने ही सताते हैं।

समिति का कार्यकाल सन् 1971-74 था। इस रिपोर्ट का प्रकाशन सन् 1975 में हुआ था। आज इतने साल बाद भी हम समिति के इस निष्कर्ष को सही पाते हैं कि स्त्रियों की दशा को सुधारने में समाज एकदम नाकामयाब हुआ है। बल्कि स्वतन्त्रता आन्दोलन के दौरान जो मूल्य विकसित हुए थे वे भी समाप्त हो चले हैं। तकनीक के विकास ने दहेज को खूब बढ़ाया है। स्त्री की नौकरी भी दहेज का एक हिस्सा हो चली

है। दिल्ली पुलिस की एक रिपोर्ट कहती है कि महिलाओं से छेड़छाड़ की घटनाएँ कम हुई हैं, मगर बलात्कार की घटनाएँ बढ़ी हैं। इनका एक कारण यह भी है कि प्रायः कानून अपराधियों का कुछ नहीं बिगाड़ पाता। जो संस्थाएँ कानून की मदद करने के लिए बनी हैं वे अपराधियों के संरक्षण में लग जाती हैं।

(हिन्दुस्तान, 2000)

दुनिया की औरतों का एजेंडा

"दुनिया की स्त्रियों की प्रगति रिपोर्ट, 2000 यूनिफेम ने जारी की है।"

"हम लोगों को अपना रास्ता तो मालूम है, लेकिन हमने यह ध्यान नहीं रखा है कि इस रास्ते पर हम कितना आगे बढ़े हैं और हमें अभी कितनी दूर और जाना है।"—नोलीन हेजर, कार्यकारी निदेशक, यूनिफेम।

इस रिपोर्ट में '80 और '90 के दशक में औरतों की आर्थिक स्थिति की समीक्षा की गई है। साथ ही भूमंडलीकरण का उन पर क्या असर पड़ा है, यह भी देखने की कोशिश की गई है। सरकारें अपने-अपने यहाँ के राष्ट्रीय बजट में औरतों के लिए कितना हिस्सा रखती हैं, यह भी देखने की कोशिश की गई है।

यह माना गया है कि स्त्रियों का विकास तब तक नहीं हो सकता जब तक कि वे आर्थिक रूप से पूरी तरह सक्षम न हों। अक्सर औरतें जो काम करती हैं वे अनदेखे रह जाते हैं। जैसे कि घरेलू कार्य, सेवा के काम। चूँकि इन कामों को गैर उत्पादक करार दिया जाता रहा है, इनसे कोई आय नहीं होती इसलिए ये काम नहीं माने जाते।

सन् 1994 में काहिरा में जनसंख्या और विकास पर अन्तर्राष्ट्रीय कॉन्फ्रेंस हुई थी। सन् 1995 में कोपेनहेगन में सामाजिक विकास के लिए सम्मेलन हुआ और सन् 1995 में ही बीजिंग में हुए अन्तर्राष्ट्रीय महिला सम्मेलन में संयुक्त राष्ट्र के प्रस्ताव पर तमाम सरकारों के प्रतिनिधि महिला विकास कार्यक्रमों पर सहमत हुए थे। इसमें लक्ष्य रखा गया था कि प्राइमरी शिक्षा के स्तर पर स्कूल जानेवाले लड़के-लड़कियों में जो अन्तर है उसे सन् 2005 तक कम कर दिया जाएगा। इसे महिलाशसक्तीकरण और समानता के सबसे बड़े प्रतीक के रूप में देखा गया। बीजिंग सम्मेलन में यह भी तय किया गया था कि जहाँ स्त्रियाँ काम करती हैं वहाँ कम-से-कम उनमें से तीस प्रतिशत ऐसे पदों पर होनी चाहिए जो निर्णय ले सकें। हालाँकि उस समय इसे 'अन्तर्राष्ट्रीय विकास के लक्ष्य' के रूप में नहीं देखा गया था।

प्रस्तुत रिपोर्ट में लैंगिक भेदभाव के रूप में तीन सबसे अधिक संवेदनशील चिह्न के रूप में देखा गया है :

1. सेकेंड्री स्कूलों में लड़कियों और लड़कों का पंजीकरण

2. गैर कृषि क्षेत्रों (उद्योग और सेवा) उसमें सवैतनिक काम करनेवाली महिलाओं की संख्या।

3. लोकसभा में स्त्रियों का प्रतिशत

संयुक्त राष्ट्र ने अपने सर्वेक्षण में पाया कि सेकेंड्री शिक्षा के क्षेत्र में ग्यारह प्रतिशत देशों में लड़के-लड़कियों में समानता है। इक्यावन प्रतिशत देशों में सेकेंड्री स्कूलों में लड़कियों का पंजीकरण संख्या लड़कों से कम है। अड़तीस प्रतिशत देश ऐसे भी हैं जहाँ सेकेंड्री स्कूलों में लड़कों के मुकाबले लड़कियों की पंजीकरण संख्या अधिक है।

इस क्षेत्र में सन् 1997 के बीच बहुत से देशों में लड़कियों की शिक्षा के क्षेत्र में प्रगति हुई है। लेकिन बहुतों में कमी भी आई है। वे हैं—सहारा क्षेत्र में तैंतीस अफ्रीकी देशों में से ग्यारह, सेंट्रल और पश्चिमी एशिया के ग्यारह देशों में सात, लातिनी अमरीका और कैरिबियन छब्बीस देशों में छह और पूर्वी यूरोप के नौ देशों में से छह।

लोकसभा में स्त्रियों के प्रतिशत को लेकर आठ देशों—स्वीडन, डेनमार्क, फिनलैंड, नार्वे, आइसलैंड, नीदरलैंड, जर्मनी और दक्षिण अफ्रीका में तीस या उससे अधिक प्रतिशत का लक्ष्य प्राप्त कर लिया गया है। इन देशों में माध्यमिक स्कूलों में लड़कियों की शिक्षा और गैर कृषि क्षेत्रों में उनके रोजगार में भी वृद्धि हुई है।

जबकि यह प्रतिशत भारत में सिर्फ 8.9, पाकिस्तान और भूटान में 2, नेपाल में 6.8, मालद्वीप में 6.3 तथा श्रीलंका में 4.9 है। बाँग्लादेश इनमें सबसे आगे है। वहाँ 9.1 प्रतिशत औरतें संसद में हैं। पिछले दिनों तैंतीस प्रतिशत आरक्षण को लेकर हमारे राजनेताओं ने जो हाहाकार किया था उसे देखते हुए कहा नहीं जा सकता कि हमारे यहाँ यह प्रतिशत कब पूरा होगा ! हम चाहे खुद पर कितना भी गर्व करें लड़कियों की शिक्षा के क्षेत्र में श्रीलंका और संसद में स्त्रियों की संख्या में बाँग्लादेश हमसे आगे हैं।

इसी प्रकार गैर कृषि क्षेत्र में स्त्रियों के रोजगार के क्षेत्र में सन् 1966 में भारत में यह प्रतिशत 15 था। सन् 1994 में पाकिस्तान में मात्र 8 प्रतिशत स्त्रियाँ ही रोजगार में थीं। जबकि सन् 1995 में श्रीलंका में 44 प्रतिशत स्त्रियाँ रोजगार में थीं। जबकि सन् 1980 में श्रीलंका में यह 25 प्रतिशत के आसपास था।

स्त्रियों की आर्थिक प्रगति की जानकारी उनके निर्णयकारी पदों पर बैठे होने और आदमियों के मुकाबले उनकी आय से भी जानी जा सकती है। जैसे कि कितनी स्त्रियाँ रोजगार होने की क्षमता रखती हैं या स्वयं को रोजगार कर रही हैं। सन् 1980 के मुकाबले 72 देशों में से 58 में 1990 में यह संख्या बढ़ी है। सन् 1990 में रोजगार देनेवाली स्त्रियों की संख्या 28 देशों में 30 प्रतिशत या इससे अधिक थी। सन् 1980 के मुकाबले 59 में से 51 देशों में प्रशासनिक और प्रबन्धन के क्षेत्रों में स्त्रियों की संख्या बढ़ी है। सन् 1990 में ही 16 देशों में 30 प्रतिशत या इससे अधिक महिलाएँ उच्च पदों पर कार्य कर रही थीं। सन् 1997 में उद्योग और सेवा के क्षेत्र में पुरुषों के मुकाबले स्त्रियों की आय अठहत्तर प्रतिशत थी। कुछ देशों में यह 53 प्रतिशत, तो कुछ में 97 प्रतिशत तक थीं।

सन् 2000 के शुरू में 18 देशों में लिंग चेतना के प्रति संवेदनशील बजट प्रस्तुत किए गए। इनकी प्रेरणा ऑस्ट्रेलिया की सरकार द्वारा बनाए गए स्त्री समर्थक बजट और

दक्षिण अफ्रीका में स्वयंसेवी संस्थाओं में तथा सांसदों द्वारा बनाए गए बजट से ली गई थी।

इन दिनों स्त्रियाँ व्यापारिक क्षेत्रों में अपने अधिकारों की प्राप्ति के लिए अभियान चला रही थीं, व कार्य करने की शर्तों में अन्तर्राष्ट्रीय श्रम संगठन के मानकों को लागू कराने की माँग कर रही थीं। उनका कहना था कि व्यापारिक क्षेत्रों के कायदे-कानून और सेवा शर्तें सरल होनी चाहिए, जिनका आसानी से पालन किया जा सके। मालिकों और कर्मचारियों के बीच ऐसी सेवा शर्तें हों जहाँ अधिक स्वतन्त्रता और आत्मनिर्भरता से स्त्रियाँ काम कर सकें। ऐसे समझौते में सभी पक्ष जैसे मालिक और कर्मचारी और श्रमिक संगठन शामिल हों।

स्त्रियों को यह समझ में आ गया है कि जब तक उनकी आर्थिक स्थिति नहीं सुधरती तब तक उनका विकास नहीं हो सकता क्योंकि दुनिया अधिकांश संसाधनों पर पुरुषों का कब्जा है। इसीलिए स्त्रियाँ वित्तीय बाजार में होनेवाले परिवर्तनों में दिलचस्पी लेने लगी हैं। उन्हें अपने अनुकूल बनाने की कोशिश कर रही हैं। राष्ट्रीय-अन्तर्राष्ट्रीय स्तर पर ऐसी आर्थिक नीतियाँ बनवाने में प्रमुख भूमिका अदा कर रही हैं जो स्त्री समर्थक हों। साथ ही भूमंडलीकरण के इस दौर में अधिक मानवीय हों। बदलती तकनीक से स्त्रियाँ डरने के मुकाबले उसमें अधिक-से-अधिक दक्ष होने की कोशिश कर रही हैं। अन्तर्राष्ट्रीय स्तर पर स्त्रियों में इस बात पर भी आम सहमति बनने लगी है कि उनके विकास के लिए सिर्फ ऋण देना ही काफी नहीं है। बल्कि उन्हें व्यापारिक प्रशिक्षण और बाजार में होनेवाले परिवर्तनों के प्रति सही सलाह चाहिए। क्योंकि स्त्रियाँ खुद ऐसे संगठन बना रही हैं जो औरतों को ऋण आदि उपलब्ध कराते हैं।

स्त्रियों का मानना है कि यदि उन्हें व्यापारिक दक्षता हासिल होती है तो यह उनके साथ-साथ सामाजिक विकास में भी बड़ी भूमिका निभा सकती है। इसके लिए उन्हें अपने लिए अधिक आय के स्रोत तो तलाश करने ही हैं, अधिक सामाजिक सुरक्षा की भी जरूरत है।

लेकिन दुनिया के बहुत से देशों में आज भी स्त्रियाँ घर में कैद हैं। असली चुनोती यहीं छिपी हुई है कैसे तमाम किस्म की सामाजिक बाधाओं को दूर कर स्त्रियों को विकास की प्रक्रिया में शामिल किया जा सके।

यह भी कोशिश की जा रही है कि अधिक-से-अधिक औरतें नई सूचना तकनीक का अपने पक्ष में इस्तेमाल कर सकें। वे इलेक्ट्रॉनिक क्रान्ति में शामिल हो सकें। स्त्रियों के मानवाधिकारों के लिए वे इलेक्ट्रॉनिकी अभियान चला सकें। बड़े बाजारों में पहुँचने के लिए ई कॉमर्स का इस्तेमाल कर सकें। नए सूचना तन्त्र के माध्यम से अपने विचारों को फैला सकें।

स्त्रियों के विकास के लिए जरूरी है कि स्त्री पक्षधर संगठनों का आर्थिक ज्ञान बढ़ाया जाए। जब भी आर्थिक नीतियाँ बनें उनमें स्त्रियों की अधिक भागीदारी हो। आर्थिक विश्लेषणों को लैंगिक भेदभाव कम करनेवाला बनाना और आर्थिक मुद्दों पर

लैंगिक दृष्टिकोण से प्रशिक्षित करना। वैश्विक आर्थिक प्रशासन खासकर विश्व व्यापार संगठन जैसी संस्थाओं में बदलाव के लिए दबाव डालना।

यूनिफेम का यह भी मानना है कि सरकार तथा अन्तर्राष्ट्रीय संगठनों को ऐसी अन्तर्राष्ट्रीय आर्थिक नीतियाँ बनानी चाहिए जहाँ हर मनुष्य को दूसरे की चिन्ता हो, न कि वह सिर्फ बाजार में बेची जानेवाली चीज बन जाए। तभी स्त्रियों का सही विकास सम्भव है।

6 जुलाई, 2000 को जब यह रिपोर्ट जारी की जा रही थी, उस समय योजना आयोग के सदस्य श्री एन.सी. सक्सेना ने कहा कि स्त्रियों के विकास में सबसे बड़ी बाधा हमारी सांस्कृतिक रूढ़ियाँ हैं, जिनसे स्त्रियाँ कभी बाहर नहीं निकल पातीं। उन्हें यह घुट्टी में पिलाया जाता है कि स्त्री जीवन निरर्थक है और वे हीन हैं। श्री सक्सेना ने उदाहरण देते हुए कहा, ''उत्तर प्रदेश में जब हम किसी स्त्री को आशीर्वाद देते हैं तो कहते हैं, सदा सुहागिन रहो। यानी कि हम उसे कम जीवन और मृत्यु का वरदान दे रहे होते हैं।''

संयुक्त राष्ट्र और यूनिफेम के महिला प्रतिनिधि भी इस बात को सुनकर चकित रह गईं।

(हिन्दुस्तान 2000)

पंच परमेश्वर

अमरीका में स्त्रियों को वोट का अधिकार सत्तर वर्ष के कठिन संघर्ष के बाद मिला था। आज भी अमरीका में जब स्त्री अधिकारों की बात होती है तो यही मुद्दा सबसे पहले सामने आता है। अमरीकी स्त्री को भी यह अधिकार फोकट में नहीं मिल गया। अमरीका के पुरुषों को यह बात समझ में नहीं आ रही थी कि आखिर ये स्त्रियाँ चौका-चूल्हा छोड़कर वोट देने का अधिकार क्यों प्राप्त करना चाहती हैं ? उस जमाने में ऐसे लोगों और कार्टूनों की भरमार होती थी जो स्त्रियों की इसी माँग का मजाक उड़ाते थे। वोट के अधिकार के मुहिम को चलाने में जिन स्त्रियों की प्रमुख भूमिका थी वे थीं—एलिजाबेथ केडी स्टेनटोंस, लूक्रेशिया मोटस और सूसन बी.एंटोनी। इन महिलाओं ने न केवल वोट का अधिकार माँगा था बल्कि सरकार में अधिक भागीदारी की भी माँग की थी। अमरीका की 'लीग ऑफ वुमैन वोटर्स' की मेम्बर कैरोल वागनर वैलीनोस भारत आई थीं। सरकार को स्त्रियाँ कैसे चलाती हैं, वैलीनोस को इसका अनुभव खूब है। यहाँ वह विभिन्न तबकों की महिलाओं, महिला प्रतिनिधियों और महिला संगठनों की नेत्रियों से मिलीं। वैलीनोस भारतीय स्त्रियों की कुशलता और उनके कामकाज को देखकर बहुत उत्साहित थीं।

उदयपुर के सामाजिक संगठन 'आस्था' के बारे में उन्होंने कहा, "हम जमीन पर गद्दों और तकियों के सहारे बैठे थे। आसपास की स्त्रियाँ आकर न केवल हिन्दी बल्कि अपनी बोली में बोलती थीं। वे अपने जीवन की कठिनाइयों और हर रोज की दुर्धर्ष संघर्ष के बारे में बता रही थीं। राजस्थान के गाँव में जहाँ स्त्री का अपने मर्द के बिना घर से बाहर निकलना बुरा माना जाता है, वहाँ औरतें पंचायत स्तर पर चुनकर आ रही हैं। गाँव-गाँव सबकी समस्याएँ सुनती हैं। पुरुषों से बातचीत करती हैं। समस्याएँ सुलझाती हैं। जब वे पहली बार चुनी गई थीं, तब यह एक बड़ा मुद्दा बन गया था। शुरू में उन्हें बहुत सी समस्याएँ सुलझाने के लिए पुलिस से बातचीत करनी पड़ती थी। पुलिस से वे बहुत डरती थीं। अक्सर उन्हें अकेले ही थाने जाना पड़ता था। इन बहुत सी स्त्रियों के साथ अच्छी बात यह है कि इन्हें आदमियों की भी सहायता मिलती है। वैसे यह भी सच है कि बहुत सी नाममात्र के लिए ही चुनी गई हैं। पर्दे की ओट से सारा काम इनके घर के पुरुष ही चलाते हैं। यहाँ बहुत कम स्त्रियाँ पढ़ी-लिखी हैं। लेकिन फिर भी वे बहुत कुछ करने में समर्थ हैं। निरक्षरता एक बड़ी समस्या है, लेकिन

वैलीनोस को लगता है कि अगर औरतों को कामचलाऊ शिक्षा ही मिल जाए तो बहुत कुछ बदल सकता है। उनके ऊपर काम का बहुत अधिक बोझ है। वे घर की देखभाल करती हैं। खेत पर काम करती हैं। पशुओं की देखभाल करती हैं और बच्चों को पालती हैं। वैलीनोस कहती हैं, "लेकिन उसकी इच्छाशक्ति कमाल की है। यदि इन स्त्रियों को कोई संगठनात्मक काम दे दिया जाए तो वे अपने भविष्य की मजबूत नींव रख सकती हैं। वे अवश्य ही ऐसा कर सकती हैं।"

पंचायतों की सदस्य होने के नाते वे सामाजिक बदलाव में महत्त्वपूर्ण भूमिका निभा सकती हैं। गाँव में सबसे बड़ी समस्या जातिप्रथा है। वैलीनोस एक स्त्री द्वारा सुनाई कथा को याद करती हैं, "उससे एक ब्राह्मण और एक दूसरे जाति के व्यक्ति के झगड़े को निपटाने के लिए कहा गया था। वह खुद ब्राह्मण थी। उसने झगड़े को आसानी से सुलझा दिया। जब वह घर लौटी तो उसके ससुर ने कहा कि वह कितनी गिर गई ? क्योंकि उसने अपनी जातिवाले के पक्ष में फैसला नहीं दिया। जबकि उसे ब्राह्मण होने के नाते एक ब्राह्मण का पक्ष लेना चाहिए था। स्त्री ने बिना डरे और शरमाए कहा कि पंचायत में वह उनकी बहू नहीं है। उनकी बहू वह घर में है।"

वैलीनोस भारतीय स्त्रियों और अमरीकी स्त्रियों में बहुत समानताएँ देखती हैं। वह बताती हैं—'द लीग ऑफ वुमैन वोटर्स' की स्थापना सन् 1920 में हुई थी जब स्त्रियों को मताधिकार मिल गया था। लेकिन इससे पहले स्त्रियों ने पुरुषों को शराब छुड़वाने के लिए आन्दोलन चलाया था। यहाँ भी मैं देखती हूँ कि स्त्रियाँ ऐसे ही बहुत से आन्दोलनों से जुड़ी हैं। यही नहीं, जिस तरह यहाँ स्त्रियों को चुनने के बाद उनके मर्द ही सारे काम करते हैं ऐसा हम अमरीकी इतिहास में भी देखते हैं। अल्बामा के गवर्नर जॉर्ज वालेस को दोबारा गवर्नर बनने से रोक दिया गया था तो उन्होंने अपनी पत्नी ल्यूरीन को गवर्नर बनवा दिया था। ल्यूरीन अधिक पढ़ी-लिखी भी नहीं थी। उसकी मृत्यु के बाद जॉर्ज ने अपनी दूसरी पत्नी को भी गवर्नर बना दिया। अमरीका में ऐसे बहुत से उदाहरण हैं जहाँ पतियों की मृत्यु के बाद उनके पदों पर पत्नियों को बिठा दिया गया। ऐसे में बहुत बार स्त्रियों का खुद विकास नहीं हो पाता। लेकिन कई बार वे बहुत अच्छा काम भी करके दिखाती हैं।

वैलीनोस कहती हैं कि भारत में जिस प्रकार 'नेशनल कमीशन ऑफ वुमैन' काम करता है उसी तरह 'लीग ऑफ वुमैन वोटर्स' भी काम करती है। यह बहुत आसान है कि दफ्तरों में बैठकर मुद्दों के बारे में सोचा जाए। जबकि समस्याओं की तह तक जाने के लिए बिल्कुल निचले स्तर से काम शुरू करना होगा।

महिलाओं की समस्याओं पर काम करते हुए पैसे की भारी कमी का सामना करना पड़ता है। अमरीका में औरतें बड़ा वर्कफोर्स गत बीस वर्षों से हैं तब भी उन्हें अपने किसी मनपसन्द उम्मीदवार या दल पर पैसे खर्च करने की आजादी नहीं रही है। वे किसी समाज सुधार के काम, अस्पताल या विश्वविद्यालय के लिए पैसे दे सकती हैं। लेकिन किसी उम्मीदवार के लिए सौ डॉलर देना नहीं सुना गया था। इसीलिए इस तरह

के कुछ संगठन भी बने। इन्हीं में से एक है—'एमिली।' इस संगठन का उद्देश्य महिला उम्मीदवारों के लिए धन इकट्ठा करना है। जब कोई एमिली का सदस्य बनता है तब उसे सौ डॉलर देने पड़ते हैं। वे इन डॉलरों का इस्तेमाल फील्ड में जाने में करते हैं। वहाँ वे स्त्रियों को भर्ती करते हैं। वे दूसरे उम्मीदवारों का चयन करते हैं। फिर इन लोगों की जीवनी एमिली के सदस्यों को भेजी जाती है। उनसे दो उम्मीदवारों के समर्थन देने की बात की जाती है। साथ ही इन दो उम्मीदवारों को सौ-सौ डॉलर भेजने पड़ते हैं। एमिली खुद पैसे न लेकर उम्मीदवारों को पैसे भेजने के लिए कहती है—इसका बहुत अच्छा असर हुआ है। कैलिफोर्निया की दो महिला सीनेटर्स में से एक बारबरा को एमिली लिस्ट के जरिए दस लाख डॉलर चुनाव लड़ने के लिए मिले थे। इसे एमिली की ग्यारह हजार सदस्यों ने भेजा था। स्त्रियों का स्त्रियों के लिए काम करना बहुत सुखद है।

अमरीका की असेम्बली में स्त्रियाँ और अधिक प्रतिनिधित्व की माँग कर रही हैं। वहाँ सौ सीनेटर्स में सिर्फ नौ औरतें सीनेटर्स हैं। सिर्फ नौ प्रतिशत। यह संख्या भी पहले कभी नहीं थी। हाउस ऑफ रिप्रेजेंटेटिव में तेरह प्रतिशत औरतें हैं। प्रान्तों में अट्ठाईस प्रतिशत तक औरतें हैं। वे गवर्नर हैं, वाइस गवर्नर हैं, खजाने की देखभाल भी करती हैं। सन् 1969 के मुकाबले यह संख्या पाँच गुनी है। भारत में भी स्त्रियाँ अधिक प्रतिनिधित्व चाहती हैं।

स्त्रियों के रिजर्वेशन के सम्बन्ध में वैलीनोस का मानना है कि जैसी यहाँ की स्थितियाँ हैं उनमें यह समस्या को सुलझाने का एक तरीका हो सकता है। वह अमरीका का उदाहरण देती हैं—अमरीका में स्त्रियाँ वोट के अधिकार के लिए सन् 1848 से लड़ रही थीं। उस समय अफ्रीकी अमरीका भी वोट नहीं दे सकते थे। क्योंकि वे उस समय गुलाम थे। उस समय स्त्रियाँ सिर्फ अपने लिए ही नहीं, गुलामी की प्रथा के खिलाफ भी लड़ रही थीं। उस समय जो पुरुष गुलाम थे उन्हें वोट का अधिकार मिल गया। मगर स्त्रियों को यह अधिकार तब भी नहीं मिला। उस समय महिलाओं के आन्दोलन का विभाजन हो गया। क्योंकि कुछ स्त्री नेताओं ने कहा कि हम चाहते हैं कि पहले गुलामी खत्म हो। हम स्त्रियों को गुलाम देखना नहीं, उन्हें एक नागरिक की हैसियत से देखना चाहते हैं। स्त्रियों के अधिकारों के बारे में बाद में सोचेंगे। इससे औरतों का आन्दोलन बँट गया। अन्त में सन् 1920 में ही वे वोट का अधिकार प्राप्त कर सकीं।

वैलीनोस भारत की जातिप्रथा को भी ऐसा ही बाँटनेवाला औजार मानती हैं। जहाँ जाति के आधार पर औरतों को बाँट दिया गया है। हम अक्सर स्त्रियों को अच्छी सलाहकार, अच्छी चेतना बनानेवाली समझते हैं। ये सब बातें स्त्री की समझौता करने की आदत से तय होती हैं, तब फिर राजनीति में औरतों की जगह क्यों नहीं हो सकती ?

क्लिंटन प्रशासन ने अपनी सरकार में बड़ी संख्या में स्त्रियों को जगह दी है। वे बहुत अच्छा काम कर रही हैं। यहाँ तक कि यूरोप और एशिया में भी स्त्रियाँ सरकार के महत्त्वपूर्ण पदों पर पहुँच रही हैं।

'लीग ऑफ वुमैन' की स्थापना उन स्त्रियों की मदद करने के लिए की गई थी

जो वोट डालने जा रही थीं। संस्था बाल मजदूरी और परिवार नियोजन के मसलों को भी उठाती हैं। दरअसल लीग नागरिक अधिकारों की रक्षा के लिए है। साथ ही यह देखने के लिए भी कि सरकार ठीक-ठाक काम कर रही है या नहीं। महिलाएँ अपना काम कराने के लिए रिश्वत नहीं देना चाहतीं। लीग अपने सदस्यों को प्रशिक्षित करती है। फिर हर एक प्रशिक्षित सदस्य दस को प्रशिक्षित करता है। दरअसल स्त्रियाँ एक-दूसरे की समस्याएँ सुनना पसन्द करती हैं। फिर एक-दूसरे के अनुभव से सीखना चाहती हैं। इस तरह अमरीका में स्त्रियों का एक नेटवर्क बन जाता है। भारत में भी अब ऐसा हो रहा है।

सन् 1920 से पहले जब स्त्रियों ने वोट का अधिकार पाने के लिए आन्दोलन चलाया था उस समय भी धन की कमी थी। तब स्त्रियों ने अपने जेवर बेच दिए थे। उस समय उनके पास अपना पैसा नहीं होता था। वे नौकरी भी नहीं करती थीं। इसलिए जो कुछ उन्हें अपने पुरखों से मिला था, वही उन्होंने आन्दोलन के लिए दे दिया था। कुछ अमीर स्त्रियों के पतियों ने भी मदद की थी। इन दिनों लीग जेवर नहीं लेती। सदस्यों के पैसे से काम चलता है। यदि आप एक जगह लीग के सदस्य हैं तो सब जगह पूरे अमरीका में इसके सदस्य बन जाते हैं। इसलिए सदस्य कहीं भी धन जमा करा सकते हैं। धन कमाने के लिए लीग और भी तरीके अपनाती हैं, जैसे कि निजी संस्थानों के चुनाव कराना। लीग का अपना प्रकाशन संस्थान है। बहुत सी वर्कशॉप भी आयोजित की जाती। गरीबों की भी मदद की जाती है।

''हम अमरीका में रहकर भारत के बारे में अधिक नहीं जानते। अमरीकी स्त्रियों को भारतीय स्त्रियों के बारे में जानकर बहुत खुशी होगी।'' वैलीनोस का चेहरा खुशी से दमकता है।

(हिन्दुस्तान 2000)

पत्रकारिता में महिलाएँ-I

जयपुर में 7 और 8 अप्रैल, 2001 को देश-भर की महिला पत्रकारों की एक कार्यशाला 'पत्रकारिता में महिलाएँ' विषय पर आयोजित की गई। इसे बँगलौर की संस्था 'वायसेस', जयपुर की संस्था 'विविधा' और 'विमेन इन जर्नलिज्म मेकिंग न्यूज' की लेखिका अम्मू जोसेफ ने मिलकर आयोजित किया।

इस कार्यशाला में दूर-दराज के इलाकों असम, गुजरात, मुम्बई, दिल्ली, राजस्थान की महिला पत्रकारों ने हिस्सा लिया। इससे पहले बँगलौर में नवम्बर में हुई कार्यशाला में भी मुम्बई, पुणे, हैदराबाद, बँगलौर, कोच्चि और चेन्नई की पत्रकारों ने अपनी बात सामने रखी थी।

कार्यशाला में पत्रकारों ने अपने मुद्दे खुलकर सामने रखे। कारण यह भी था कि वहाँ की गई बातचीत को न तो टेप किया जा रहा था और न ही महिला पत्रकारों तथा आयोजकों के अलावा कोई और सुन रहा था।

बिहार के अनुभवों ने यह बताया कि आमतौर पर दूसरों के शोषण पर लिखनेवाली महिला पत्रकार खुद किस तरह शोषण की शिकार हैं। यदि वे अपने किसी साथी की शिकायत प्रबन्धन से करती हैं तो प्रायः उस पर कोई एक्शन नहीं लिया जाता। कई बार तो ऐसा हुआ कि जिस आदमी की शिकायत की गई, उसे ही प्रमोट कर दिया गया। आमतौर पर महिलाएँ लड़ नहीं पातीं, पत्रकारिता में इन दिनों कांट्रेक्ट जॉब बढ़े हैं। प्रायः महिलाओं को अपनी नौकरी जाने का खतरा बना रहता है। यही नहीं, पत्रकारिता में एक भेदभाव साफ्ट बीट और हार्ड बीट का भी है। आमतौर पर स्त्रियों को महत्त्वपूर्ण मुद्दों पर लिखने से रोका जाता है। औरत होने पर यह मान लिया जाता है कि वे कल्चर या औरतों के मुद्दों पर ही लिख सकती हैं। बिहार में यदि पत्रकार महिलाएँ नक्सलवादी इलाकों में जाकर लिखना चाहें तो अफसर फौरन अपनी जिम्मेदारी से मुँह मोड़ लेते हैं। कह दिया जाता है कि जाना है तो अपनी जिम्मेदारी पर जाइए। यौन उत्पीड़न के मामलों को प्रायः दबाने या टालने की कोशिश की जाती है।

कार्यशाला में आमतौर पर महिला पत्रकारों ने कार्य-स्थलों पर यौन-शोषण और शिकायत करने पर न्याय न मिलने की बात कही। कई स्थानों पर तो जिस महिला ने शिकायत की थी उसे ही नौकरी से भी निकाल दिया गया। बताया गया कि बँगलौर की कार्यशाला में जहाँ दक्षिण भारत की महिला पत्रकार इकट्ठी हुई थीं, वहाँ शायद

ही किसी ने यौन उत्पीड़न की शिकायत की हो। जयपुर की कार्यशाला में यही बात बार-बार सामने आई। इस मुद्दे पर भी ध्यान खींचा गया कि प्रायः यौन-शोषण की घटनाओं पर महिलाएँ चुप लगा जाती हैं। क्योंकि इसकी शिकायत करनेवाली स्त्रियाँ कम हैं, स्थिति बर्दाश्त से बाहर हो जाती है तो नौकरी छोड़कर चली जाती हैं।

पता चला कि आमतौर पर महिला पत्रकार अपने संस्थान की यूनियनों में भागीदारी नहीं करतीं, यहाँ तक कि वे वोट तक देने नहीं जातीं। इसलिए उन्हें दोहरी मुश्किलों का सामना करना पड़ता है। एक तो यूनियनों में उनकी भागीदारी और आवाज नगण्य रहती है, दूसरे जब भी उन पर कोई मुश्किल आती है प्रबन्धन और श्रमिक संघ उनकी नहीं सुनते।

यह बात भी स्पष्ट रूप से कही गई कि जब तक महिलाएँ अपने पुरुष साथियों से डरती रहेंगी वे कुछ नहीं कर पाएँगी। उन्हें अपने पुरुष साथियों से संवाद करना होगा। इसके अलावा देश-भर की महिला पत्रकारों को अपने हकों के लिए मिलकर लड़ना होगा।

गुजरात से आई प्रतिनिधियों का कहना था कि वहाँ पत्रकार संघ सक्रिय ही नहीं हैं। कांट्रेक्ट की नौकरियाँ होने से महिला और पुरुष पत्रकार दोनों की समस्याएँ बढ़ी हैं।

दिल्ली की एक प्रतिनिधि ने कहा कि किसी भी समस्या का निपटारा अपने बल पर सम्भव नहीं होता। जरूरत यह भी है कि समाज में अन्य जो आन्दोलन चल रहे हैं उनसे भी वास्ता रखा जाए। जब हम दूसरों की आवाज सुनेंगे, तभी हमारी आवाज भी दूसरों तक पहुँचेगी।

हिन्दी-भाषी क्षेत्रों की महिलाओं ने यौन उत्पीड़न की शिकायत सबसे अधिक की। महिला शौचालयों से भी सम्बन्धित एक समस्या सामने आई। कई संस्थानों में महिलाओं के लिए अलग शौचालय ही नहीं है। जब इसकी शिकायत प्रबन्धन से की गई तो उन्होंने कहा कि हम तो एक परिवार हैं।

जबकि अन्य स्थानों की पत्रकारों ने प्रमोशन-नीति में भेदभाव या सही काम न मिलने की शिकायत अधिक की। मुम्बई से आई एक प्रतिनिधि ने कहा कि कम्प्यूटराइजेशन के बाद तो अब स्त्रियाँ पेज बनाती हैं, बॉक्स बनाती हैं, डेडलाइन बनाती हैं। उनकी स्थिति डीटीपी ऑपरेटर से अधिक नहीं है।

असम में एक अखबार की पत्रकार ने कहा कि इतने सालों से चल रहे आतंकवाद ने बच्चों के मनोविज्ञान पर बुरा असर डाला है। बच्चों की मानसिकता पर महिला पत्रकार ज्यादा अच्छी तरह से लिख सकती हैं। लेकिन असम में अधिक महिला पत्रकार नहीं हैं।

एक न्यूज एजेंसी में काम करनेवाली पत्रकार ने कहा कि हमारे पुरुष साथी इस बात पर ध्यान नहीं देते कि हम क्या लिख रहे हैं, कैसा काम कर रहे हैं। उनका ध्यान इसी बात पर अधिक रहता है कि हम किसके साथ घूम-फिर रही हैं।

आमतौर पर पत्रकारों ने वर्षों तक डेजीगनेशन न देने, सही ग्रेड न देने, अफसरों और प्रबन्धन की मनमानी की भी शिकायत की।

कार्यशाला में आई उर्दू की एकमात्र महिला पत्रकार ने कहा कि वह राजस्थान के मुसलमानों में एक मात्र लड़की है जो पत्रकार है। उन्होंने कहा कि किसी और के मुकाबले उन्हें अपनी कम्युनिटी से बहुत अधिक शिकायत है। कम्युनिटी ने उनके लिए कुछ नहीं किया है सिवाय बदनामी के। जब देर रात काम से लौटती हैं तो कहा जाता है कि न जाने कहाँ से आ रही है। इसके अलावा कार्यस्थल पर अकेली महिला होने के कारण अक्सर पुरुष साथी इश्क करने और फूल पेश करने की बातें करने लगते हैं।

दो दिन की इस कार्यशाला में जिन समस्याओं पर विचार किया गया उसे देखते हुए यह तय किया गया कि राष्ट्रीय स्तर पर महिला पत्रकारों का एक मजबूत नेटवर्क बनाया जाए। जहाँ तक हो सके पत्रकार संघों, श्रमिक संघों, प्रबन्धन की मदद ली जाए क्योंकि यह नेटवर्क महिला पत्रकारों की समस्याएँ सुलझाने के लिए होगा न कि पुरुषों का विरोध करने के लिए। नेटवर्क का लाभ यह भी होगा कि असम या पूर्वोत्तर में बैठी अपनी किसी साथी की आवाज दिल्ली में बैठी दूसरी साथी आसानी से सुन सकेगी।

अलग-अलग प्रदेशों में काम करनेवाली महिलाएँ आपसी समझ और संवाद स्थापित करेंगी। फिर वे एक मंच पर इकट्ठा काम करेंगी। इससे महिला पत्रकारों की आवाज मजबूत होगी। लिंग चेतना को मजबूत करने की दिशा में काम किया जाएगा। महिला पत्रकारों, खासतौर से दलितों, अल्पसंख्यकों और ग्रामीणों के लिए विशेष प्रशिक्षण कार्यक्रम चलाए जाएँगे। महिला पत्रकारों के प्रति किए जानेवाले भेदभाव को दूर करने के उपाय पर विचार किए जाएँगे। लिंग भेद के मुद्दों पर जन-जागरण किया जाएगा।

कार्यशाला में विभिन्न प्रदेशों से आई करीब पचास महिलाओं ने भाग लिया।

(हंस, 2001)

पत्रकारिता में महिलाएँ-II

यदि इतिहास की पुस्तकों पर गौर करें तो पता चलता है कि भारत में पहला छापाखाना ईस्ट इंडिया कम्पनी ने सन् 1674 में बम्बई में स्थापित किया था। यहीं विलियम बोल्टस का नाम लिया जा सकता है, जिन्होंने ठीक सौ वर्ष बाद सन् 1776 में ईस्ट इंडिया कम्पनी की नौकरी छोड़कर अखबार निकालने की सोची थी, यों पत्रकारिता का पितामह जेम्स आगस्टस हिकी को माना जाता है। ये अखबार मूलतः अंग्रेजी में थे। लेकिन पुनर्जागरण काल में भाषाई अखबारों की जरूरत महसूस की गई। समझा जाता था कि अपने लोगों को अपनी भाषा में समझाने के लिए अखबार चाहिए। इन दिनों पुनर्जागरण, समाज सुधार और गुलामी से मुक्ति की कामना एकमएक हो गए थे। इसीलिए राजा राममोहन राय से लेकर महात्मा गाँधी और तिलक तक ने अपने-अपने अखबार निकालना शुरू किया।

इस दौर की महत्त्वपूर्ण बात यही है कि लोग अखबारों की जरूरत समझने लगे। अखबारों के पृष्ठों पर समाज सुधार और जन-जागरण के मसले उठने लगे। अखबार बहसों का मंच बने। अखबारों का पाठक वर्ग बना, लेकिन वह आज का पाठक वर्ग नहीं था। परंतु अखबारों के सामने साधनों की समस्या हमेशा बनी रही। उसका कारण था कि अखबारों के प्रकाशक ही सम्पादक थे। वे बहुत आदर्शवादी थे। हिन्दी के पहले अखबार, 'उद्दंतमार्तंड' की तो घोषणा ही थी—"हिन्दोस्तानियों के हित हेतु" और "उन्हें परावलम्बन से मुक्ति दिलाकर स्वतन्त्र दृष्टि प्रदान करने हेतु" लेकिन यह साप्ताहिक पत्र आर्थिक कठिनाइयों के कारण बहुत दिनों तक नहीं निकल सका। 'उद्दंतमार्तंड' या 'सार सुधानिधि' या 'उचित वक्ता' आदि अखबारों के बारे में प्राप्त सूचनाओं से पता चलता है कि ये अखबार निजी प्रयास भर थे। सम्पादकों, प्रकाशकों ने इन अखबारों को निकालने में अपने सभी साधनों को झोंक दिया। सम्पादकों को प्रकाशन सम्बन्धी सभी दायित्वों को निभाना पड़ता था। सम्पादक ही प्रकाशक थे और प्रकाशक ही सम्पादक। कार्य और श्रम विभाजन लगभग न के बराबर था। इतनी कठिनाइयाँ होते हुए भी ये अखबार निकालते थे। उन दिनों ईस्ट इंडिया कम्पनी मिशनरी अखबारों को तो डाक आदि की सुविधा देती थी, लेकिन भाषाई अखबारों को यह सुविधा नहीं होती थी। उन दिनों हिन्दी के पाठक कम थे। सम्पादक लोग घर-घर जाकर अपने अखबारों को पढ़कर सुनाया करते थे। आचार्य रामचन्द्र शुक्ल ने अपने इतिहास में लिखा है, "उस

समय हिन्दी संवाद पत्र पढ़नेवाले थे ही नहीं। पाठक उत्पन्न करने के लिए बाबू कार्तिक प्रसाद ने बहुत दौड़-धूप की थी। लोगों के घर-घर जाकर वे पत्र सुना तक आते थे।''

आज जब हम इक्कीसवीं सदी के मुहाने पर खड़े हैं तो पत्रकारिता की स्थिति कैसी पाते हैं ? पहले जमाने में जहाँ एक ही आदमी को लेखन, कम्पोजिंग, छपाई आदि का कार्य स्वयं देखना पड़ता था आज तकनीकी विकास के युग में हम लगभग वहीं खड़े हैं। लेकिन फर्क है, पहले साधनहीनता के कारण ऐसा होता था। पत्रों की आर्थिक स्थिति ही ऐसी नहीं थी कि श्रम विभाजन हो सकता। लेकिन आज साधनों की बहुतायत कम्प्यूटर के बढ़ते चलन, सैटेलाइट पत्रकारिता ने दुनिया को ऐसे छोटे गाँव में बदल दिया है जहाँ पलक झपकते ही सारी सूचना प्राप्त हो सकती है और अखबारों के जरिए लोगों तक पहुँचाई जा सकती है। यह एक मानी हुई बात है कि यदि अखबारों को जिन्दा रखना है तो सिर्फ विज्ञापन ही नहीं, सिर्फ आर्थिक पक्ष ही नहीं, तकनीकी पक्ष को भी मजबूत करना पड़ता है। यदि साक्षरता बढ़ रही है, लोगों में अखबार की माँग बढ़ रही है, तो ऐसा कैसे सम्भव है कि लाखों की संख्या में छपनेवाले अखबार को हम हैंडप्रेस पर छाप लें और वक्त पर लोगों तक पहुँचा भी दें। जो लोग आज की तकनीक को सन्देह की नजरों से देख रहे हैं वे यह तो जानते ही हैं कि हैंडप्रेस भी एक तकनीक ही था। वह कोई आध्यात्मिक चीज नहीं थी। हाँ, नई तकनीक से बेरोजगारी के बढ़ते खतरे के प्रति हमें लापरवाह नहीं हो जाना चाहिए।

मीडिया के फैलाव ने, तकनीकी क्रान्ति ने आम अखबारी कर्मचारी के जीवन को भी बदला है। क्या आज कोई सोच सकता है कि सन् 1977-78 में एक पत्रकार का मूल वेतन 175 रुपए था। पालेका अवार्ड, बच्छावत वेतन आयोग या मणिसाना वेतन आयोग की रपटें जहाँ पत्रकार-गैरपत्रकारों के वेतन में सुधार की सिफारिश करती रही हैं वहाँ यह भी सच है कि बड़े संस्थानों ने इन सिफारिशों को लागू करके अपनी विज्ञापन दरें भी बढ़ाई हैं। पूँजीवाद के नियम के अनुसार कोई भी फैक्टरी या संस्थान यदि मुनाफे में चलता है तभी उसके कर्मचारियों को लाभ भी मिल सकता है। गत दशक में अखबारों का प्रचार बढ़ा है, विज्ञापन बढ़े हैं, विज्ञापन दरें बढ़ी हैं तभी कर्मचारियों के वेतन भी बढ़े हैं। साथ ही अपने कर्मचारियों को संस्थान के मुनाफे में हिस्सेदारी दिलाने में ट्रेड यूनियंस की महत्त्वपूर्ण भूमिका रही है।

पत्रकारिता के क्षेत्र में एक सबसे महत्त्वपूर्ण बात हुई है, वह है लड़कियों का बड़ी संख्या में इस क्षेत्र में आना। कम-से-कम दिल्ली जैसे शहर में काफी संख्या में लड़कियाँ इस क्षेत्र में आ रही हैं। एक जमाना था जब पत्रकारिता में लड़कियों का प्रवेश वर्जित सा था। लेकिन अब ऐसा नहीं है। चूँकि लड़कियाँ इधर आ रही हैं (आज दिल्ली के बड़े संस्थानों 'हिन्दुस्तान टाइम्स', 'टाइम्स ऑफ इंडिया', 'इंडियन एक्सप्रेस', 'आई.एन. एस.' आदि में बड़ी संख्या में लड़कियाँ काम कर रही हैं। इसलिए उनकी दैनन्दिन जरूरतों को प्रबन्धकों और यूनियन दोनों स्तर पर समझा जाना आवश्यक है। कुछ समय पहले तक गैर पत्रकार महिलाओं को मातृत्व अवकाश नहीं दिया जाता था, लेकिन इस

सन्दर्भ में यूनियनों ने पहल की और अब खुशी की बात है कि इन सभी बड़े संस्थानों में महिलाओं को मातृत्व अवकाश दिया जाता है। कुछ और बातें हैं जो अभी होनी हैं जैसे कि बच्चों के क्रेश की समस्या। ये बड़े संस्थान चूँकि तीन-चार किलोमीटर के दायरे में ही फैले हुए हैं, इसलिए अपनी उन महिला कर्मचारियों को सुविधा पहुँचाने के लिए जिनके बच्चे छोटे हैं, मिल-जुलकर एक क्रेच खोल सकते हैं, जहाँ बच्चों की उचित देखभाल हो सके। समय पर उन्हें चिकित्सा सुविधा मिल सके। इस एक मामूली सी सुविधा से ये संस्थान अपनी महिला कर्मचारियों की कार्यक्षमता और मनोबल दोनों को बनाए रख सकते हैं।

परिवहन के मामले में भी महिला और पुरुष कर्मचारियों को काफी दिक्कतें आती हैं। दिल्ली की सड़कों पर जब से डी.टी.सी. की विदाई हुई है और प्राइवेट बसें बढ़ी हैं तब से आम आदमी-औरतों की दिक्कतें बढ़ी हैं। इनमें अखबारी कर्मचारी भी शामिल हैं। यातायात की खराब व्यवस्था का सर्वाधिक खराब असर महिलाओं को ही झेलना पड़ता है। रात के आठ बजे के बाद बसों में सफर करनेवाले यात्रियों का चेहरा बदलकर डरावना हो जाता है और इस आफत को महिलाओं को ही भुगतना पड़ता है।

यदि इन संस्थानों की तरफ से कुछ बसें चलाई जा सकें तो महिला-पुरुष कर्मचारियों को आने-जाने में राहत मिल सकती है। बिना सीखे जूडो-कराटे के जिन अनुभवों से निजी बसों में सफर करते हुए गुजरना पड़ता है उससे छुटकारा मिल सकता है। दिल्ली में बस की यात्रा इतनी उबाऊ और थकान-भरी है कि आधी ताकत तो वहीं चुक जाती है। यदि आने-जाने में सहूलियत हो तो आदमी पूरी ताजगी और जोश के साथ काम कर सकता है।

दफ्तर में महिला शौचालयों की उचित व्यवस्था, साफ-सफाई भी ठीक प्रकार से होनी चाहिए। यदि महिला कर्मचारियों की संख्या ज्यादा है तो महिला शौचालय की संख्या भी उसी अनुपात में होनी चाहिए। बहुत वर्ष पहले ऐसा विचार उठा था कि महिलाओं के लिए एक कॉमन रूम होना चाहिए। जहाँ कभी तबीयत खराब होने पर या लंच के वक्त वे बैठ सकें। खाना खा सकें।

पत्रकारिता में तकनीकी क्रान्ति हो रही है। प्रति घंटे चालीस हजार अखबार छापनेवाली मशीन हम लगा रहे हैं। अखबारों की आर्थिक स्थिति बदले यह शुभसूचक है, मगर उसके कर्मचारियों को मिलनेवाली सुविधाओं में भी बढ़ोतरी होनी चाहिए।

मातृत्व, बालविकास और मीडिया

यूनिसेफ ने तीन दिन का बाल विकास सम्मेलन किया था। अवसर था यूनिसेफ द्वारा चलाई जा रही समेकित बाल विकास योजना की पचीसवीं वर्षगाँठ। इस अन्तर्राष्ट्रीय सम्मेलन में भारत के अलावा आठ अन्य देशों ने भाग लिया।

सम्मेलन में बोलते हुए एलेन कोर्ट, जो कि भारत में यूनिसेफ की प्रतिनिधि हैं, ने कहा कि यह जरूरी है कि परिवार और समाज बच्चों की उचित देखभाल करें। इसे उन्होंने 'देखभाल संस्कृति' नाम दिया। उन्होंने यह भी कहा कि परिवार में माता-पिता दोनों को बच्चों की देखभाल करनी चाहिए। उन्होंने भारत में बच्चों की स्थिति को बताते हुए कहा कि यहाँ दुनिया के 36 प्रतिशत कुपोषित बच्चे रहते हैं। इसके कारण सामाजिक और आर्थिक तो हैं ही साथ ही, यहाँ लड़के-लड़कियों के विकास में लैंगिक असमानता भी हावी रहती है।

हाल ही में यह लेखिका दिल्ली मैनेजमेंट एसोसिएशन द्वारा स्त्रियों से सम्बन्धित एक सेमिनार में भाग लेने गई थी। वहाँ यह देखकर सुखद आश्चर्य हुआ कि बड़ी कारपोरेट कम्पनियाँ अपने कर्मचारियों, खासतौर से महिला कर्मचारियों, और उनके बच्चों के विकास के लिए वे सुविधाएँ मुहैया करा रही हैं या कराने की तैयारी कर रही हैं, जिनकी माँग महिला संगठन अथवा बच्चों के विकास से जुड़े संगठन करते रहे हैं। इनमें मातृत्व अवकाश के साथ-साथ पितृत्व अवकाश तथा कार्यस्थलों पर अच्छे क्रेश की सुविधाएँ शामिल हैं।

मानव विकास संसाधन मन्त्रालय के अन्तर्गत महिला और बाल विकास विभाग की ओर से सन् 1966 में 'कम्युनिकेशंस स्ट्रेटेजी फार चाइल्ड डेवलपमेंट' नामक रिपोर्ट आई थी। इसकी भूमिका में बताया गया था कि बालक के विकास के लिए माता का विकास और देखभाल जरूरी है। स्वस्थ और शिक्षित बालक यदि चाहिए तो माँ का स्वस्थ और शिक्षित होना आवश्यक है। इसमें यह भी बताया गया था कि भारत सरकार अपने बालकों की हर जरूरत पूरी करने के लिए प्रतिबद्ध है। अपनी प्रतिबद्धता के लिए सरकार ने सन् 1974 की राष्ट्रीय बाल नीति, सन् 1983 की राष्ट्रीय स्वास्थ्य नीति, सन् 1986 की राष्ट्रीय शिक्षा नीति, सन् 1987 की राष्ट्रीय बाल मजूदर नीति, सन् 1993 की राष्ट्रीय पोषाहार नीति आदि का हवाला दिया था। अक्टूबर में हुए यूनिसेफ के सम्मेलन में मानव अधिकार आयोग के अध्यक्ष और भूतपूर्व मुख्यन्यायाधीश श्री जे.एस.

वर्मा की टिप्पणी उल्लेखनीय है, "भारत के कानून ने बच्चों के विकास के अच्छे प्रावधान किए हैं। लेकिन राजनीतिक और सामाजिक इच्छाशक्ति की कमी के कारण इसे लागू करने में परेशानियाँ आती हैं।"

कहने का अर्थ यह कि चाहे जितनी नीतियाँ बनें यदि उन्हें लागू करानेवाला अधिकारी वर्ग सिर्फ उन्हें कागज पर बनाता है, कागज पर लागू करता है और धनराशि अपनी-अपनी जेबों में भरता है तो निश्चय ही बच्चों का तो क्या, किसी का भी विकास नहीं हो सकता। चूँकि बच्चे अपने विकास को खुद तय नहीं कर सकते, न ही अपने लिए नीतियाँ बना सकते हैं, न भ्रष्ट और बेईमान अधिकारियों को पहचानकर उन्हें पकड़ सकते हैं, और न ही वे वोट दे सकते हैं इसलिए उनके विकास की बातें भी कोरी योजनाओं के सफेद हाथी के नीचे दम तोड़ देती हैं। पिछले चुनावों में दो बड़े दलों भाजपा और कांग्रेस इ ने अपने-अपने घोषणा-पत्रों में बच्चों के कल्याण की बात कही थी। लेकिन कौन नहीं जानता कि चुनावी वायदे चुनावों के निपटते ही खत्म हो जाते हैं या भुला दिए जाते हैं।

महिला एवं बाल विकास विभाग ने सन् 1992 में 3 करोड़ बच्चों की जरूरतों को ध्यान में रखते हुए राष्ट्रीय एक्शन प्लान तैयार किया था। इसमें जिन बातों को चुना गया था वे थीं—स्वास्थ्य, पोषण, शिक्षा, पानी, सफाई और पर्यावरण। जो बच्चे कठिन परिस्थितियों में रहते हैं, गरीब हैं, अनाथ हैं, उन पर विशेष ध्यान देने की भी बात कही गई थी। कहा गया था कि संयुक्त राष्ट्र द्वारा सन् 1992 में बाल अधिकारों का जो एजेंडा निर्धारित किया गया है, यह प्लान उसी को पूरा करने का प्रयास है। उस समय (1996) यह भी बताया गया था कि इस समय सरकार द्वारा बालकों के लिए 120 योजनाएँ चलाई जा रही हैं। यह भी माना गया कि ये योजनाएँ अधिक सफल नहीं हो पाई क्योंकि सामाजिक तौर पर इन्हें ठीक से नहीं समझा गया। क्योंकि इनमें कम्युनिटी भागीदारी अधिक नहीं हो सकी। लोगों तक ये योजनाएँ इसलिए नहीं पहुँच सकी कि मीडिया का सही इस्तेमाल नहीं किया गया। संचार माध्यमों के जरिए लोगों को जागरूक नहीं बनाया गया, जिससे कि वे बालकों से सम्बन्धित इन योजनाओं में पूरी रुचि दिखाते। बच्चों के विकास में जिन चीजों को बाधक माना गया था वे हमारे व्यवहार और रीति-रिवाजों से जुड़ी थीं। जैसे कि कम उम्र में विवाह, कम उम्र में गर्भधारण, गर्भवती की देखभाल और उचित चिकित्सा व्यवस्था का न होना, बच्चों को उचित तरीके से दूध न पिलाया जाना, पोषक तत्त्वों की कमी से होनेवाली बीमारियाँ, तीन साल तक के बच्चों में उचित पोषक आहार की कमी, बच्चों में सफाई की कमी से होनेवाली बीमारियाँ का और माँ का जागरूक न होना आदि।

दो बच्चों के बीच फासला न रख पाने का कारण भी बताया गया कि आमतौर पर स्त्रियों को परिवार नियोजन और गर्भनिरोधकों की उचित जानकारी नहीं होती है और पुरुष इस ओर ध्यान नहीं देते हैं। पालन-पोषण के समय लड़के और लड़की में खासा भेदभाव किया जाता है।

रिपोर्ट में यह भी माना गया था कि माता-पिता, खासतौर से माँ की देखभाल से न सिर्फ एक बालक का बल्कि पूरे समाज का विकास सम्भव है। और जब हम पूरे समाज के विकास की बात कर रहे हैं तो समाज को भी अपनी भूमिका तय करनी होगी। यहीं संचार माध्यमों की प्रभावी भूमिका को भी समझना पड़ेगा। मीडिया समाज के हर वर्ग को बालक के विकास के बारे में सही-सही जानकारी दे सकता है। समाज को जागरूक बनाने में मीडिया की ताकत अनुपम और अतुलनीय है। हर शहर, हर गाँव में यदि बालक सम्बन्धी जानकारियाँ, टेलीविजन, रेडियो, अखबारों आदि के जरिए पहुँचाई जाएँ तो सभी माता-पिता इसका लाभ उठा सकते हैं। सिर्फ आधुनिक संचार साधन ही नहीं; कठपुतली, थिएटर, लोकगीत, रामलीला आदि पारम्परिक संसाधनों का इस्तेमाल भी जागरूकता लाने के लिए किया जा सकता है। मीडिया के उपयोग को बालक सम्बन्धी सूचनाएँ देने के लिए पाँच प्रमुख तत्त्वों से जोड़ा गया था—संचारकर्ता, सन्देश, माध्यम, सन्देश को प्राप्त करेनवाला और सन्देश का प्रभाव। इसके अलावा बच्चों के विकास से जुड़ी योजनाएँ, कार्यक्रम तथा इनके क्रियान्वन के लिए पर्याप्त संसाधनों को भी आवश्यक माना गया था। चूँकि संचार अपने सन्देश को देने का आधुनिकतम तरीका है, इसलिए महिला और बाल विकास विभाग ने इसके लिए पूरी एक योजना तैयार की थी।

सन् 1985 से सन् 1995 तक बालक के विकास में मीडिया की क्या भूमिका हो सकती है, इस पर बहुत कम शोध किए गए थे, साथ ही मीडिया का सही इस्तेमाल कैसे हो सकता है इसकी जानकारी भी बहुत कम लोगों को थी। यहाँ तक कि बच्चों की संस्थाओं और योजनाओं से जुड़े कार्यकर्ता भी जागरूक नहीं थे। जिसमें मीडिया की सहायता ली गई थी वह था सन् 1995-96 का नेशनल पल्स पोलिया इम्यूनाइजेश कैम्पेन। इसमें मीडिया ने माताओं को जागरूक बनाया। उन्हें टीके का उपयोग समझाया। इस कार्यक्रम में भारी सफलता मिली। यूनिसेफ की ही रिपोर्ट्स के अनुसार भारत जल्दी ही पोलियो फ्री देश घोषित होनेवाला है।

मीडिया की उपयोगिता और पहुँच जानकार ही यूनिसेफ, आई.सी.डी.एरा. तथा महिला बाल विकास विभाग की मदद से 'मॉप' (मीडिया ओरिएनहेडन प्रोजेक्ट्स) बनाए गए। पूरे देश में रेडियो की मदद से माता और बच्चे के स्वास्थ्य तथा पोषक आहार से सम्बन्धित कार्यक्रम और सन्देश प्रसारित किए गए। बाद में अध्ययनों ने बताया कि 'मॉप' को अपने उद्देश्यों में भारी सफलता मिली थी।

अमरीकी सहायता से गुजरात और महाराष्ट्र में कुपोषण और शिशुओं की मृत्युदर घटाने के लिए अभियान चलाया गया था। इस अभियान का अच्छा नतीजा यह निकला कि पंचमहल, गुजरात में इसमें 25 प्रतिशत और चन्द्रपुर, महाराष्ट्र में 53 प्रतिशत कमी आई। शिशुओं की मृत्युदर घटी। विटामिन ए की कमी से होनेवाली अन्धता और रक्ताल्पता को भी रोका गया।

सन् 1990 में स्वास्थ्य मन्त्रालय और महिला तथा बाल विकास के सहयोग से बनी

एक कमेटी ने पाया था कि बाल विकास के लिए मीडिया का समुचित उपयोग नहीं किया जा रहा। इसमें उल्लेखनीय बात यह बताई गई थी कि अब तक इस बात पर ध्यान ही नहीं दिया गया है कि औरतों और बच्चों के विकास में मीडिया की बहुत ही प्रभावकारी सिफारिशें थीं कि संचार के पर्याप्त साधन और उनके बजट जुटाए जाएँ। क्या सन्देश दिया जाना है इसके लिए नीतियाँ तय की जाएँ। संचार के लिए जरूरी है समस्या का ज्ञान और प्रशिक्षित कर्मचारी। सामाजिक कार्यकर्ताओं की बात कहने में कुशलता और दक्षता। सफलता-असफलता का शोध और सही ज्ञान। मीडिया और उपलब्ध सभी तकनीकों का ज्ञान और उपयोग।

सन् 1996 में दी गई इस रिपोर्ट ने सन् 2000 तक के लिए जो कार्य योजना तैयार की थी वह थी—प्रति शिशु मृत्युदर में कमी। सौ प्रतिशत टीकाकरण। गर्भवती माताओं की जागरूकता। जल्दी विवाह और जल्दी गर्भधारण के नुकसान। कुपोषण में कमी। जन्म के समय बच्चे का वजन कम न हो इसके लिए माँ को पोषक आहार देना जरूरी है। माँ में लौह तत्त्व की कमी से एनीमिया न हो। आयोडीन और विटामिन ए की कमी को कैसे दूर किया जा सकता है। चार से छह महीने तक के शिशु को माँ अपना दूध पिलाए, लेकिन साथ में उसे ठोस आहार भी दे। समय-समय पर बच्चों के स्वास्थ्य की जाँच। 3-6 वर्ष तक के सभी बच्चों, विशेष रूप से लड़कियों का आँगनबाड़ी में पंजीकरण। लड़की को बराबरी दिए जाने के लिए जेंडर वायस दूर करने की सही कोशिश। गरीब और अनाथ बच्चों की स्थिति में सुधार के लिए जरूरी कोशिश। सड़कों पर रहनेवाले बच्चे या घर से भागे बच्चे, वेश्याओं के बच्चे, बाल मजूदर, नशे की आदत के शिकार, बाल वेश्याएँ, एड्स के शिकार, दहेज पीड़ितों, कैदियों, प्राकृतिक आपदाओं के शिकार तथा शरणार्थी बच्चे।

बच्चों के विकास के लिए पर्यावरण सुधार को जरूरी माना गया। पर्यावरण सुधरेगा तो सफाई बढ़ेगी और बच्चों के स्वास्थ्य में सुधार होगा।

कुल मिलाकर देखें तो रिपोर्ट की प्रतिज्ञाएँ बहुत अच्छी हैं। लेकिन प्रतिज्ञाएँ पूरी कितनी होती हैं, किसे होती हैं यह देखने की बात है। बालक के विकास के लिए मीडिया की उपयोगी भूमिका के साथ-साथ हमें विशेषज्ञों की बार-बार कही जानेवाली इस बात को भी नहीं भुला देना चाहिए कि मीडिया खासतौर से टेलीविजन बच्चों में हिंसा को बढ़ा रहा है। ऐसी भी माँगें की जा रही हैं कि हिंसा से भरे कार्यक्रम को रात दस बजे के बाद ही दिखाया जाए।

माता-पिता, बच्चे और विज्ञापन

यह आज से पचीस बरस पहले की बात है। एक परिवार में पति, पत्नी, पति का छोटा भाई और एक छोटी बच्ची थी। छोटा भाई जब काम से लौटता तो खाना खाने के बाद बच्ची को घुमाने ले जाता। वापस लौटते हुए वह पान खाता। पानवाला उसे पान देता, फिर पान के छोटे टुकड़े में गुलकन्द लगाकर बच्ची को देता। एक रात भतीजी को गोद में लिये उस लड़के ने पूछा, "भाई, तुम इसे पान क्यों खिलाते हो ?"

पानवाले ने हँसते हुए कहा, "साहब, मुझे तो बच्चे वैसे ही बहुत अच्छे लगते हैं। फिर मैं अभी से आगे के लिए एक ग्राहक बना रहा हूँ।"

उस पानवाले ने उस वक्त जो बात कही थी आज हमें वह बात साक्षात् दिखाई दे रही है। कुछ वर्ष पूर्व, जिस प्रकार से चाहे जरूरत हो न हो, हर विज्ञापन में स्त्रियाँ नज़र आती थीं, आज उसी प्रकार बच्चे नज़र आते हैं।

शैम्पू, खाद्य तेल, साइकिलें, कारें, कपड़े, दवाइयाँ, ठंडे पेय, खेल, फोन, जूते, अंडरवियर—सभी के विज्ञापनों में एक-न-एक बच्चा उस वस्तु की उपयोगिता बताता नजर आता है। विज्ञापनदाता कम्पनियों ने समझ लिया है कि यदि उन्हें अपने 'प्रोडक्ट' का भविष्य अगले पचास वर्षों के लिए सुनिश्चित करना है तो उन्हें आज के बच्चों को सम्बोधित करना होगा।

इन विज्ञापनों के बच्चों के चेहरे खाए-पिए मध्यवर्ग के दिपदिपाते चेहरे हैं। वे हैं जो अच्छी शिक्षा पाते हैं। सुविधासम्पन्न घरों में रहते हैं। इच्छा करने से पहले हर चीज हाजिर है। माता-पिता की क्रय शक्ति इतनी है कि वे बच्चों की इच्छाओं को पूरा कर सकते हैं। ये बच्चे 'आय एम द रीयल हीरो' के सपने बेचते हैं। ये जिस रूप में हमें दिखते हैं, अखबारों, पत्रिकाओं में या दूरदर्शन पर, इन्हें देखनेवाले बच्चे वैसे ही बनना चाहते हैं। यहाँ तक कि बच्चे विज्ञापनों को याद करके उन्हें गाते हुए देखे जा सकते हैं।

हालाँकि विज्ञापनों में काम करनेवाले इन बच्चों के जीवन के बारे में यदि आप पढ़ें तो पाएँगे कि इनमें से अधिकांश बच्चे वे हैं जिनके माता-पिता ने अपने एम्बिशन को पूरा करने, बच्चे को एक्सपोजर मिलने के कारण उनका नाम होने और पैसे के लिए, इन बच्चों को इस व्यावसायिक दुनिया में धकेला है। इन बच्चों को इन विज्ञापनों में काम करने के लिए कड़ी मेहनत करनी पड़ती है, पढ़ाई छूटती है, यह बात तो अलग,

बड़ों की दुनिया के मारकाट के नियम भी इन्होंने अभी से सीख लिए हैं।

एक मशहूर विज्ञापन कम्पनी में काम करनेवाले छह वर्षीय बच्चे की माँ विज्ञापन कम्पनी से बच्चे के पारिश्रमिक की बात कर रही थी। जब माँ ने बात खत्म की तो बच्चे ने कहा कि आज उसने नुकसान करा दिया। माँ ने पूछा, "कैसे ?" तो बच्चा बोला, "उसने कम्पनीवालों से आने-जाने के लिए टैक्सी के किराए की तो बात ही नहीं की।"

यह उन बच्चों का जीवन है जो विज्ञापनों में काम करते हैं। लेकिन विज्ञापनों में जिस खुशहाली और खाऊ-पिऊ छवि को वे दिखाते हैं, वह आम बच्चों के लिए उतनी ही सपनीली होती है जितनी कि फिल्मों का मायालोक। फिल्मों को देखकर जिस तरह हमारा जीवन बदला है, हमारे रहन-सहन, शादी ब्याह, बोलचाल, कपड़े सब पर फिल्मों ने कितना असर डाला है यह एक सामाजिक अध्ययन का विषय है। इसी प्रकार विज्ञापन हमारे जीवन में बच्चों के जरिए बहुत हस्तक्षेप कर रहे हैं।

इन दिनों आप यदि किसी बच्चों को बहलाना चाहें तो सिर्फ एक टॉफी से नहीं बहला सकते। बच्चे ब्रांड नेम माँगने लगे हैं। वे शर्बत नहीं वह पेय पीना चाहते हैं जो सचिन पीता है। वे घर में बने आलू के चिप्स नहीं, अंकल चिप्स से ही खुश हो सकते हैं। जूते वे चाहिए जो उन्हें सड़क पर चलाएँ नहीं, आसमान में उड़ाएँ। कई विज्ञापनों में बच्चे अपनी अध्यापिकाओं या अध्यापक के साथ ऐसा व्यवहार करते पाए जाते हैं जिसे उद्दंडता की श्रेणी में रखा जा सकता है। उन्हें उनकी इस उद्दंडता के लिए कोई धिक्कारता नहीं, बल्कि एक प्रकार की तारीफ मिलती है।

वह बच्चा, जो इन विज्ञापन को देख रहा है, भी इस विज्ञापनवाले बच्चे की नकल करना चाहे तो इसमें उसका क्या कसूर ? हाल ही में अमरीका में हुए एक अध्ययन में बताया गया है कि बच्चे को उसकी चतुराई के लिए नहीं, उसके परिश्रम के लिए शाबाशी मिलनी चाहिए। (देखें—टाइम्स ऑफ इंडिया 6.7.98)

लेकिन विज्ञापनों की दुनिया यदि बच्चे को परिश्रम करते दिखाएगी तो उसका माल कौन खरीदेगा ? बच्चा इतना नाचता, गाता, उछलता, कूदता दिखाई नहीं देगा। उसके कपड़े मैले होंगे, उसकी मुस्कान गायब होगी। उसकी आँखें थकी होंगी।

वह किसी महलनुमा घर का भी वारिस नहीं होगा। विज्ञापनदाता और विज्ञापन बनानेवाली कम्पनियाँ इस बात को अच्छी तरह जानती हैं कि उनका क्लाइंट वह बच्चा नहीं है जो गरीब है। जिसके माता-पिता की क्रय शक्ति कुछ नहीं है। उनका क्लाइंट वह बच्चा है जो मध्यवर्ग, उच्च मध्यवर्ग या अमीर तबके का है, जिसका परिवार नियोजित है, जो 'न्यूक्लिअर फैमिली' में रहता है, जिसका पिता या तो उच्च अधिकारी है, व्यापारी है जिसकी माता हमेशा सजी-सँवरी नजर आती है।

देश में रहनेवाले बच्चों को जिन अभावों से गुजरना पड़ता है—जैसे गरीबी अशिक्षा, साफ पेयजल का न होना, पारिवारिक या सामाजिक हिंसा, यौन अपराध—विज्ञापन के बच्चे की दुनिया में ये सब चीजें नहीं हैं।

यूनिसेफ की हर साल प्रकाशित होनेवाली रिपोर्ट 'दुनिया के बच्चों की स्थिति' में जिस प्रकार से दुनिया-भर के बच्चों की दारुण स्थिति का जिक्र होता है उन बच्चों के लिए कोई विज्ञापन नहीं बनते। इन बच्चों को सम्बोधित करने और उनके लिए विज्ञापन बनाने का काम सरकारी एजेंसियों के जिम्मे छोड़ दिया गया है।

बच्चों को नया उपभोक्ता बनाने के लिए जिस तरह से विज्ञापनों में बच्चों का इस्तेमाल किया जा रहा है, उसमें एक बात साफ नज़र आती है कि आम बच्चे को जिन समस्याओं से गुजरना पड़ता है उनकी तरफ से माता-पिता और स्वयं पीड़ित बच्चों का ध्यान हट जाता है। वे विज्ञापन की दुनिया को अपनी दुनिया समझ लेते हैं।

लखनऊ में हुए एक अध्ययन में पता चला (राष्ट्रीय सहारा 6.6.98 में) कि दूरदर्शन और वीडियो गेम्स से घंटों चिपके रहने, स्कूलों से मिलनेवाले बढ़ते होमवर्क, प्रदूषण और खानपान में पोषक तत्त्वों की कमी के कारण बच्चों में आँखों की बीमारियाँ तेजी से बढ़ रही हैं। इसके साथ ही बच्चों की पीठ पर टँगे भारी बस्ते भी उनकी आँखों की रोशनी कम होने का एक प्रमुख कारण है।

विभिन्न नेत्र चिकित्सकों, बच्चों तथा अभिभावकों से बात करने पर यह बात सामने आई कि बच्चों में नेत्र रोगों के बढ़ने का मुख्य कारण गलत जीवन शैली तथा आँखों की स्वास्थ्य के बारे में जानकारी का अभाव है। चिकित्सकों के अनुसार टी.वी. देखना या कम्प्यूटर पर काम करना अपने आप में नुकसानदेह नहीं, लेकिन घंटों इससे चिपके रहने से आँखों पर दुष्प्रभाव पड़ता है। बच्चों के मानसिक विकास के लिए भी यह ठीक नहीं है।

एक मोबाइल फोन के विज्ञापन में बच्चा जिस तरह से उसे लेकर उछलता-कूदता है उसे देखकर वह रिपोर्ट अक्सर याद आती है, जिसमें बताया गया था कि मोबाइल फोन के अधिक प्रयोग से ब्रेन ट्यूमर जैसी घातक बीमारियाँ भी हो सकती हैं।

कुछ वर्ष पहले तक एक टूथपेस्ट के विज्ञापन में बच्चा दाँतों की चमक के बाद यह भी कहता था, "इसका स्वाद भी अच्छा है।" जैसे कि टूथपेस्ट खाने की कोई चीज हो। आजकल टूथपेस्ट के विज्ञापनों में दाँतों की चमक के अलावा उनके स्वास्थ्य के बारे में बताया जाता है। यह भी कहा जाता है कि अमुक ब्रांड का टूथपेस्ट बैक्टीरिया से लड़ने के लिए दाँतों के इर्द-गिर्द एक सुरक्षात्मक परत बना लेते हैं। जबकि दाँत-विशेषज्ञों का कहना है कि दाँतों के स्वास्थ्य में टूथपेस्ट की कोई भूमिका ही नहीं है और ऐसे विज्ञापन भ्रामक हैं। एक साबुन के विज्ञापन में उसे क्रीम कहा जाता था। एक बच्चे ने सचमुच उसे खा लिया।

भारत-भर में जो बच्चे इन विज्ञापनों को देख रहे हैं, जरूरी नहीं कि उनकी आर्थिक स्थिति ऐसी हो कि वे विज्ञापनों में दिखाई गई हर चीज को खरीद सकें। मगर वे इन्हें आदर्श की तरह लेते हैं। यही विज्ञापन कम्पनियों की सफलता भी है। बल्कि वे इस बात को बढ़ा-चढ़ाकर कहते हैं कि आज भारत के बच्चे जागरूक हो गए हैं। उन्हें ऐसी कोई चीज देकर नहीं बहलाया जा सकता जो उन्हें पसन्द न हो। यानी कि बच्चों को

हर वह ब्रांड चाहिए जो वह विज्ञापन में देख रहे हैं।

यूनिसेफ की सन् 1997 की रिपोर्ट में बताया गया है (टाइम्स ऑफ इंडिया 18. 12.97) कि भारत के हर पाँच बच्चों में से दो कुपोषित हैं। कुपोषण का कारण अधिक गरीबी है। जिन बच्चों को पौष्टिक आहार नहीं मिलता वे जिन्दगी-भर गम्भीर रोगों के शिकार होते हैं। दुनिया के 40 प्रतिशत कुपोषित बच्चे भारत में हैं। अजीब बात यह है कि दुनिया में कुपोषण कम हो रहा है, मगर देश में कुपोषित बच्चों की संख्या बढ़ रही है। हर वर्ष साठ लाख बच्चों की मौत सिर्फ कुपोषण के कारण होती है। इतने बच्चे बड़ी-से-बड़ी महामारी तक से नहीं मरते।

लेकिन ऊपर कही गई बातों को यदि विज्ञापनदाताओं को बताया जाए तो वे कहेंगे कि वे विज्ञापन अपने उद्योगों के मुनाफे के लिए बनवाते हैं। जो उनके उत्पाद को खरीद ही नहीं सकता वह उनका टारगेट आडियंस नहीं है। वे उनकी चिन्ता क्यों करें ? न तो वे सरकार हैं और न ही कोई समाज सुधारक।

यह बात तो उन कम्पनियों की है जो अपने ब्रांड को बेचने और मुनाफे की बात करते हैं। लेकिन उनसे अगली कम्पनियाँ वे हैं जो इनकी ब्रांडों की लोकप्रियता का भरपूर फायदा उठाती हैं। वे इन्हीं की ब्रांड का फायदा उठाकर नकली माल बनाती हैं। वाराणसी के बारे में कहा गया था कि वहाँ के कुछ गाँवों में घर-घर टॉफी बनाने के उद्योग लगे हैं। इन टॉफियों में सेलखड़ी जैसी अखाद्य वस्तुओं को मिलाया जाता है और बाजार में सप्लाई कर दिया जाता है। हमारे पास वास्तव में कोई ऐसा विकसित तन्त्र नहीं है जो बच्चों के जीवन से खिलवाड़ करनेवाले इन अपराधियों को पकड़ सके। एक दुकानदार महिला ने अपना नाम गोपनीय रखने की शर्त पर इस लेखिका को बताया कि वह अपनी असली टॉफी-चॉकलेटों में उसी नाम की नकली टॉफी-चॉकलेट मिला देती है। क्योंकि बड़ी कम्पनियाँ बहुत मामूली कमीशन देती हैं जबकि छोटी कम्पनियाँ मूल्य के 50 प्रतिशत से अधिक कमीशन तक दे देती हैं। सबसे दुःख की बात यह है कि इन नकली चीजों को बनाने के उद्योग में बाल मजदूर बड़ी संख्या में लगे हैं। 'दक्षिण एशियाई बाल दासता विरोधी संगठन' और 'बचपन बचाओ आन्दोलन' का कहना है कि आज भी गरीबी के कारण छह करोड़ बच्चे खतरनाक उद्योगों में मजदूरी कर रहे हैं।

हमारे मध्यवर्ग के खाऊ-पीऊ समाज में इन बच्चों की सुध कौन लेगा ? क्या यह बात सच नहीं कि आगे आनेवाले समाज में ये ही बच्चे बड़े होंगे। इनका स्वास्थ्य जवाब दे चुका होगा तो क्या। ये श्रम करेंगे, श्रम नहीं करेंगे तो कमाएँगे क्या ! नहीं कमाएँगे तो क्रय शक्ति कहाँ से आएगी ? तब विज्ञापनदाता क्या मात्र मध्यवर्ग पर आश्रित होकर रह जाएँगे। जबकि उद्योग और विज्ञापन का अपना नियम कहता है कि कोई भी उद्योग विज्ञापन पर तभी भारी-भरकम रकम खर्च कर सकता है जब तक उसका माल बिकता हो। माल तभी बिक सकता है जब ग्राहक उपलब्ध हो। ग्राहक तब उपलब्ध हो सकता है जब उसकी जेब में पैसे हों। इस तरह सभी चीजें एक-दूसरे से जुड़ी हैं।

गरीब बच्चों की ओर इंगित करने की जिम्मेदारी सिर्फ सरकार की ही क्यों हो ? उद्योग की क्यों नहीं ? आखिर उद्योग भी तो बिना सरकारी मदद के चल नहीं सकते। मीडिया, जिसे हम आज का कांशसकीपर कह सकते हैं। जिसकी पहुँच देश की अधिकतम जनता तक है, यदि बदहाल बच्चों की बात करे तो उसकी विश्वसनीयता बढ़ेगी।

एक तरफ हम कहते हैं कि समाज में हिंसा बढ़ रही है, दूसरी तरफ जेम्स (टॉफी) के एक विज्ञापन में उन्हें एक पिस्तौल से निकलता दिखाया गया था।

इन दिनों दूरदर्शन पर उन्हीं धारावाहिकों को सबसे अधिक विज्ञापन मिलते हैं जिनका दर्शक वर्ग बड़ा होता है। तमाम भूत-प्रेत, चमत्कार, आत्माओं आदि का प्रकोप दिखानेवाले धारावाहिक 'आहट' का दर्शक वर्ग सबसे बड़ा है। इसे विज्ञापन भी खूब मिलते हैं। लेकिन 7 दिसम्बर, 1997 के 'नवभारत टाइम्स' में छपी एक खबर में भाषा के हवाले से एक सात वर्षीय बच्ची की याचिका के बारे में बताया गया था। इसमें निधि नामक बच्ची ने राजस्थान के उच्च न्यायालय के मुख्य न्यायाधीश को पत्र लिखा था। पत्र में लिखा गया था, "चीफ जस्टिस अंकल, आप हम बच्चों को गुड़िया में भूत दिखाकर डरानेवाले टी.वी. कार्यक्रमों को रोकें तथा ऐसा करनेवालों को सजा दिलाएँ।"

मुख्य न्यायाधीश ने काकरोली के सिंघानिया स्कूल की बच्ची निधि के पत्र को याचिका माना। निधि ने लिखा था कि "धारावाहिक में दिखाया गया था कि खेलने की गुड़िया से भूत निकलकर खेलनेवाले के शरीर में प्रवेश कर जाता है, जिससे मैं तथा छोटी बहन पूजा बहुत डर गई हैं। अब हमें गुड़ियों से खेलने में भी डर लगता है, जबकि गुड़िया से खेलना हमें पसन्द है। इसलिए मेरी जैसी कई स्कूल की बच्चियों की ओर से आपसे निवेदन है कि बच्चों को डरानेवाले कार्यक्रम को रोकें।"

इसी पत्र के बाद 'आहट' धारावाहिक से पहले एक चेतावनी आने लगी कि इन कहानियों का वास्तविक जीवन से कोई सम्बन्ध नहीं है और हमारे दर्शक इन पर विश्वास न करें। यह धारावाहिक बन्द नहीं हुआ, बल्कि यह जितना डरावना हुआ उतने ही इसके विज्ञापन बढ़े। ठंडे पेय का एक बंगी जम्पिंग का विज्ञापन देखकर लखनऊ के एक बच्चे ने उसी तरह छलाँग लगाने की कोशिश की थी और उसे अपनी जान से हाथ धोना पड़ा। बंगी जम्पिंग का यह विज्ञापन भी बन्द नहीं हुआ। सिवाय इसके कि इस पर भी स्क्रीन पर तेजी से दौड़ती एक चेतावनी आने लगी, जिसे आसानी से पढ़ा नहीं जा सकता।

बच्चों के डर से सम्बन्धित एक और रपट की तरफ ध्यान दिलाया जा सकता है। 28 जुलाई, 1998 की 'सान्ध्य टाइम्स' में छपी रिपोर्ट के अनुसार मुम्बई के विभिन्न अस्पतालों में पिछले कुछ महीनों में ऐसे बीस बच्चे भर्ती हुए जो टी.वी. पर प्रसारित डरावने धारावाहिक देखकर बीमार पड़े थे। इन सभी बच्चों में डर का मनोवैज्ञानिक प्रभाव देखा गया। ये सभी बच्चे ऐसे थे जो रात में बिस्तर गीला कर देते थे या डरकर चीख पड़ते थे।

मनोचिकित्सक हेमांगी धावले एक अस्पताल में कार्यरत हैं। उन्होंने एक तेरह वर्षीय

बच्चे के बारे में बताते हुए कहा—वह बच्चा चीखता हुआ इधर-से-उधर घूमता था। वह अक्सर अपनी माँ से चिपट जाता और उलटी-सीधी कहानियाँ सुनाता। प्रायः उसकी कहानियाँ नकाबपोश व्यक्तियों के बारे में होतीं। शुरू में तो हम कुछ समझ नहीं सके। लेकिन उसके पिता से बातचीत करने पर पता चला कि वह दूरदर्शन पर प्रसारित होनेवाले 'हारर शो' बहुत दिलचस्पी से देखता था। इन्हीं धारावाहिकों का उसके मन पर इतना प्रतिकूल प्रभाव पड़ा कि वह बहुत अधिक डर गया। डॉक्टरों का कहना है कि बच्चों को इस तरह के कार्यक्रमों और पुस्तकों से दूर रखना चाहिए। इनसे उनके कोमल मस्तिष्क पर बुरा असर पड़ता है।

डॉक्टरों ने यह भी कहा कि इन धारावाहिकों के प्रसारित करनेवालों से बात की गई। उनमें से एक ने कहा कि हम अपने को देश का जिम्मेदार नागरिक मानते हैं। इसलिए ऐसे कार्यक्रम रात के दस बजे के बाद प्रसारित किए जाते हैं। जबकि रात के दस बजे के बाद ऐसे कार्यक्रमों का प्रसारण बच्चों की समस्या का कोई हल नहीं है। इन दिनों नगरों और महानगरों में रहनेवाले बच्चे इस समय तक सोते नहीं हैं।

अभी तक हमने विज्ञापनों, उनसे जुड़े धारावाहिकों के कारण बच्चों पर पड़नेवाले प्रभाव की बात की है। अब इसमें एक थोड़ा सा विभाजन जरूरी है। जरा देखें तो कि विज्ञापन लड़के-लड़कियों को किस रूप में चित्रित करते हैं। आमतौर पर छोटे लड़कों को विज्ञापनों में शक्ति सम्पन्न (न्यूट्रामूल दादा, आय एम द रीयल हीरो आदि या सुपर मैन, बैट मैन, शक्तिमान) के रूप में दिखाते हैं। यानी कि बड़े होकर उन्हें एक शक्ति सम्पन्न नायक की छवि प्राप्त करनी है। ताकत यानी कि नायक, नायक यानी कि मर्दानगी यानी कि पुरुष। आमतौर पर लड़कियों को सौन्दर्य प्रसाधनों के विज्ञापनों में इस्तेमाल किया जाता है। (माँ, मैं भी राजकुमारी बनूँगी—एक शैम्पू का विज्ञापन) या किसी साड़ी के स्टार्च का विज्ञापन, जहाँ बच्ची लड़कों जैसे कपड़े पहनकर साड़ी का टेंट बनाती है।

विज्ञापनदाताओं को पता है कि उन्हें कब किस छवि का इस्तेमाल करना है। वे खरीदार और भविष्य के खरीदार का भरपूर ध्यान रखते हैं इन दिनों।

साड़ी, बिन्दी, लिपस्टिक, क्रीम, पाउडर, कपड़े, गुड़िया, पेंट—सभी में किसी-न-किसी रूप में लड़कियों का इस्तेमाल विज्ञापनदाता करते हैं। और अन्ततः वे हमारे समाज में लड़के-लड़कियों की पूर्वनिर्धारित छवियों को ही मजबूत करते हैं।

स्त्रियों की शिक्षा और स्वास्थ्य से सम्बन्धित विज्ञापनों को समाज कल्याण विभाग और परिवार नियोजन विभाग के हवाले कर दिया गया है। परिवार नियोजन में भी स्त्री के स्वास्थ्य को बच्चे के जन्म से इस कदर जोड़ दिया गया है कि लगता है कि औरतों को सिर्फ गर्भावस्था सम्बन्धी बीमारियाँ होती हैं। बेशक दक्षिण एशियाई क्षेत्रीय सहयोग संगठन ने इस दशक को बालिका दशक के रूप में मनाने का फैसला किया था, लेकिन आँकड़े बताते हैं (1991) कि देश में इक्कीस लाख से ऊपर बच्चियों की शादी दस से चौदह वर्ष तक की आयु में कर दी जाती है। 13 से 16 वर्ष तक की 36 प्रतिशत

किशोरियाँ इस उम्र में माँ बन चुकी होती हैं। (देखें, हिन्दुस्तान 25.8.98)। सामाजिक ताने-बाने में जहाँ लड़की का अर्थ है दहेज, मातृत्व और मुसीबत, वहीं यदि आधुनिक संचार साधन (विज्ञापन जिनमें से एक है) इस छवि को तोड़ते नहीं, उन्हें और अधिक पुष्ट करते हैं तो वे स्त्रियों की दुरवस्था को और अधिक बढ़ाते हैं।

यही नहीं, विज्ञापनों में बच्चों के जैसे कमरे बनाते हैं, धनी माता-पिता अपने बच्चों के लिए वैसे ही कमरे बनवा रहे हैं। वैसी ही चादरें, वैसे ही तकिए, खिलौने, रंग, फर्नीचर, खिलौनों की अलमारियाँ, बच्चों का अपना वॉर्ड रोब। 'इंडिया टुडे' में छपे एक लेख में बताया गया था कि माता-पिता अपने बच्चों के कमरे की सजावट में ही लाखों रुपए खर्च कर देते हैं। बच्चों के कपड़ों के लिए अलग से शोरूम्स भी खुलने लगे हैं। विज्ञापनों में ही देख-देखकर बच्चों को अलग से कमरों में सुलाने का चलन बढ़ा है। जबकि विशेषज्ञों का कहना है कि जो बच्चे अपने माता-पिता के साथ सोते हैं, वे भावनात्मक रूप से अधिक दृढ़ होते हैं।

सबसे अजूबा उदाहरण तो अपने कमरे में अकेले सोए बच्चे के ऐन मुँह के पास मच्छर भगाने की मैट लगाने का है। डॉक्टरों का कहना है कि ये मैट्स बहुत खतरनाक हैं। इनसे श्वास सम्बन्धी गम्भीर रोग हो सकते हैं।

टेलीविजन के फैलाव ने विज्ञापनों के जरिए हमारे सामने जो आदर्श दुनिया रखनी शुरू की है वह चमक-दमक से भरी ऐसी आकर्षक दुनिया है जिसे हर कोई पाना चाहता है। लेकिन यह प्राप्त कैसे की जा सकती है, यह कहीं नहीं बताया जाता है। चमक-दमक, रहन-सहन और अमीरी के लिए संसाधन कैसे जुटाए जाते हैं यह पता नहीं चलता। न ही श्रम की भूमिका को कहीं रेखांकित किया जाता है। जिस तरह कम्प्यूटर खेलों में हर हाल में आपको दूसरे प्रतियोगी को पछाड़ना होता है। चाहे इसमें हिंसा का ही सहारा क्यों न लेना पड़े। उसी तरह यदि संसाधनों की प्राप्ति के लिए लूट-खसोट करनी पड़े, किसी का कत्ल करना पड़े, तो क्या बुरा !

पिछले दिनों ऐसी अनेक घटनाएँ हुई हैं जहाँ अपराध, हत्या और लूट-खसोट सिर्फ मजेखोरी के लिए की गई।

संयुक्त राष्ट्र की ह्यूमन डेवलपमेंट रिपोर्ट 1997 में बताया गया है कि तीसरी दुनिया के देशों में एक तिहाई जनसंख्या यानी कि एक अरब तीस करोड़ लोगों की एक दिन की आय एक डॉलर से भी कम है। उन्हें न ठीक से खाने को मिलता है, न पीने के लिए साफ पानी है, न शिक्षा है, न कपड़े, न रहने के लिए घर। इन गरीब लोगों में जेंडर बायस बहुत अधिक है। लड़कियों की हालत और भी अधिक खराब है।

जब विकास इस तरह का हुआ हो कि बड़ी जनसंख्या के पास कुछ न हो और मुट्ठी-भर लोगों के पास सब कुछ हो और हमारे संचार माध्यम इन मुट्ठी-भर लोगों के जीवन को आदर्श की तरह पेश करें तो बच्चों को अपराधी बनने से कोई कैसे रोक सकता है।

विज्ञापन में भारतीय स्त्री की छवि

मीडिया में स्त्रियों की बदलती छवियों के बारे में अक्सर यह सुनाई देता है कि मीडिया ने भारतीय स्त्रियों की छवि को तहस-नहस कर दिया है। अमरीका और यूरोप की स्त्री-छवियाँ टाँग उघाड़े, सिडक्शन का इस्तेमाल करते हुए हमारे घरों में घुसी चली आ रही हैं। विज्ञापनों में स्त्रियों का ओवर एक्सपोजर हो रहा है। किसी खास चीज को बेचने के लिए स्त्री की 'सेक्सुअलिटी' का इस्तेमाल किया जा रहा है।

यहाँ हम देखें कि विज्ञापनों में बनती स्त्री-छवि कैसी है ? वह किस वर्ग की स्त्री है और जिस वस्तु का विज्ञापन किया जा रहा है उसका उपयोग किस वर्ग की स्त्री करेगी ? फिर इसी बात से उत्पाद का मूल्य तय होगा कि उस वर्ग की स्त्रियों और पुरुषों की क्रय शक्ति क्या है ? स्त्रियों की क्रय शक्ति उनकी साक्षरता से भी जुड़ी है। साक्षर स्त्री ही ब्रांड का नाम पढ़ और पहचान सकती है।

सन् 1975 के बाद भारतीय स्त्रियों की स्थिति में परिवर्तन हुआ है। संयुक्त राष्ट्र में अन्तर्राष्ट्रीय महिला वर्ष की घोषणा, मीडिया द्वारा स्त्रियों की समस्याओं को उठाया जाना, महानगरों में स्त्रियों का अधिक संख्या में नौकरी करना, स्त्रियों की स्थिति को सुधारने के लिए विभिन्न रिपोर्ट्स तथा स्टेटस ऑफ वुमैन इन इंडिया, नेशनल पर्सपेक्टिव प्लान, श्रमशक्ति आदि का बनना, बलात्कार दहेज विरोधी कानूनों का होना, स्त्री धन पर स्त्री का अधिकार, नेशनल कमीशन ऑफ वुमैन तथा विभिन्न राज्यों में स्त्रियों सम्बन्धी आयोगों का बनना, महिला संगठनों का बनना, कार्य स्थलों पर महिलाओं का उत्पीड़न रोकने के लिए उच्चतम न्यायालय के आदेश पर कमेटियों का बनना आदि ने स्त्रियों की बनी बनाई छवि को बदल दिया है।

हमारी कलाओं, मूर्तिशिल्प, फिल्में, नाटकों आदि में अब तक जिस स्त्री छवि को हम देखते आए हैं वह एक ऐसी स्त्री है जो त्यागमयी, ममता की मूर्ति, बिना उफ किए सब कुछ सहनेवाली है। सिर ढके, काजल-बिन्दी मेहँदी लगाए, पायल की रुनझुन करती यह एक ऐसी स्त्री है जो घर की मालकिन है बिना किसी अधिकार के। उसके पास न कोई चल-अचल सम्पत्ति है, न कोई अधिकार। वह एक आदर्श पत्नी है, आदर्श माँ है, आदर्श बहू है। दिन-रात व्यंजन बनाती, सबकी इच्छाएँ पूरी करती ऐसी स्त्री है जिसकी अपनी कोई इच्छाएँ नहीं हैं।

स्टेटस ऑफ वुमैन इन इंडिया रिपोर्ट के अनुसार जिस परम्परागत भारतीय स्त्री

की छवि को प्रोजेक्ट किया जाता है वस्तुतः वह एक अमीर स्त्री की छवि है। जिसके पास साजो-शृंगार के लिए वक्त और संसाधन हैं। जो अपने घर के साम्राज्य को चलाने के 'मिथ' में जिन्दा है। जिसके घरेलू कामों को 'अनुत्पादकता' की श्रेणी में रखा जाता है क्योंकि उनसे कोई अतिरिक्त आय नहीं होती। जबकि अन्य सर्वेक्षण यह बताते हैं कि भारतीय स्त्रियों की घरेलू कामों में हिस्सेदारी से ही सकल राष्ट्रीय आय और बचत बढ़ती है। यदि स्त्रियाँ घरेलू काम करना बन्द कर दें तो यहाँ की अर्थव्यवस्था चौपट हो सकती है। दूसरी बात यह है कि जिस परम्परागत भारतीय नारी की छवि के तहस-नहस हो जाने से हम परेशान हैं वह अमीर वर्ग की स्त्री है जो संख्या में कम है। आम भारतीय स्त्री वह है जो घर का काम करती है, खेतों पर काम करती है, मुर्गियाँ और पशु पालती है, पहाड़ों पर मीलों चलकर जलावन इकट्ठा करती है, और पानी लाती है। इस श्रमशील स्त्री की न तो कहीं कोई शिनाख्त है, न इसके श्रम का कोई मूल्य है क्योंकि परिवार के नाम पर उसका किया कोई भी श्रम बट्टेखाते में चला जाता है। इस स्त्री के लिए विज्ञापन दाताओं और विज्ञापन बनानेवालों के पास भी कुछ नहीं है सिवाय उसे उपभोक्ता बनाने के। यह स्त्री संख्या में अधिक है। इस स्त्री के पास स्वतन्त्र क्रय शक्ति नहीं है। वे कम्पनियों को बनाए माल को खरीद नहीं सकतीं। वे विज्ञापनों का लक्ष्य हैं माध्यम नहीं।

यदि हम टेलिविजन में आनेवाले अथवा पत्र-पत्रिकाओं में छपनेवाले विज्ञापनों को देखें तो वे मध्यवर्ग और उच्च मध्यवर्ग की स्त्री को सम्बोधित हैं। मध्यवर्ग की वह स्त्री जो रोजगारशुदा है या जो घर में रहती है उनकी छवि विज्ञापनों में अलग-अलग है। साबुन, डिटर्जेंट, कपड़ों, घरेलू उपकरणों आदि के विज्ञापन उन स्त्रियों के लिए होते हैं जो इन्हें खरीदने के लिए चुनाव कर सकती हैं। जिनके पास समय कम है और परिवार को भी चलाना है, बच्चों के लिए मनपसन्द भोजन भी बनाना है उनके लिए 'टू मिनट नूडल्स' उपलब्ध हैं। कॉफी, चाय, तेल वाशिंग मशीन, कार आदि के कई विज्ञापन ऐसे हैं जिनमें स्त्री-पुरुष समानता (पुरुष का स्त्री के लिए कॉफी बनाना) की बातों पर जोर रहता है। लिबरेटेड वुमैन और स्त्रियों के इक्कीसवीं सदी में जाने की बात की जाती है। कार चलानेवाली स्त्री प्रायः स्कर्ट पहने है। पढ़ी-लिखी है और कोई भी पुरुष उसे सिर्फ कार चलाने के कारण ही पसन्द कर सकता है। इसी तरह शीतल पेयों के विज्ञापन जहाँ पुरुषों के शारीरिक सौष्ठव और शक्ति (बंगी जम्पिंग) से जुड़े हैं। वहीं स्त्रियों के लिए वे पुरुषों को आकृष्ट करने का साधन हैं। यहाँ विज्ञापनों की अपनी सीमा भी छिपी है। मान लीजिए एक स्त्री के द्वारा एक खास ब्रांड का शीतल पेय पिलाने से कोई पुरुष उसकी ओर आकृष्ट हो सकता है, तो जो भी शीतल पेय खरीदने और उसे पुरुष को पेश करने की शक्ति रखती है, वह उसी की तरफ आकर्षित हो जाएगा। और क्या स्त्रियों का काम सिर्फ पुरुषों को आकर्षित करना है। कई आफ्टर शेव लोशंस के विज्ञापन भी ऐसे हैं जिनमें स्त्रियाँ खुशबू के कारण आकर्षित होती चली आती हैं। तो जिस भी पुरुष के पास वह लोशन उपलब्ध है, स्त्री उसकी तरफ आकर्षित हो सकती

है क्योंकि वह पुरुष की तरफ नहीं आफ्टर शेव लोशन के ब्रांड की तरफ आकर्षित हो रही है। इन विज्ञापनों में प्रयुक्त स्त्रियाँ ऐसी हैं जो उच्च मध्यवर्ग की हैं, स्कर्ट और 'सी थ्रू' कपड़े पहनती हैं। जिन्हें अपने शरीर के प्रदर्शन से कोई परहेज नहीं। दरअसल विज्ञापन बनानेवालों के मन में वही स्त्री छवि बैठी हुई है जो अत्याधुनिक है और जो पुरुषों का शिकार करने निकली हुई है। जिससे कि आम कस्बे की लड़की उसी खास किस्म के ब्रांड का उपयोग करके विवाह के बाजार में अपनी कीमत बढ़ा सके। जबकि दहेज के बाजार में हम इसको उलटा होता देख रहे हैं। जैसे-जैसे तकनीक बढ़ी है, ब्रांडों का चलन बढ़ा है, बहुराष्ट्रीय कम्पनियाँ भारतीय बाजारों में कूद पड़ी हैं, वैसे-वैसे दहेज में इन चीजों की माँग बढ़ी है। मशहूर ब्रांड का दहेज में मिलने का अर्थ सामाजिक हैसियत का बढ़ना है।

इस बात को अखबारों में छपनेवाले वैवाहिक विज्ञापनों को भी देखकर समझा जा सकता है, जहाँ स्त्री की परम्परागत छवि और मजबूत हुई है। जहाँ सीधे-सीधे दहेज की बात न कहकर 'डीसेंट मैरिज' और 'इक्वल फैमिली बैक ग्राउंड' पर जोर रहता है। जहाँ ब्यूटीफुल, होमली स्मार्ट इंडियन, एडजेस्टिंग स्त्री के विवाह को बाजार में प्रवेश करने के जरूरी नियम हैं। पुरुषों के लिए विज्ञापनों में जिस बात पर विशेष जोर रहता है वे हैं 'फाइव फिगर सेलरी' अथवा 'द ओनली सन'। कुल मिलाकर वेतन की बात कहना या इकलौता पुत्र होने की बात बताना उसकी सामाजिक हैसियत, सम्पत्ति प्रकारान्तर से उसकी क्रय शक्ति की बात करना ही है। आखिर जो अखबार में विज्ञापन देने के लिए पैसे खर्च रहा है वह कम-से-कम मध्य वर्ग की स्त्री-पुरुष तो है ही। उसकी क्रयशक्ति है और बाजार में उसकी हैसियत भी। बल्कि यहाँ यह देखना सचमुच दिलचस्प है कि प्रिंट मीडिया में लाखों की संख्या में छपनेवाले वैवाहिक विज्ञापनों पर स्त्री और पुरुषों की सामाजिक हैसियत को बनाए-बचाए रखने के लिए यथास्थिति पर जोर है। यही नहीं वैवाहिक विज्ञापनों में जिस तरह जाति की बात की जाती है, कुंडली माँगी जाती है, स्त्री की नौकरी को भी दहेज का एक हिस्सा मान लिया गया है वह स्त्री की बदली हुई स्थिति से आँख मूँद लेने का परिणाम ही है।

जबकि टेलीविजन के विज्ञापन प्रायः यथास्थिति को तोड़ रहे हैं। वे स्त्रियों को घूँघट और पर्दे से बाहर ला रहे हैं। वे उसका ड्रेस कोड बदल रहे हैं जो स्त्री के विकास की अनिवार्य शर्त है। स्त्री शक्तिकरण की प्रक्रिया में जो भी काम किया गया है उसमें बार-बार इस बात पर जोर दिया गया है कि स्त्रियों को यदि विकास की प्रक्रिया में शामिल करना है तो उन्हें रूढ़ियों से मुक्ति पानी होगी, उन्हें अपनी दबी-कुचली होने की छवि में ही 'मुक्ति' ढूँढ़ने की प्रक्रिया को बन्द करना होगा। स्त्री को घरेलू काम से किसी सीमा तक 'आजाद' करने का सन्देश विज्ञापन देते हैं। वाशिंग मशीन, मिक्सी, ग्राइंडर, मसाले आदि के विज्ञापन उन्हें फालतू श्रम से निजात पाने के रास्ते सुझाते हैं। प्रसाधन के विज्ञापन आकर्षक और आत्मविश्वास युक्त बनाने का सन्देश देते हैं।

आज हम अक्सर इस बात पर काफी विलाप होते देखते हैं कि मीडिया और

खासतौर से विज्ञापनों ने भारतीय स्त्री की छवि को तोड़ दिया है। भारतीय संस्कृति पर चहुँओर खतरा मँडरा रहा है। दरअसल जो लोग भारतीय संस्कृतिवाली स्त्री की बात कर रहे हैं वह स्त्री छवि वह है जिस पर आसानी से शासन किया जा सकता है। 'परिवार' के कोड़े से पीटकर जिसकी आवाज को दबाकर रखा जा सकता है। ड्रेस कोड की बात इसीलिए बार-बार उठाई जा रही है जबकि सच्चाई यह है कि भारत जैसे बहुआयामी, सांस्कृतिक, बहुभाषाई, जैविक विविधता वाले देश में कभी भी स्त्रियों के लिए एक ड्रेस कोड नहीं रहा है। उत्तर भारत में स्त्रियाँ साड़ी पहनती हैं तो पंजाब में सलवार कुर्ता, मिजोरम, नागालैंड, मेघालय में लम्बी स्कर्ट तो केरल और तमिलनाडु में लुंगीनुमा वस्त्र। ऐसे में सिर्फ साड़ी पहननेवाली स्त्री को 'भारतीय परम्परा' का वाहक बनाकर दूसरी स्त्री-छवियों को नष्ट करना कुछ उचित प्रतीत नहीं होता।

दरअसल इस तरह का विलाप अक्सर आत्मनिर्भर स्त्री के खिलाफ है। आखिर सारी-की-सारी परीक्षाएँ स्त्रियों को ही क्यों देनी पड़ीं ? सारे सवाल उसी से क्यों ? पुरुषों ने जिस तरह चुपके से पश्चिमी ड्रेस कोड को अपना लिया उस पर किसी ने कभी उफ क्यों नहीं की ? जो स्त्री घर से बाहर निकल रही है, पढ़ी-लिखी है, आत्मनिर्भर है उससे वही उम्मीद नहीं की जा सकती जो अठारहवीं सदी की स्त्री से थी। औरत नौकरी भी कर ले और छह गज की साड़ी पहनकर घूँघट भी काढ़ ले यह नहीं चल सकता। स्त्रियों की साक्षरता और आत्मनिर्भरता ने उनके कपड़ों के 'चुनाव' की क्षमता को भी बढ़ाया है। हमारा समाज भी धीरे-धीरे सूचना समाज बन चला है। जो स्त्री निरक्षर भी है, टेलीविजन घर बेठे उसे सूचना दे रहा है। कल तक जो स्त्री चिट्ठी-पत्री लिखने के लिए पढ़ रही थी वह आज अखबार पढ़ रही है। एन.आर.एस. सर्वे ने बताया है कि इन दिनों लाखों की संख्या में स्त्रियाँ अखबार पढ़ रही हैं। वे कार चला रही हैं, वे बड़े पद सँभाल रही हैं तो क्या वे वही स्त्री रह जानेवाली हैं जो स्त्री हमारे 'मर्दवादी' समाज के मानस में बैठी हैं। विज्ञापनों की बदलती स्त्री यही है, विज्ञापन इसी स्त्री को सम्बोधित हैं क्योंकि वही उनकी खरीददार है। अब किसी को यह छवि पसन्द नहीं आती तो भी समय चक्र को उलटा नहीं किया जा सकता। जिस परम्परागत भारतीय स्त्री की छवि की हमें तलाश है, घर में बन्द वह स्त्री आज की आत्मनिर्भर स्त्री नहीं हो सकती।

नारी जीवन हाय तुम्हारी यही कहानी,
आँचल में है दूध और आँखों में पानी।

स्त्री की यह छवि नष्ट हो रही है। वह दबी-कुचली होने के मुकाबले अपने पाँवों पर खड़ी हो रही है, विज्ञापन यदि इस छवि को दिखा रहे हैं तो यह सकारात्मक ही है।

महिला सशक्तीकरण में साहित्य की भूमिका

किसी बुजुर्ग के पाँव छुइए और आशीर्वाद पाइए—'मेरे पूत बने रहें।' या कि 'अखंड सौभाग्यवती रहो।' यानी कि जब मरो तो सुहागिन मरो। यह जीवन का नहीं, मृत्यु का वरदान है।

इस प्रकार के वरदानों से हमारा प्राचीन साहित्य भरा पड़ा है। जहाँ एक ओर नायिका-भेद पढ़ाए जाते हैं तो दूसरी ओर स्त्रियों से बचने के तरीके। 'औरत पर कभी भरोसा न करो।' यह इन महान ग्रन्थों का सूत्र- वाक्य है। स्त्रियों और दलितों से इस समय का समाज इतना आक्रान्त है कि उन्हें पीटने का कोई तरीका नहीं छोड़ता। चूँकि सारे विधान, सारी संहिताएँ, सारे नियम, धर्म, कानून पुरुषों ने रचे हैं इसलिए हर कानून, हर रीति-रिवाज और परम्परा का पलड़ा उनके पक्ष में झुका हुआ है। माफ कीजिए, साहित्य भी इससे अछूता नहीं है। एक भारतीय नारी जो त्यागमयी है, सती-सावित्री है, जिसके मुँह में ज़ुबान नहीं है, जो सबसे पहले उठती है, दिन-भर घर की चक्की में पिसती है, सबसे बाद में सोती है, जो कभी शिकायत नहीं करती और इसी के बरक्स एक पश्चिमी नारी जो स्कर्ट पहनती है, सिगरेट पीती है, मर्दों के साथ क्लबों में नाचती है; एक नहीं, बहुत सारे प्रेमी पालती है—इन दो स्टीरियों टाइप में हर कठिन परिस्थिति के बाद भारतीय नारी की विजय होती है और पश्चिमी संस्कृति की प्रतीक नारी या तो किसी की गोली का शिकार होती है अथवा भारतीय नारी का पति, जो इस 'कुलटा' द्वारा फँसा लिया गया था, द्वारा झोंटा पकड़कर बाहर निकाल दी जाती है। जितनी दूर तक उसे घसीटा जाता है, उतनी ही दूर और देर तक पश्चिमी संस्कृति पर भारतीय संस्कृति की विजय की तालियाँ आप सुन सकते हैं।

सन् 1970 तक के साहित्य में ये स्टीरियो टाइप बहुत खुले रूप में मौजूद हैं। बल्कि बड़े-से-बड़ा लेखक इस भावना से मुक्त नहीं है। 'गोदान' में प्रेमचन्द जिस तरह से धनिया और मालती का चरित्र चित्रण करते हैं वे भी पश्चिम और भारतीयता की बहस में उलझकर रह जाते हैं। बल्कि यदि स्त्रीत्ववादी दृष्टि से देखें तो जयशंकर प्रसाद प्रेमचन्द से कहीं अधिक प्रगतिशील दिखाई देते हैं। वह ही हैं जो ध्रुवस्वामिनी में पति के जीवित रहते ध्रुवस्वामिनी का विवाह उसके पसन्द के पुरुष चन्द्रगुप्त से कराने की वकालत करते हैं।

यहाँ यह बात बहुत कड़वी लग सकती है लेकिन सच है कि पुरुष साहित्यकारों

की नजर में 'परिवार' का दर्जा सबसे ऊँचा रहा है। इस परिवार को बचाने के अभियान में स्त्री का क्या बनता है इसकी उन्हें कोई खास परवाह नहीं है। बल्कि स्त्री के दुःख उनकी आँखों से ओझल हुए रहते हैं। स्त्री के अलग कोई दुःख होंगे, स्त्री का स्वास्थ्य कैसा है, बार-बार की सन्तान उत्पत्ति से उसकी देह पर क्या बीतती है ये सवाल प्रायः साहित्य से गायब रहे हैं। पुरुष तो उस परिवार को बचाने में लगे हैं जिसके केन्द्र में वह खुद रहते हैं, जिसके द्वारा उनकी सत्ता चलती है। बल्कि कहना चाहिए कि जब-जब स्त्रियों को मौका मिला है उन्होंने अपने ऊपर लादे गए गृहस्थी के जुए को उतार फेंका है। यह आज की बात नहीं है। ढाई हजार साल पहले थेर गाथाओं में बौद्ध भिक्षुणियों ने लिखा था–

यदि इन कविताओं को ध्यान से पढ़ें तो देखते है कि ये स्त्रियाँ जिस चीज को प्राप्त कर सर्वाधिक खुश हो रही हैं–वह है आजादी। आजादी सिर्फ अपने पति या पुरुष से नहीं हर किस्म के बन्धन से।

लेकिन दूसरी ओर मर्दों की दुनिया में स्त्री की आजादी का अर्थ अनिवार्य रूप से उसका पतित और कुलटा हो जाना है। कुछ वर्ष पहले तक आजाद स्त्री को खलनायिका के रूप में दिखाने में हमारे सभी माध्यम एक सुर में बोलते रहे हैं, इनमें साहित्य भी एक है।

प्राचीन साहित्य को यदि हम उठाएँ तो उसमें महान स्त्रियाँ वे हैं जिन्होंने मर्दों की सत्ता को बनाए रखने के लिए बलिदान किया है, सती हुई हैं, युद्ध किए हैं या जौहर में कूद पड़ी हैं। ऐसी एक भी स्त्री आप ढूँढ़कर नहीं ला सकते प्राचीन और सत्तर तक के साहित्य में जो मर्दों से मुक्त होकर भी महान हो सकती हैं।

अरविन्द जैन ने अपनी पुस्तक में ठीक लिखा है कि एक स्त्री तो वह है जो घर में रहती है, समय पर खाना पकाती है, बच्चे पालती है, रात में पति को सन्तुष्ट करती है, उस स्त्री को महान कहा जा सकता है। जिस परिवार का स्वामी पुरुष है। दूसरी है साझी सम्पत्ति जिसमें कालगर्ल, वेश्याएँ आदि आती हैं। अक्सर इन्हें आजाद स्त्री की कोटि में रखा जाता है। आजाद स्त्री माने कुलटा स्त्री। पुरुष पचास औरतों के साथ सम्बन्ध रखकर अच्छा कहला सकता है, अपने घर लौट सकता है। स्त्री एक प्रेम करके भी चरित्रहीन कही जा सकती है और अफसोस कि स्त्री की उस छवि को बनाने में न धर्मशास्त्र पीछे हैं, न ही साहित्य।

शोधकर्ता भले ही यह बताते रहें कि सम्पूर्ण मानव जाति के कुछ महत्त्वपूर्ण पड़ाव महिलाओं की रचनात्मकता पर भी आधारित थे–मानव जाति को जानवरों के स्तर से अलग उठाने में महिलाओं की ही भूमिका रही–लेकिन कौन इसे स्वीकारता है। इतिहास ने, धर्म ने और साहित्य ने स्त्री को अपना जर खरीद गुलाम ही समझा है। विश्वास न हो तो श्री जयदयाल गोयंदका की पुस्तक 'स्त्रियों के लिए कर्त्तव्य शिक्षा' पढ़ लीजिए। पूरी पुस्तक में सर्वाधिक जोर स्त्रियों की पतिव्रता रहने और यौन शुचिता पर है। यह पतिव्रत धर्म उसे पति के जिन्दा रहने पर ही नहीं, मरने के बाद भी निभाना है। 'स्त्री

सबसे अधिक महत्त्वपूर्ण इसलिए है क्योंकि वह पुत्र को जन्म देती है चूँकि कन्यादान सिर्फ एक ही बार किया जा सकता है, इसलिए विधवा विवाह नहीं किया जा सकता।' इस पुस्तक को पढ़कर हम मर्दवादी विमर्श के उस एकांगीपन को जान सकते हैं जिसका कोड़ा औरत की पीठ पर पड़ता है।

इसीलिए थेर गाथाओं की तरह ही जब-जब स्त्री को अपनी बात कहने का मौका मिलता है उसने निडरता से अपनी पीड़ा को व्यक्त किया है। मध्यकाल में ही मीराबाई, सहजोबाई, जनाबाई, रामी, महादेवी अक्का, सुले सनकवा, जंगासती, रतनबाई, आतुकुरी मौल्ला, बहिनाबाई, गुलबदन बेगम, चौन्द्रबौती, संथिया होनम्मा आदि वे स्त्रियाँ हैं जो पूरे भारत की हैं। अपनी-अपनी भाषा में इन्होंने अपने-अपने दुःख व्यक्त किए। मीराबाई ने यदि राजमहल छोड़ दिया तो दूसरी ओर चौदहवीं-पन्द्रहवीं सदी में गुजराती में गंगासती न रतनबाई और मराठी में जनाबाई ने समाज में व्याप्त रूढ़ियों के खिलाफ विद्रोह किया। जहाँ पुरुष रचनाकार इस लोक को छोड़कर परलोक के सपने देखते थे वहाँ स्त्री रचनाकारों ने इसी लोक में व्याप्त रूढ़ियों के खिलाफ मोर्चा खोल लिया क्योंकि इन रूढ़ियों का सबसे पहला शिकार वे ही होती थी। बंगाल में रामा निम्न जाति में पैदा हुई लेकिन उन्हें वैष्णव कवि चंडीदास से प्रेम हो गया। उनकी रचनाओं में उसकी प्रेमकथा के साथ-साथ समाज में फैली जातिप्रथा की घोर आलोचना मिलती है। इसी तरह जनाबाई शुद्र थीं। सात साल की उम्र से ही वह एक घर में दासी का काम करती थीं। उन्होंने कहा :

हाथ में मंजीरे, कन्धे पे वीणा,
कौन मुझे रोकने की हिम्मत कर सकता है
साड़ी का पल्लू गिर जाता है।
हजार बातें बनाते हैं लोग
किन्तु मैं जाऊँगी भरे बाजार में निःसंकोच, निडर

इसी तरह चौन्द्रबौती ने बाँग्ला भाषा में रामायण लिखी थी। इसमें सीता के व्यक्तित्व की भूरि-भूरि प्रशंसा की गई है जबकि राम को कमजोर 'पति' और 'डरपोक बेटा' कहा गया है। चौन्द्रबौती आजन्म अविवाहित रहीं। उन्होंने हमेशा ऐसे कानूनों का विरोध किया जो लोगों पर जुल्म ढाते थे।

मध्यकाल में हर स्त्री घर-बार छोड़कर नहीं चली गई। लेकिन उनके दुःख कम न हुए। क्या यह दुखभरा नहीं कि एक तरफ हम कण-कण में भगवान देखते हैं दूसरी तरफ अपनी स्त्रियों को सती कर देते हैं। दहेज के लिए आज तक औरतें मारी जाती हैं। कहानियों-उपन्यासों में प्रायः महिलाओं को दुर्दशा के लिए जिम्मेदार रूढ़ियों, परम्पराओं, जातिप्रथा आदि का प्रखर विरोध नहीं होता।

बल्कि सही मायनों में देखा जाए तो यह उन्नीसवीं सदी ही थी जब महिला समस्याओं की तरफ पुरुषों का ध्यान गया। राजा राममोहन राय ने सती प्रथा के

खिलाफ मुहिम चलाई। ईश्चर चन्द्र विद्यासागर ने महिला शिक्षा और विधवा विवाह की वकालत की। गुजरात में दयानन्द सरस्वती ने महिला शिक्षा के लिए अभियान छेड़ा। उसी तरह महाराष्ट्र में महादेव गोविन्द रानाडे, बेहरामजी, केशवकर्वे, ज्योतिबाफुले, सावित्री बाई फुले, गोपालकृष्ण गोखले आदि ने महिला शिक्षा का जोरदार समर्थन किया। यद्यपि समाज सुधारकों के अपने अन्तर्विरोध भी कोई कम नहीं थे। लेकिन नवजागरण काल को हम महिला पक्षधरता का काल भी कह सकते हैं इसीलिए साहित्य की कोटि में सिर्फ उपन्यास-कहानियों को न रखकर उन्नीसवीं सदी के समाज सुधारकों के लेखन को रखना चाहिए। क्योंकि महिलाओं की आज की स्थिति के लिए पृष्ठभूमि उसी काल में तैयार की गई।

उन्नीसवीं सदी में ही भारत की महिलाओं के मन में वे प्रश्न उठने लगे थे जिनका जवाब पुरुष प्रधान समाज के पास नहीं था। महिलाओं ने शिक्षा और राजनीति अधिकारों की माँग की। उधर सुधारवादी महिलाओं को कुछ अधिकार देना चाहते थे, लेकिन महिलाओं की आजादी के बारे में वे एकमत नहीं थे।

सन् 1858 से 1905 के नवजागरण काल में बहुत से पुरुष और महिला सुधारवादी उभरे। महिलाओं में उल्लेखनीय नाम हैं—सावित्री बाई फुले, पंडिता रमाबाई, स्वर्ण कुमारी देवी आदि। सावित्रीबाई फुले ने सन् 1848 में पुणे मे लड़कियों के लिए पहला स्कूल खोला था। महिला सशक्तीकरण की दिशा में यह एक अनोखा प्रयास था। पंडिता रमाबाई ने भी नारी शिक्षा के लिए महत्त्वपूर्ण कार्य किया। उनके पिता ब्राह्मण थे। उन्होंने अपनी बेटी को स्वयं पढ़ाया। रमाबाई ने दो महत्त्वपूर्ण पुस्तकें लिखीं 'स्त्री धर्म नीति' तथा 'द हाई कास्ट हिन्दू वुमैन।'

'उन्नीसवीं' सदी में भी कैलाशभाषिणी देवी ने 'भारतीय नारी' पर एक ऐतिहासिक निबन्ध लिखा।

कहने का अर्थ यह कि महिलाओं ने जब कलम चलाई तब अपनी दुर्दशा के बारे में लिखा। शरतचन्द्र ने स्त्रियों के बारे में जितनी करुणा और ममता से लिखा वह करुणा और ममता उस काल में हिन्दी में सिर्फ जयशंकर प्रसाद के यहाँ मिलती हैं।

एक तरफ नवजागरण काल, दूसरी तरफ आजादी का संघर्ष। महात्मा गाँधी ने आजादी की लड़ाई में महिलाओं को जोड़ा और उन्हें शक्ति दी। इसीलिए आजादी की लड़ाई में बड़ी संख्या में औरतें सामने आईं। इनमें से कुछ काम नाम हम जानते हैं, मगर हजारों का नहीं जानते वे इतिहास के पन्नों में दर्ज है।

स्त्रियों की स्थिति को लेकर बीसवीं सदी के मध्य में जैसा महादेवी वर्मा ने लिखा, वैसा शायद किसी और ने नहीं लिखा। महादेवी तब स्त्रियों के बारे में जैसा लिख रही हैं वैसा तब अंग्रेजी भाषा में दिखाई नहीं देता। उनकी सारी औरतें बेहद कर्मठ, निम्न जातियों और विपत्ति की मारी हुई हैं। विधवा और परित्यक्ता हैं। इसीलिए समाज सिर्फ उन्हें लांछन देता है। लछमा पर जब लांछन लगाए जाते हैं तो महादेवी लिखती हैं, "एक पुरुष के प्रति अन्याय की कल्पना से ही सारा पुरुष समाज उस स्त्री से प्रतिशोध लेने

को उत्साह हो जाता है और एक स्त्री के साथ क्रूरतम अन्याय का प्रमाण पाकर भी सब स्त्रियाँ उसके अकारण दंड को अधिक भारी बनाए बिना नहीं रहतीं।''

महादेवी की स्त्रियों के दुखों में जाति के आधार पर कोई कमी नहीं। चाहे उच्च जाति की स्त्रियाँ हों चाहे निम्न जाति की भाभी, बिबिया, लछमा, मुन्नू की माई, दुःख सहने में सब एक जैसी हैं। यह हिन्दू समाज एक विधवा स्त्री के साथ क्या नहीं करता यह देखना हो तो 'भाभी' की उस उन्नीस साल की युवती को देखना चाहिए।

'उस उन्नीस वर्ष की युवती की दयनीयता आज समझ पाती हूँ जिसके जीवन के सुनहरे स्वप्न गुड़िया के घरौंदे के समान दुर्दिनों की वर्षा में केवल बह ही नहीं गए थे, वरन उसे इतना एकाकी छोड़ गए कि इन स्वप्नों की कथा कहना भी सम्भव न हो सका। सबसे कठिन दिन तब आते थे जब वृद्ध सेठ की सौभाग्यवती पुत्री अपने नैहर आती थी। उसके चले जाने के बाद भाभी के दुर्बल गोरे हाथों पर जलने के लम्बे काले निशान और पैरों पर नीले दाग रह जाते थे। पर उसके सम्बन्ध में कुछ पूछते ही वह गुड़िया की किसी समस्या में मेरा मन अटका देती थी।'

आज स्त्रीत्ववाद जिस कन्यादान की रस्म को हेय दृष्टि से देखता है उसके बारे में सुभद्रा कुमारी चौहान का हवाला देते हुए महादेवी लिखती हैं, ''जिस कन्यादान की प्रथा का सब मूकभाव से पालन करते आ रहे थे उसी के विरुद्ध उन्होंने (सुभद्राकुमारी चौहान—ले.)'' घोषणा की, ''मैं कन्यादान नहीं करूँगी। क्या मनुष्य, मनुष्य को दान करने का अधिकारी है ? क्या विवाह के उपरान्त मेरी बेटी मेरी नहीं रहेगी। उस समय तक किसी ने और विशेषतः किसी स्त्री ने ऐसी विचित्र और परम्परा विरुद्ध बात नहीं कही थी।''

आजादी के संघर्ष में गाँधीजी, नेहरूजी, सुभाषचन्द्र बोस आदि अनेक नेताओं के आह्वान पर जो हजारों हजार स्त्रियाँ आन्दोलन में आईं उनमें से बहुत सी लेखिकाएँ भी थीं। उन्होंने भी आज की स्त्री को आत्मनिर्भरता दिलाने और उसकी राह में बिछे काँटों को दूर करने में महत्त्वपूर्ण भूमिका निभाई।

मैडम भीकाजी कामा जिन्होंने फ्रांस से 'वन्देमातरम' अखबार निकाला। सरोजिनी नायडू भी आला दर्जा की कवयित्री थीं। कमला देवी चट्टोपाध्याय, लक्ष्मी सहगल, दुर्गा भाभी, प्रीतिलता, राजकुमारी अमृतकौर, नेली सेनगुप्ता, अनसूया साराभाई आदि न जाने कितनी महिलाएँ थीं जिन्होंने महिलाओं की स्थिति को सुधारने का प्रयास किया।

लेकिन आजादी के बाद महिलाओं में साक्षरता बढ़ी है। सन् 1961 में दहेज विरोधी कानून बना। बाल विवाह पर रोक लगाने के लिए पहले ही शारदा एक्ट बन चुका था। कल तक बलात्कार स्त्री के लिए सबसे बड़ा कलंक था। उसी की शिकार स्त्रियाँ प्रतिरोध करने लगी हैं। मूल्यवृद्धि से लेकर पर्यावरण बचाओ आन्दोलन की अगुआई महिलाएँ करती हैं। एक तरफ महिलाएँ शिक्षित, साक्षर, आत्मनिर्भर होती हैं, दूसरी तरफ उन्हें गर्भ में ही मारने के लिए अमीना सेंटेसिस और अल्ट्रासाउंड ईजाद कर लिए जाते हैं। सन् 1987 में रूपकँवर सती हो जाती है। उससे पहले शाहबानो को गुजारा भत्ता देने

के नाम पर कट्टरपन्थियों की विजय होती है। सरकार प्रगतिशीलता का मुखौटा ओढ़े उनके सामने घुटने टेक देती है। यह वह दौर है जब सन् 1975 में अन्तरराट्रीय महिला वर्ष के बाद अन्तर्राष्ट्रीय स्तर पर ही महिला दशक मनाया जाता है। बहुत से महिला संगठन बनते हैं।

लेकिन दुख है...हाँ दुख है, साहित्यकार जो अपने को समाज का मार्गदर्शक कहता है, उस साहित्य को कथित मुख्यधारा में स्त्रियों की उन समस्याओं की शिनाख्त नहीं है। वहाँ अभी तक स्त्रियों के नौकरी करने न करने के औचित्य पर ही बहस छिड़ी हुई है। स्त्री सम्बन्धी अधिकांश समस्याओं को पत्रकारिता या लेखों का विषय बनाकर एक ओर कर दिया गया है।

सत्तर वर्ष तक अमरीका की स्त्रियों ने वोट देने का अधिकार पाने के लिए लड़ाई लड़ी थी। यूरोप में जान स्टुअर्ट मिल पहले दार्शनिक थे जिन्होंने स्त्रियों के मताधिकार, शिक्षा और रोजगार के प्रश्नों पर उन्हें बराबरी का दर्जा दिलाने की बात कही थी। हमारे यहाँ भी बीसवीं सदी के अन्तिम दो दशकों ने स्त्री सम्बन्धी प्रश्नों को बहुत आकुलता से छुआ। इन दशकों में हमारे यहाँ स्त्री सम्बन्धी प्रश्न मुखर हुए ? सर्वेक्षणों ने पाया कि नौकरी करनेवाली स्त्रियों की संख्या बढ़ी यानी कि उनके श्रम की पहचान पाई। जबकि उससे पहले कृषि सेक्टर में लगी 85 प्रतिशत औरतों के श्रम की कोई शिनाख्त नहीं होती थी। इस श्रमिक औरत को मध्यवर्गीय स्त्री के मुकाबले रचनाओं में कम जगह मिली है।

लेकिन धीरे-धीरे स्त्री के प्रश्न मुखरित होते हैं। जाने-माने कवि रघुवीर सहाय बहुत पहले लिखते हैं :

पढ़िए गीता, बनिए सीता, फिर इन सबको लगा पलीता
निज घर-बार बसाइए। होएँ कटीली, आँखें गीली
तबियत ढीली, घर की सबसे बड़ी पतीली
भरकर भात पकाइए।

कविता-कहानियों, उपन्यासों में स्त्रियाँ आती हैं। बड़ी संख्या में लेखिकाएँ जैसे कृष्णा सोबती, मन्नू भंडारी, पदमा सचदेव, मृदुला गर्ग, उषा प्रियंवदा, मृणाल पांडे, चित्रा मुद्‌गल, मैत्रेयी पुष्पा, नासिरा शर्मा, प्रभा खेतान, गीतांजलि श्री, मनीषा, जयंती आदि महिला मुद्‌दों पर अपनी कलम चलाने लगती हैं। स्त्रियों सम्बन्धी मुद्‌दों पर बहस होने लगती है। मीडिया में स्त्री की जगह बढ़ती है। पत्र-पत्रिकाओं के स्त्री विशेषांक निकलने लगते हैं। स्त्रियों की समस्याओं पर बहुत सी लेखिकाएँ कलम चलाने लगती हैं। मृणाल पांडे, मृदुला गर्ग, कात्यायनी, अनामिका आदि की स्त्री विषयक पुस्तकें काफी चर्चित होती हैं। स्त्री विषयों पर पुरुष लेखक भी लिखते हैं। अरविन्द जैन की पुस्तक 'औरत होने की सजा' के आठ संस्करण छपते हैं। उन्हीं की पुस्तक 'उत्तराधिकार बनाम पुत्राधिकार' और 'औरत अस्तित्व और अस्मिता' भी रातोंरात बिक जाती है।

'औरत अस्तित्व और अस्मिता' की भूमिका में प्रभा खेतान लिखती हैं कि ज्यादातर लेखिकाएँ आलोचना की आपाधापी में पीछे छूट गई हैं। स्त्री की अपनी संस्कृति है। इतिहास में इसे भिन्न माना जाता रहा है लेकिन इसे अलग पहचान नहीं दी गई। चूँकि अलग से स्त्री शक्ति की सत्ता नहीं थी इसलिए स्त्री-सत्ता को अलग पहचान ही नहीं मिली।

स्त्री सशक्तीकरण के जो भी प्रश्न समाज में प्रकट हो रहे हैं, साहित्य उनसे निरपेक्ष नहीं रह सकता। हर काल में स्त्रियों के बलीकरण के प्रश्न बदलते रहे हैं। आज स्त्रियाँ लिंगभेद, महिलाओं पर हिंसा को रोकना, निजी कानूनों में संशोधन, महिला स्वास्थ्य तथा आर्थिक दशा आदि में सुधारों के मुद्दों से जूझ रही हैं। स्त्रियों को समाज की अग्रगामी धारा में जोड़ने में महिला आन्दोलन ने प्रमुख भूमिका निभाई है। आज साहित्य में भी महिला आन्दोलन द्वारा उठाए गए मुद्दे प्रमुखता से उभर रहे हैं। यह एक अच्छी खबर है।

आत्मकथा से आगे का सफर

अपनी आत्मकथा 'बूँद बावड़ी' में पद्मा सचदेव कहती हैं कि कविता वह डोगरी में लिखती हैं और गद्य हिन्दी में। इसीलिए अपनी आत्मकथा लिखने के लिए हिन्दी को चुना।

भूमिका में वह लिखती हैं, "जिन्दगी ने भरपूर दिया है मुझे। इतने अच्छे मित्र, इतने अच्छे शत्रु। विश्वास कीजिए मुझे जीने की अधिक प्रेरणा अपने शत्रुओं से मिली।"

पुरमंडल (जम्मू) प्रसिद्ध पंडितों के खानदान में जन्मी पद्मा सचदेव के दादा और पिता संस्कृत के विद्वान थे। वहीं से संस्कृत और भाषा का ऐसा संस्कार मिला कि शुद्ध उच्चारण सुनकर सब चकित हो उठते। लेकिन पिता का साया बच्ची पद्मा के सिर पर ज्यादा दिन न रह सका। माँ अध्यापिका बनकर बच्चों का पेट पालने लगी। बिना बाप की बेटियाँ जब भी बड़ी होती हैं, सबको मालूम रहता है। (पृ. 80) जब दसवीं में पढ़ती थीं तो कवि सम्मेलन में पढ़ने के लिए डोगरी का पहला गीत लिखा :

चंबे दिए डालिए–तू गुज्जी गुज्जी नैई रो।
तेरे नै बसासे आहला मिजी दुख तेरी सोह।

(चम्पे की टहनी तुम चुपके-चुपके मत रोओ। मुझे भी तुम्हारे जैसा ही दुःख है। तुम्हारे वसन्त की तरह मेरा वसन्त भी नहीं आया।) और इस गीत को जम्मू के मंच पर पढ़ने के बाद पद्मा जी रातोरात कवयित्री बन गईं। उस दिन के बाद–"एक गीत लिखने के बाद फिर रोज ही कविता लिखने लगीं। मैं उस संसार में रहने लगी। सहेलियाँ समझतीं कि यह मूर्ख है। हर हफ्ते कवि सम्मेलन में जाना शुरू हुआ। हर बार नई कविता पढ़ी जाती। सब वाह-वाह से जैसे मुझे आसमान पर चढ़ा देते।" (पृ. 121) लेकिन इस नन्ही कवयित्री को हमेशा अपने पिता याद आते।

सोलह साल की उम्र तक आते-आते न केवल कविताएँ शुरू हुईं बल्कि अपनी सहेलियों के साथ डेमोक्रेटिक नेशनल कांफ्रेंस की मीटिंगों में जाने लगी। वहीं वेदपाल 'दीप' से मुलाकात हुई जो इस पार्टी के सक्रिय सदस्य थे और कवि भी। बारह साल बड़े। उनकी शायरी का जादू चढ़ गया और प्रेम हो गया। तब दुनिया की हर चीज एक सुन्दर सपना-सा हो गई। फूलों की महक अधिक मदमाती हो उठी, आकाश ज्यादा निर्मल हो गया, चाँद ज्यादा उजला, लोग बहुत अच्छे, धरती बहुत हसीन, दुनिया बेहद

अच्छी और मैं जैसे किसी बाग की मालिक हो गई, जिसमें मुहब्बत के फूल खिलने लगे। (पृ. 123)।

लेकिन सपना टूट गया। दीपजी दूल्हा बनकर आए तो शराब के नशे में धुत। किशोर कवयित्री सोचती थी कि उसके कहने से वह शराब छोड़ देंगे। मैं मूर्ख लड़की यह न सोच सकी कि किसी भी औरत के कहने पर किसी भी शराबी ने आज तक शराब नहीं छोड़ी है, न छोड़ेगा (पृ. 124)।

ससुरालवालों के साथ जम्मू से कश्मीर जाकर लेखिका कुछ दिनों बाद बीमार पड़ गई। बीमारी की खबरें पति परमेश्वर दीप साहब तक पहुँची भी होंगी, लेकिन वह न आए। माँ और अध्यापिका ने श्रीनगर के अस्पताल में दाखिल कराया। पता चला कि लेखिका को टी.बी. हो गई। यहाँ अस्पताल के अधीक्षक डॉ. हफीजुल्लाह ने बच्चों की तरह देखभाल की। डॉ. हफीजुल्लाह के बहुत से प्रसंग पुस्तक में बेहद मार्मिक हैं। खासतौर से रक्षाबन्धन पर भाई के न होने पर खुद कलाई आगे बढ़ा देना। ऐसे मानवतावादी डॉक्टर और साम्प्रदायिक एकता के प्रतीक लोग क्या आज चिराग लेकर ढूँढ़ने पर भी मिल सकते हैं ? 'बूँदवावड़ी' का समर्पण भी इन्हीं डॉ. साहब के लिए है। अस्पताल में आनेवाली एक से एक औरतें, गरीब, विधवा, बेसहारा, लाचार पति से ठुकराई हुई जिन्हें डॉ. हफीजुल्लाह एक देवदूत की तरह अपने यहाँ शरण देते हैं।

अस्पताल से बाहर आने पर दीपजी की माँ ने गहने लौटाते हुए कहा कि अपना सब ले जाओ। अब हमारा तुमसे कोई सम्बन्ध नहीं।

उसके बाद संघर्ष शुरू आ। जो पति या उसके घरवाले बीमारी के दिनों में कभी पूछने तक नहीं आए वही पति कहने लगा कि डॉक्टर से लिखवाकर लाओ कि तुम्हें छूत का रोग नहीं है क्योंकि मुझे तुम्हारे साथ रहना है।

रेडियो की नौकरी करने पद्‌माजी दिल्ली आ गईं। दीप साहब से अब कोई सम्बन्ध नहीं रहा था। जीवन में सुरिन्दर सिंह आ गए। उन्हीं से दूसरा विवाह हुआ। उनके परिवार के लोगों ने हाथों हाथ लिया। बाद में बेटी के कहने से नौकरी छोड़ भी दी।

कठिन परिस्थितियाँ झेलीं, कष्ट सहे पर जीवन से हार नहीं मानी। पदमाजी कवयित्री और पति सुरिन्दर सिंह गायक खूब जोड़ी मिली। सिंह साहब ने उन्हें खुद को अभिव्यक्त करने के लिए प्रोत्साहित भी खूब किया।

पुस्तक में लता मंगेशकर से सम्बन्धित प्रसंग बेहद दिलचस्प और ऊष्मा से भरे हैं। आत्मकथा एक ऐसी लड़की की जिसने हार नहीं मानी और जिन्दगी को एक नई ताकत और अर्थ दिए।

एक बार जम्मू से लौटकर पद्‌माजी ने अमृता प्रीतम से कहा, "दीप साहब खुद चाहते थे कि तलाक हो जाए। अब लोग जो शरारती हैं, वो यह कहते हैं कि मैं उन्हें तबाह करके चली गई हूँ। जो कोई भी लेखक बाहर से आता है उसे यही सुनाया जाता है।"

तब अमृताजी ने बड़े स्नेह से कहा था, "देखा पद्‌मा, अगर तुम उसे छोड़ने के

बाद कहीं टीचरी या कोई और मामूली सी नौकरी करके गुनाम-सी होतीं तब वो कभी तुम्हारा जिक्र नहीं करते। पर अब तुम्हारा नाम है, इसलिए उन्हें दुःख होता है। कोई भी पुरुष यह नहीं सोच सकता है कि औरत उसे छोड़कर बेहतर जिन्दगी जी सकती है। इसलिए तुम भूल जाओ। तुम्हारे पति इतने अच्छे हैं, तुम्हें ये सब सोचने की जरूरत नहीं है।''

जो कुछ बीत गया है उसे भूलो, हालाँकि यह समाज, रीति-रिवाज परम्पराएँ स्त्रियों के ऊपर कहर ढाने में कोई कसर नहीं छोड़तीं। लेकिन बढ़ो और बढ़ते जाओ—यही गुरुमन्त्र है इस पुस्तक में। शैली जादुई, भाषा सरल और लोक मुहावरों से भरी।

सिर्फ तीस वर्ष की उम्र में साहित्य अकादमी पुरस्कार पानेवाली पद्मा सचदेव को क्या यों पहचाना जा सकता है :

मैं गंगा हूँ
मैं यमुना हूँ
मैं चन्दरभागा
तवी नदी
मुझे पहिचानो
मुझे पहिचानो

ताकि फिर कोई पाकिस्तान न बने

इन बन्द कमरों में मेरी साँस घुटी जाती है
खिड़कियाँ खोलता हूँ तो जहरीली हवा आती है

जहरीली हवाओं के बीच एक खुशनुमा झोंका, इस जमाने में जब लोग शिकायतें करते हैं कि कोई पढ़ता नहीं, कोई लिखता नहीं। लेकिन सात महीने में किसी उपन्यास के तीन संस्करण आना बड़ी बात है। इसीलिए कमलेश्वर अपने उपन्यास 'कितने पाकिस्तान' की भूमिका में लिखते हैं, ''पुस्तक मेले के समय फरवरी 2000 में इसका पहला संस्करण आया था। चार महीने बाद जून, 2000 दूसरा संस्करण आया और अब तीन महीने बाद यह तीसरा संस्करण। तीसरे संस्करण की सूचना से पहले मुझे खबरें मिलीं कि इलाहाबाद विश्वविद्यालय परिसर और जे.एन.यू. दिल्ली में 'कितने पाकिस्तान' की फोटोस्टेट कवर रहित और कवर सहित कॉपियाँ क्रमशः 80-100 और 120 रुपए में बिक रही हैं। कुछ विद्यार्थियों ने चन्दा जमा करके इसकी कॉपी खरीदी और पढ़ी। यही मेरा सबसे बड़ा रचनात्मक प्राप्य है। मैं आनेवाले समय को तो नहीं बदल सकता लेकिन जो इसे बदल सकते हैं, उन तक मैं पहुँच सका हूँ।''

सचमुच जो कुछ घटित हुआ है या जो कुछ घटनेवाला है लेखक उसकी व्याख्या अपनी तरह से कर सकता है। कमलेश्वर ने यही किया है। उन्होंने एक अदीब, एक रचनाकार की अदालत लगाई है। क्योंकि एक रचनाकार ही है जो खुली आँखों से भूत, भविष्य, वर्तमान की घटनाओं को देख सकता है। उन पर कमेंट्री कर सकता है। मानवता के अलावा कोई और पहचान चाहे वह किसी धर्म की हो, नस्ल की हो, जाति की हो, रचनाकार को प्रभावित नहीं करती। इसीलिए अदीब की अदालत में हर कोई दस्तक दे सकता है क्योंकि उसे न्याय पाने की उम्मीद है।

क्योंकि रचनाकार ही जानता है कि ''सारे महायुद्ध यही तो बताते हैं कि मौत के योगफल के आधार पर ही हार-जीत तय हो सकती है।'' (पृ. 19)

आज जो चारों ओर नफरत है, मनुष्य-मनुष्य का खून पीने को आतुर है। गरीब को न्याय नहीं, न्याय साधन सम्पन्न का दास है इसलिए ''रामराज्य में शम्बूक की जघन्य हत्या के कारण काली आँधियाँ चल रही हैं।'' गिलगमेश आज भी अपने मित्र एकिन्दू के लिए ऐसी दवा तलाश रहा है जिससे मृत्यु पर विजय पाई जा सके।

एक अदीब रचनाकार लोगों को मृत्यु पर तो विजय नहीं दिलवा सकता लेकिन वह

उन कारणों को ढूँढ़ सकता है, उन्हें दूर कर सकता है जिनसे लाखों, करोड़ों लोग हर सदी, हर काल में सत्ता-प्रतिष्ठानों को बचाए रखने के लिए अकाल मृत्यु को प्राप्त होते हैं। कभी देश, कभी धर्म, कभी नस्ल कभी सम्प्रदाय के नाम पर।

पाकिस्तान की सलमा अदीब से प्यार करती है। लेकिन सलमा मुसलमान अदीब हिन्दू...लेकिन सलमा के शरीर पर अदीब ने अपने होंठों से जो नीले फूल खिलाएँ हैं, वे दुनिया की कोई भाषा समझ सकते हैं। प्रेम के सामने हर हिंसा, हर नफरत बहुत छोटी है। इसीलिए सलमा कहती है, "आओ तुम थोड़े से मुसलमान हो जाओ, मैं थोड़ी सी हिन्दू।"

इसीलिए पाकिस्तान की कवयित्री सारा शगुफ्ता अदीब के सामने अपने मन की पर्तें खोलती है। सारा बहुत पहले मर चुकी है। लेकिन लेखक के सामने मरे हुए भी अपनी बात कहते हुए नहीं हिचकिचाते। मैं सलमा नहीं सारा शगुफ्ता हूँ। माँ बनने के बाद हर औरत की शक्ल एक हो जाती है, "रात सर्द थी। मेरे बेटे को लपेटने के लिए अस्पताल में एक तौलिया भी नहीं था। सिस्टर ने पाँच मिनट के लिए उसे मेरी बगल में लिटाया। उसने अपनी उजली आँखों से मुझे देखा। फिर न जाने क्या हुआ...उसने क्या सोचा...उसने आँखें बन्द की और हमेशा के लिए सो गया।" (पृ. 148)

सारा शगुफ्ता का दर्द कौन समझेगा ? वह समाज, वह देश जो एक धर्म के अनुयायियों के लिए बना था लेकिन पिछले पचास सालों से वहाँ की आर्थिक सत्ता सिर्फ कुछ ही लोगों के पास है। जितनी क्राइसिस बढ़ती है, सत्ता में बैठे लोग अपनी कुर्सी को बचाने के लिए धर्म और उसके मध्यकाल के स्वरूप में लौटते हैं।

अदीब चीख—सुनो कराची के बाशिन्दो, जितना जो कुछ टूट गया। उसे भूल जाओ। जो कुछ टूटने के बाद बना है, उसे टूटने से बचाओ। जितने मुल्क बनेंगे वे सिर्फ इंसान को तक्सीम करेंगे। जरूरत से ज्यादा इस दुनिया का बँटवारा हो चुका है—खुदा के लिए बँटवारे की इस जहनियत को खत्म करो (पृ. 153)...दुनिया में जितने भी पाकिस्तान बने वे सब नफरत के नाम पर।

इसीलिए मोहम्मद बिन कासिम कहता है, "हिन्द के बाशिन्दों का अल्लाह एक नहीं था। यहाँ हर ब्राह्मण का खुदा अलग-अलग था। एक खुदा लुटता था तो दूसरा बचाने नहीं आता था। दूसरा लुटता था तो तीसरा बचाने नहीं आता था। इन हालत ने मेरी मदद की (पृ. 153)...यहाँ पूरी कौम नहीं लड़ती थी। सिर्फ क्षत्रिय लड़ते थे। क्षत्रिय हारते थे तो पूरी कौम हार जाती थी।" जातिप्रथा पर शायद इससे अच्छा कमेंट नहीं हो सकता। पूरा समाज इस तरह जातियों, गोत्रों, खानदानों में बँटा हुआ था कि अपना गुलाम रहने का भाग्य स्वयं लिखता था। इसीलिए जो कुछ टूट जाता है वह कभी नहीं जुड़ता। अपने-अपने स्वार्थ के लिए राजनीति करनेवाले यह चाहते भी नहीं हैं कि दो जातियाँ, दो कौमें कभी मिल-जुलकर रहें। जितना वे लड़ेंगी, उनके नाम पर वोट बटोरनेवाले अधिक धनी और मोटे होंगे। इसीलिए पृ. 157 पर अल्ताफ हुसैन कहते हैं, "घृणा बदले की भावना और खून-खराबे से इंसान को आजाद करो, ताकि आनेवाली

सदियाँ गुमराह न होने पाएँ।" बदले की भावना के लिए सिर्फ एक कौम ही नहीं दूसरी से लड़ती बल्कि एक कौमवाले दो देश भी आपस में लड़ने लगते हैं। तभी तो सद्दाम हुसैन अपना दुखड़ा रोता है, "शिया ईरान सुन्नी अरबों के खिलाफ एक नई सल्तनत खड़ी करना चाहता है—व हम सुन्नियों को मंजूर नहीं करता। हमारे खून को सऊदी अरबवाले भी मंजूर नहीं करते।" (पृ. 158)

अदीब की अदालत जाति, धर्मों से परे जहाँ कोई गीता और कुरान की झूठी कसमें नहीं खाता वहीं औरंगजेब आकर पूछता है, "क्या अदीब शायर ये लोग तो उसी मीरासी खानदान के लोग होते हैं—वही लोग जिन्हें मैंने अपने दरबार और सल्तनत से खारिज कर दिया था।" (पृ. 159) कई लोग ऐसे हैं जो औरंगजेब के किए को भी धर्मनिरपेक्षता की चादर से ढकते हैं। "औरंगजेब ने जो किया था उसे सरलीकृत करना हिन्दू कट्टरपन्थियों को बढ़ावा देना है। उसे सही परिप्रेक्ष्य में देखा जाना चाहिए।"

उपन्यास की गति इतनी तेज है—अदीब की अदालत में सताए गए और जिनके प्रति भी अन्याय हुआ है, उनका शोरगुल इतना ज्यादा है कि पाठक को पल-भर की फुर्सत नहीं मिलती। आजकल, कल, आज ! भूत, भविष्य, वर्तमान सब गड्डमड्ड ! औरंगजेब, दारा शिकोह, दरबारी इतिहासकार सबके सब अदीब की अदालत में हाजिर हैं। मुजाहिदीनों को युद्ध और हथियारों की तलाश है। विएतनाम के जंगल से निकलकर अमरीकी सैनिक चीखते हैं—युद्ध कहाँ है ? युद्ध कहाँ है ?

रोता हुआ मुजाहिदीन कहता है, "जो युद्ध में शामिल नहीं हो पाएँगे, वे अपने समाज के लिए डकैत और हत्यारे बन जाएँगे। ए अदीबे आलिया, आप हमारी मजबूरी क्यों नहीं समझते ? हम युद्ध लोलुप, रक्त पिपासु नहीं थे। हम भी इंसान की औलाद की तरह मासूम पैदा हुए थे। पर सत्ता और साम्राज्य की स्पर्धा ने हमें अपने हितों के लिए दरिन्दों में बदल दिया।" मुजाहिदीन के आँसुओं में अमरीकी फौजियों के आँसू भी घुल गए। कौन नहीं जानता कि तालिबानों की सरकार जिसने अपने समाज को धर्म के नाम पर सदियों पीछे खदेड़ दिया, वह नशे के व्यापार में किस कदर लिप्त थी। जिन पश्चिमी ताकतों ने तालिबान का भस्मासुर खड़ा किया था, वे ही अब उससे परेशान हैं।

सच बात तो यह है कि जो कुछ हम आज करते हैं या जिन बातों की जवाबदेही हमें आज करनी पड़ती है, उसकी असली गुनहगार हमारी पिछली पीढ़ियाँ होती हैं।

एक नफरत, दूसरी नफरत को जन्म देती है। एक युद्ध में कितने हथियार बिकते हैं, कितने लोग मरते हैं, कितनी नृशंसता वीरता के खाते में डाली जाती है कि दूसरा युद्ध सिर पर मँडराने लगता है। हथियारों की खपत के लिए युद्ध चाहिए। सरकारें बची रहें इसलिए भी युद्ध चाहिए। कारगिल चाहिए, बोस्निया चाहिए, बिन लादेन भी चाहिए। क्योंकि पाकिस्तान से पाकिस्तान पैदा होता है। जब तक धर्म, नस्ल जाति और दुनिया की पहली शक्ति बनने का सपना नहीं टूटता, जब तक सत्ता और वर्चस्व की हवस नहीं टूटती, तब तक इस धरती पर पाकिस्तान बनाए जाने की नृशंस परम्परा जारी रहेगी।

जिस नफरत, घृणा और रक्तपात के सैलाब से हम आज गुजर रहे हैं उसका जवाब पिछली सदियों को देना ही होगा। काश ! कि हम टाइम मशीन की तरह अतीत में लौट सकें। अपनी गलतियों को पहचानकर आज को जीने योग्य बना सकें। एक रचनाकार तो ऐसा कर ही सकता है। तभी शाहजहाँ अदीब से कहता है कि मेरे वक्त में चलो और वक्त पीछे दौड़ने लगता है, "जो अपने दौर के आँसुओं का रंग पहचान लेता है, वही अपने दौर के सही अर्थों को खोज सकता है। ए अदीब, अपने आँसुओं के समन्दर को सँभाल। जिस दौर के आँसू सूख जाते हैं, उस दौर का अदीब मर जाता है—जिन्दगी का तकाजा है तू इस जरूरी सफर पर निकल जा।" (पृ. 91)

और सत्रहवीं सदी सामने आ खड़ी होती है। अदीब कहता है, "खून की स्याही से तलवारों ने जो इतिहास धरती की छाती पर लिखा है, वही निर्णायक इतिहास नहीं है। वह इतिहास है जो पेशेवर इतिहासकार लिख सकते थे। या उनसे लिखवाया गया। इन इतिहासों के अलावा इतिहास को उन्हीं नायकों के मन इरादों, पश्चात्तापों का एक ज्यादा बड़ा इतिहास होता है जो पेशेवर इतिहासकार नहीं लिख सकते...इसीलिए बाबर का बाबरनामा इतिहास की ज्यादा सही और सच्ची पुस्तक है। बाबर ने भारतीय हिन्दू का मनोबल तोड़ने के लिए चाहे जितनी ज्यादतियाँ की हों, लेकिन वह भारत से लौटकर फरगना नहीं जा सका...इसीलिए वह आगरा में दफन हुआ था। यह बात दूसरी है कि बाद में उसे इस्लाम का गाजी होने का दर्जा देकर आगरा की कब्र से उसकी पहचान और दीमक लगी हड्डियों को निकाला गया और काबुल में दफनाया गया...लेकिन काबुल भी उसकी जन्मभूमि या वतन नहीं था।"

मुगलों के जमाने में भाई-भाई के खिलाफ षड्यन्त्र कर रहा था। औरंगजेब भी अपने पिता के नक्शेकदम पर चल रहा था। तभी तो शाहजहाँ कहता है, "मैं ऐसा बदनसीब बाप हूँ जो दारा को अपने को बेटों के खिलाफ फौजी कार्यवाही की सलाह देता हूँ।"

उपन्यास में यह तथ्य बहुत निर्ममता से उभरकर आता है कि उस समय के तमाम हिन्दू राजा इस्लामपरस्त औरंगजेब का साथ दे रहे थे न कि हिन्दू समर्थक दारा शिकोह था। राजा जयसिंह ने तमाम हिन्दू राजाओं को औरंगजेब का समर्थक बना दिया था। हिन्दू समर्थक दारा हार रहा था। इस्लाम समर्थक औरंगजेब जीत रहा था।

अकबर ने इस्लामी साम्राज्य को नहीं, राष्ट्रीय साम्राज्य को जन्म दिया था—और वही दारा जारी रखना चाहता था—दारा धर्म और मन की तौहीद—एकत्व का रास्ता तलाश रहा था। वह शरीअत को इस्लाम के बन्दों तक महदूद नहीं रखना चाहता था। वह शरीअत की अनुकूलता की धारणा को धर्म से ऊपर ले जाकर मनुष्य मात्र के लिए लागू करना चाहता था। वह इस्लाम का फायदा उन्हें भी पहुँचाना चाहता था जो मुसलमान नहीं थे। वह इस्लाम को सिर्फ मुसलमानों के धर्म के रूप में ही नहीं, एक विराट मानव धर्म के रूप में फैलाना चाहता था। (पृ. 213) दारा भागकर लाहौर पहुँचा, कहाँ नहीं गया लेकिन अपनों के ही विश्वासघात से परास्त हुआ और जिस दिन दारा

का कत्ल हुआ उसी दिन हिन्दुतान में पाकिस्तान की नींव रखी गई। मिली-जुली तहजीब पर काले बादल मँडराने लगे।

"तहजीब की बात सुनते ही आसमान में खिड़कियाँ खुलने लगीं। हर खिड़की में एक-एक चेहरा मौजूद था—दुनिया के सारे आला अदीब उन खिड़कियों से झाँक रहे थे।" (पृ. 181)

तहजीब अदीब की अदालत में आकर बोली, "अदीब यह तुम्हारी ही बिरादरी है। जिसने मुझे जिन्दा रखा है—सियासत ने तो मेरे दो टुकड़े कर दिए। लेकिन मैं कोई भूखंड तो नहीं कि कोई मेरे टुकड़े कर सके।"

लेखक बार-बार कहता है कि हिन्दुस्तान कभी हिन्दू राष्ट्र नहीं था। यहाँ धर्म के लिए कभी युद्ध नहीं लड़े गए। सत्ता और सियासत के लिए हमेशा धर्म का इस्तेमाल किया गया। तहजीब ने ही बताया, "हर हिन्दू राजा और महाराजा अपनी लड़की को एक महकते गुलदस्ते की तरह सियासत के बाजार में नीलाम कर रहा था।" (पृ. 231) मलिक जीवन की दारा शिकोह ने जान बचाई थी लेकिन उसने उसे फेरकर औरंगजेब को सौंप दिया और खुद मुसलमान बनकर नाम रखा बख्तियार खाँ। इसी बख्तियार खाँ को दिल्ली में औरंगजेब ने सम्मानित किया था लेकिन दारा शिकोह से विश्वासघात करने के कारण दिल्ली की जनता ने बख्तियार खाँ पर हमला कर दिया। कई सौ अफगान सैनिक मारे गए। जिस दिन दाराशिकोह का सिर कलम हुआ, उसी दिन हिन्दुस्तान की बनती एक सहिष्णु और नई तहजीब का भी सिर कलम हो गया। (पृ. 246)

धर्मों का निजी स्वार्थों के लिए इस्तेमाल करना अभी तक नहीं रुका है। हाल ही के वर्षों में रामजन्म भूमि, बाबरी मस्जिद विवाद को हमने इस रूप में देखा था। उपन्यास में पूरे प्रसंग को बहुत तार्किक और रोचक ढंग से उठाया गया है।

अदीब की अदालत में बाबर ही आकर बताता है कि हिन्दुस्तान उसके लिए हिन्दुओं का नहीं बल्कि सोने का मुल्क था। यही नहीं आगरा के बादशाह इब्राहीम लोदी पर हमला करने के लिए राणा साँगा और लोदी के चाचा ने बाबर को बुलाया था। और राम मन्दिर तोड़ना तो दूर बाबर कभी अयोध्या गया ही नहीं था। पूरा प्रसंग बहुत दिलचस्प और तथ्यों से भरा पड़ा है। हिन्दू कट्टरपन्थियों को चेतावनी के रूप में। जहाँ जो कुछ भी गलत हो रहा है, इंसानियत के विरुद्ध हो रहा है, लेखक की नजर उन पर गई है।

साम्प्रदायिकता चाहे वह अल्पसंख्यकों की हो या बहुसंख्यकों की वह हमेशा गलत होती है। हम एक से लड़ने के लिए दूसरे का पक्ष नहीं ले सकते, न ही उसे सही ठहरा सकते हैं। कमलेश्वर ने इस उपन्यास में किसी को भी बख्शा नहीं है, यह उनकी विराट और धर्मनिरपेक्ष दृष्टि का ही परिणाम है।

जिस तरह कमलेश्वर ने भूमिका में लिखा है कि इसकी फोटोकॉपियाँ बेची जा रही हैं उससे इस बात का भी खंडन होता है कि इन दिनों लोग पढ़ते नहीं हैं। पढ़ते हैं बशर्ते कि पढ़ने लायक कुछ हो। अपनी महानता गाने के टंट-घंट और नकली विलाप को लोग

क्यों पढ़ें ?

"जब हिन्दू-सिख खून के समन्दर पार करते हुए भारत की ओर भाग रहे थे और भारत के मुसलमान पाकिस्तान की ओर, तब एक मुसलमान जोड़ा पाकिस्तान छोड़कर अपनी अगली सदियों की खैरियत के लिए किसी देश की ओर नहीं अपनी मिट्टी की ओर भाग रहा था।" (पृ. 108)

इस दौर का यह एक बेहद महत्त्वपूर्ण उपन्यास है। जो गल्प होते हुए भी इतिहास है, भूगोल है और मनुष्यता की रक्षा के लिए एक अनुपम दस्तावेज है। स्त्री विमर्श के लिए 'कितने पाकिस्तान' जैसे सेकुलर विमर्श पूरक का काम करता है।

महिला आन्दोलन : कल से आज तक की दिशाएँ

"मेरे सीने में नहीं तो तेरे सीने में सही, हो कहीं भी आग लेकिन आग जलनी चाहिए।" दुष्यन्त कुमार की यह नज्म पहले पन्ने पर दी गई है। पुस्तक में भावार्थ यही है कि स्त्रियाँ जहाँ भी हैं, शहर में, गाँव में, देश में, विदेश में कमोबेश उनकी समस्याएँ एक जैसी हैं। अगर अलग भी हैं तो स्त्री होने के कारण उनकी दोयम दर्जे की नागरिकता एक जैसी है। इसीलिए "महिला आन्दोलन के साथ गुँथी हैं हजारों जिन्दगियाँ। लाखों-करोड़ों आशाएँ-अभिलाषाएँ।" कहने की जरूरत नहीं कि 'भारतीय महिला आंदोलन' नामक पुस्तक में दीप्ति प्रिया मल्होत्रा ने स्त्री विमर्श को नया आयाम दिया है।

महिलाएँ अपने लिए कुछ अधिकार भी माँग सकती हैं, वे समवेत स्वर में गा सकती हैं। एक-दूसरे की परेशानियों में हाथ बँटा सकती हैं, इसका बहुत से लोगों को यकीन नहीं आता। महिला आन्दोलन ने बहुत सी चुनौतियाँ झेली हैं; कटाक्षों को सहा है क्योंकि महिला आन्दोलन के बारे में ठीक-ठाक जानकारी ही नहीं है। महिलाओं की अपनी आवाज किसी 'पाताल लोक' से नहीं आती बल्कि उनकी मद्धिम और तेज आवाज आती है असमानता से। समाज के सामाजिक-आर्थिक ताने-बाने से। पूरी दुनिया में बढ़ती असमानताओं से जो आक्रोश जन्मता है स्त्रियों की अभिव्यक्ति, उनकी आवाज उसी का हिस्सा है। लेखिका बताती है कि स्त्रियों की बेहतरी का अर्थ पूरी दुनिया और पूरे समाज की बेहतरी है। "अपनी आजादी के लिए जागरूक महिलाएँ बच्चों, परिवारों और समुदायों की आजादी के लिए भी अपनी आवाज उठा रही हैं।" इसलिए "महिला आन्दोलन सिर्फ महिलाओं के लिए नहीं है। भारतीय महिला आन्दोलन ने तो दुनिया-भर में अपनी खास पहचान बनाई है।" दलित, श्रमिक, किसान, शहरी, ग्रामीण मध्यवर्गीय सभी तबकों की महिलाएँ इसमें शामिल हैं। हर वर्ग की स्त्री अपने अनुभव साथ लाती है। यदि एक स्त्री अपने प्रयत्नों से अपने ऊपर होनेवाली हिंसा को कम कर पाती है तो भी लाखों घरों में हिंसा की ज्वाला धधकती रहती है। यदि कुछ महिलाएँ बचत योजनाओं का लाभ उठाकर अपनी आर्थिक स्थिति मजबूत कर पाती हैं तो भी दुनिया में गरीबी का अन्त नहीं हो जाता। इसीलिए स्त्रियों के आन्दोलन को 'बहुआयामी' होना चाहिए। एक की समस्या दूसरे की समस्या से अलग हो सकती है, लेकिन बहुत दूर तक देखें तो स्त्रियों की समस्याओं में उनके 'स्त्री' होने का बहुत बड़ा है।

विचारधारा कोई भी हो, वामपन्थ या गाँधीवाद कोई भी सकारात्मक पहल या बदलाव तब तक नहीं हो सकता जब तक कि आन्दोलन 'आम' स्त्री से न जुड़ा हो। और दरअसल महिला आन्दोलन की नींव रखनेवाली इस देश की लाखों-करोड़ों आम स्त्रियाँ ही हैं। लेखिका का यह विचार सही है कि जब से पितृसत्ता ने सामाजिक व्यवस्था को जकड़ लिया है, तभी से महिलाओं ने अपनी-अपनी तरह से विरोध व्यक्त किया है। हालाँकि इतिहास के पन्नों में यह विरोध कहीं दर्ज नज़र नहीं आता। यद्यपि महिलाएँ आपसी रिश्तों और परस्पर सहयोग का प्रदर्शन हर रोज करती हैं। चाहे वे जंगल में लकड़ी काटने जाएँ या कुएँ से पानी भरने या खेत में रोपाई करने अथवा बच्चे के जन्म में सहायता—रोजमर्रा की जिन्दगी में महिलाएँ एक-दूसरे का साथ देती हैं। नानी-दादी की मिली विरासत को बेटियाँ मायके से ससुराल तक ले जाती हैं। यह भी एक प्रकार का सहयोग ही है। इसीलिए 'संस्कृति गढ़ने में महिलाओं की विशेष भूमिका रही है।—पुरुष प्रधान समाज में आपसी फर्क और विविधताओं के बावजूद महिलाओं ने ही संस्कृति व पारम्परिक कलाओं को सँभाला और सँजोया है।

महिलाओं की स्थिति को सुधारने के लिए शिक्षा आवश्यक है, यह माँग तो उन्नीसवीं सदी में ही उठने लगी थी। उन्नीसवीं सदी में महिला समस्याओं के रूप में जहाँ बाल विवाह, सती और विधवा विवाह के मुद्दे प्रमुखता से उठे थे वहीं बीसवीं सदी में महिला शिक्षा, उनके कानूनी हक तक आजादी के संघर्ष में उनकी भागीदारी आदि मुद्दे प्रमुख थे। उन्नीसवीं सदी के अन्त में पंडिता रमाबाई ने महिला हकों के लिए काफी काम किया था। आज प्रमुख मुद्दे महिलाओं की बेहतरी के लिए है, वे हैं—हिंसा को रोकना, निजी कानूनों में संशोधन, महिला स्वास्थ्य आर्थिक दशा में सुधार आदि।

लेखिका इस आरोप को व्यर्थ सिद्ध करती है कि महिला आन्दोलन अनिवार्य रूप से पुरुषों का विरोधी है। उनका मानना है कि महिला आन्दोलन समाज की बुनियाद हिलाना जरूरी चाहता है, परन्तु अपने स्वार्थ या अनुचित सत्ता हथियाने के लिए नहीं बल्कि इस मकसद से कि समाज की जड़ों से लिंग भेद का कीड़ा निकाल दिया जाए। जिससे न्याय और समता की लहरें फैलें, सबको अपने मौलिक अधिकार प्राप्त हों। इसलिए महिला आन्दोलन हर उस व्यक्ति का हिमायती है जो दबा, कुचला और पीड़ित है।

'प्राचीन काल से उन्नीसवीं सदी तक' नामक दूसरे अध्याय में लेखिका बताती हैं कि इतिहासकारों ने महिलाओं के विरोध या उनकी वाणी को कहीं दर्ज ही नहीं किया है। लेकिन कहीं-कहीं इस आवाज को हम सुन सकते हैं। ढाई हजार साल पहले बौद्ध भिक्षुणी ने लिखा :

कितनी आजाद हूँ मैं
कितनी अनोखी है आजादी
तीन तुच्छ वस्तुओं से मुक्त
मुक्त ओखली, मूसल और अपने टेढ़े मालिक से

पुनर्जन्म और मृत्यु से मुक्त हूँ मैं
जिस तमाम ने दबाए रखा था मुझे
वो सब अब दूर फिंक चुका है।

महाभारत में भी कुन्ती, गान्धारी और द्रोपदी जैसी महिलाएँ हैं जिन्होंने समाज की बनी-बनाई लीक पर चलने से इनकार किया है। वाल्मीकि की सृजित सीता भी चुपचाप दुःख झेलती हुई नहीं, बल्कि अपनी अधिकारों के लिए जागरूक महिला के रूप में हमारे सामने आती हैं।

शोधकर्ता मानते हैं कि सम्पूर्ण मानव जाति के कुछ महत्त्वपूर्ण पड़ाव महिलाओं ने ही तय किए थे। खाना पकाना, घर बनाना, टोकरियाँ बुनना, मिट्टी के बर्तन बनाना या पशु पालन सब महिलाओं की ही देन हैं। लेकिन जैसे-जैसे पुरुषों का जमीन पर आधिपत्य हुआ, उनमें मालिक बनने की भावना जागी वे महिलाओं और बच्चों के भी मालिक बन बैठे। आदिकाल में महिलाओं को पूजा जाता था। मातृशक्ति के रूप में पूरी दुनिया में देवियों की पूजा होती थी लेकिन धीरे-धीरे पितृसत्ता ने पूरी दुनिया से मातृसत्ता को बेदखल कर दिया।

मध्यकाल में मीराबाई, सहजोबाई, जनबाई, रामी, महादेवी अक्का, सुलेसनकवा, गंगासती, रतनबाई, आतुकरी मौल्ला, बहिनाबाई आदि भगत-भर की वे स्त्रियाँ हैं जिन्होंने स्त्रियों के प्रति समाज की अवधारणाओं का विरोध किया। भक्तिकाल में शायद परिवार के अत्याचारों से तंग आकर वे ईश्वर की शरण में चली गई जो अमूर्त था और उन पर किसी तरह का अत्याचार नहीं कर सकता था। चौंद्र बौती नामक महिला ने बाँग्ला भाषा में एक रामायण की रचना की थी जिससे सीता को बहुत स्वाभिमानी और राम को 'कमजोर पति' तथा 'डरपोक बेटा' कहा गया। चौंद्र बौती ने न केवल पीड़ित जनता का समर्थन किया बल्कि अलाउद्दीन खिलजी के शासन काल में लगाए गए नाजायज करों का भी विरोध किया। अठारहवीं-उन्नीसवीं सदी में दुर्गावती, चाँदबीवी, रानी चेपम्मा लक्ष्मीबाई, जीनत महल, अवंतिकाबाई लोधी, ईश्वरी कुमारी, तेजबाई आदि ऐसी महिलाएँ हैं जो रानियाँ थीं लेकिन आत्मसम्मान के लिए संघर्ष में कूद पड़ीं। लेकिन इनके साथ हजारों-लाखों महिलाएँ वे हैं जिनके नाम इतिहास के पन्नों में तो दर्ज हैं, मगर जिन्हें हम कम जानते हैं। इन स्त्रियों की भागीदारी के बिना कोई भी संघर्ष सम्भव न था।

नवजागरण काल की सुधारवादी लहर में बहुत सी स्त्रियाँ शामिल थीं। सावित्रीबाई, फुले, पंडिता रमाबाई, फ्रांसिना सोराबजी, सवर्णकुमारी देवी, रमाबाई राना डे आदि। सन् 1848 में फुले दम्पति ने लड़कियों के लिए पहला स्कूल खोला था। पंडिता रमाबाई ने सन् 1880 में एक दलित से विवाह किया। उन्होंने विधवाओं के लिए एक आश्रम भी खोला। रमाबाई ने हिन्दू धर्म की रूढ़ियों का कड़ा विरोध किया।

उन दिनों यूरोप में भी महिलाओं की स्थिति खास अच्छी नहीं थी। हजारों महिलाओं को चुड़ैल या डायन घोषित करके जान से मार दिया जाता था।

पुस्तक में लेखिका ने स्पष्टतौर पर बताया है कि नवजागरण काल में पुरुष स्त्री के अधिकारों और स्वतन्त्रता की बात तो करते थे लेकिन वे उन्हें सीमित स्वतन्त्रता देना चाहते थे। उनके अपने अन्तर्विरोध भी थे। जैसे कि दयानन्द सरस्वती ने उन विधवाओं के विवाह का विरोध किया था जो पति के साथ सहवास कर चुकी हों। उन्होंने बालिका शिक्षा की वकालत भी सिर्फ प्राथमिक स्तर तक ही की। बाल गंगाधर तिलक ने कहा कि बालिका के विवाह की उम्र बारह वर्ष से कम होनी चाहिए। दूसरी ओर रवीन्द्रनाथ ठाकुर जैसे महान साहित्यकार ने बाल विवाह का समर्थन किया।

आजादी के संघर्ष में महिलाओं ने बढ़-चढ़कर हिस्सा लिया। गाँधीजी समाज में महिलाओं के उच्च स्थान के पक्षधर थे। आजादी की लड़ाई में भारत-भर की महिलाओं ने चन्दा इकट्ठा किया, भाषण दिए, लोगों को संगठित किया। भूमिगत कार्यवाहियों में सक्रिय रहीं और आत्मबलिदान किया। मैडम भीकाजीकामा ने सन् 1907 में जर्मनी में हुए अन्तर्राष्ट्रीय समाजवादी सम्मेलन में भारत का प्रथम राष्ट्रध्वज फहराया। नीन बाला, सरलादेवी चौधरी, प्रीतिलता, कल्पना दत्त, उज्ज्वला मजूमदार, दुर्गा भाभी, सुशीला देवी आदि न जाने कितनी महिलाएँ थीं जिन्होंने अंग्रेजों के विरुद्ध खुलकर संघर्ष किया। यही नहीं भारत-भर की महिलाओं के लिए एक संगठन बनाने की पहल 1910-20 में ही होने लगी। सन् 1926 में अखिल भारतीय महिला सम्मेलन बना। सरोजिनी नायडू स्त्री अधिकारों की प्रबल पक्षधर थीं। कस्तूरबा गाँधी, राजकुमारी अमृत कौर, कमला देवी चट्टोपाध्याय, अनूसर्या साराभाई आदि भी महिलाओं के उत्थान के लिए कार्य करती रहीं। अम्मनबाई ने हिन्दी-मुस्लिम एकता की बात जोर-शोर से कही। उनका कहना था कि हिन्दू-मुसलमानों के आपस में विवाह होने चाहिए तभी साम्प्रदायिकता की समस्या सुलझ सकती है। सन् 1942 के भारत छोड़ो आन्दोलन में मातंगिनी हाजरा को अंग्रेजों ने गोली से उड़ा दिया। सन् 1928-29 में शारदा बिल के समर्थन में बहुत सी महिलाएँ थीं। कमलादेवी चट्टोपाध्याय का मानना था कि महिला सम्बन्धी मुद्दों को निडरता से उठाया जाना चाहिए। आजादी के बाद हिन्दू कोड बिल पारित होने पर हिन्दू समाज में बहुपत्नी प्रथा पर प्रतिबन्ध लगा दिया गया। बाल विवाह पर रोक लगा दी गई। विवाह की न्यूनतम उम्र बढ़ा दी गई। सन् 1961 में दहेज का लेना और देना रोक दिया गया।

लेकिन यह भी सर्वविदित है कि आजादी के बाद महिलाओं की स्थिति काफी बिगड़ी। उनके लिए काम करनेवाली संस्थाओं में एक ठहराव सा आ गया। लेकिन सत्तर के दशक में महिला मुद्दे फिर जोर मारने लगे। सामाजिक मुद्दों से महिलाएँ फिर से खुद को जोड़ने लगीं। उत्तर प्रदेश का 'चिपको आन्दोलन' या कर्नाटक के 'अपिक्को आन्दोलन' में महिलाओं ने बढ़-चढ़कर हिस्सेदारी की। नर्मदा बचाओ या शराबबन्दी आन्दोलन भी महिलाओं की अगुआई में शुरू हुए। बिहार के बोधगया में जमीन का बँटवारा किसानों के हित में हुआ। वहाँ महिलाओं के जमीन केवल पुरुषों के नाम लिखी जाए, इससे घरेलू हिंसा बढ़ने का खतरा था। बाद में यह जमीन महिलाओं और पुरुषों

दोनों के नाम लिखी गई।

सन् 1975 में अन्तर्राष्ट्रीय महिला वर्ष बन गया। उससे पहले स्टेटस ऑफ वुमैन इन इंडिया नामक रिपोर्ट भी आ चुकी थी। बहुत से नारीवादी संगठन भी बने। इनमें कई अपने-अपने दलों के लिए कार्य करते थे। यही इनकी सीमा भी थी। वे अपने दलगत हितों को भुला नहीं पाते थे। 'वर्ग' और 'लिंग' में कौन सा मुद्‌दा प्रमुख है, इस पर काफी चर्चा रही। लिंगभेद या जेंडर वाय संसद तक में कितना प्रमुख है यह हमने तैंतीस प्रतिशत आरक्षण के मुद्‌दे पर देखा।

पुस्तक में ऐसे उद्धरणों की कमी नहीं है जहाँ महिलाओं ने छोटी लड़ाइयाँ शुरू कीं। वे बड़ी बनीं और जीती गईं। 'सेवा' द्वारा चलाए गए विभिन्न कार्यक्रम या भँवरीबाई की लड़ाई एक उदाहरण है। लेखिका का निष्कर्ष है, ''आज भारतीय महिला आन्दोलन के सामने तमाम चुनौतियाँ हैं।'' गहराई, चौड़ाई, ऊँचाई तक पहुँचने की चुनौतियाँ। अपने लिए देश, दुनिया व सम्पूर्ण सृष्टि के लिए।

पुस्तक आदिकाल से लेकर आज तक की महिलाओं की स्थिति की बात करती है। उन महिलाओं पर ध्यान केन्द्रित कराती है जिनकी स्मृतियाँ भी हमें नहीं हैं। सरल भाषा में लिखी गई यह एक बेहद महत्त्वपूर्ण पुस्तक है।

(योजना, 2001)

पूरी दुनिया की स्त्रियों के सवाल

पितृसत्तात्मक व्यवस्था ने धर्म रचे हैं, इतिहास लिखा है कि और जानबूझकर औरतों को अपदस्थ किया है। जान स्टुअर्ट मिल ने स्त्रियों के मताधिकार, शिक्षा और रोजगार के प्रश्नों पर उन्हें बराबरी का अधिकार दिलाने की बात की। हमारे यहाँ समाज सुधारकों ने भी यही किया। लेकिन आज भी सत्रह स्त्रियाँ दहेज के लिए हर रोज जला दी जाती हैं।

अनामिका की पुस्तक 'स्त्रीत्व का मानचित्र' स्त्री सम्बन्धी प्रश्नों से अच्छी तरह दो-चार होती है। और किसी को भी बख्शती नहीं है। पंकज बिष्ट ने लिखा है, "ऐसे समाजों में जो अभी अपने सामन्ती दौर से पूरी तरह उबरे न हों, नारी स्वातन्त्र्य की अवधारणा चौंकानेवाला न हो तो भी परेशान करनेवाला विषय तो है ही। सही है कि नारीवादी चिन्तन मूलतः पश्चिम की देन है पर पश्चिम से आने मात्र से किसी भी चीज को खारिज नहीं किया जा सकता।" अनामिका ने पुस्तक में कहा भी है, "स्त्रीत्ववादी आन्दोलन धनी महिलाओं का वाग्विलास भर नहीं है। स्त्रीत्ववाद को उछल-कूद के निरे प्रतिक्रियावाद से जोड़कर देखना भी एक गहन राजनीतिक षड्यन्त्र है जिससे हम आज तक नहीं उबर पाए।"

पुस्तक के तेरह अध्याय हैं—स्त्री आन्दोलन—अहं से वयं की राजनीति यात्राएँ, पश्चिमी दार्शनिक निकाय : चुप्पियाँ और दरारें, भारतीय आर्ष-ग्रन्थ और 'स्त्री', लोक-साहित्य का वातायन और स्त्री का मन, स्त्रीवादी चिन्तन की मुख्यधाराएँ, स्त्रीवादी आलोचना : मुख्य अवधारणाएँ और मानक ग्रन्थ, भारत के स्त्री केन्द्रित आन्दोलन, उपलब्धियाँ और सीमाएँ, भारतीय साहित्य, अन्तःसलिला का महोच्चार, समन्वित नारीवाद और भारतीय देवियाँ-स्त्रीत्व और भाषा, स्त्री कथाकारों की स्त्रियाँ, तीसरी दुनिया : एक स्त्री का अन्तर्जाल बनाम बहिर्जगत, मुक्त करती हूँ तुम्हें मेरे भीषण भय, कुछ सामयिक प्रकाशन : स्त्री सापेक्ष छिटपुट टिप्पणियाँ, संक्रमणशील भारतीय समाज और स्त्री आदि। इन अध्यायों को पढ़कर ही समझा जा सकता है कि लेखिका ने स्त्री सम्बन्धी सवालों को उनके सम्पूर्ण परिप्रेक्ष्य और पूरी छटपटाहट से पकड़ा है। प्रस्तावना में वह लिखती है, "स्त्री समाज एक ऐसा समाज है जो वर्ग, नस्ल, राष्ट्र आदि संकुचित सीमाओं को पार कर जाता है और जहाँ कहीं दमन है—चाहे जिस वर्ग, जिस नस्ल की स्त्री त्रस्त है—वह उसे अपने परचम के नीचे लेता है।"

हालाँकि लेखिका यह भी मानती है कि स्त्री की कोई नस्ल नहीं होती है। जिस सामन्ती समाज का जिक्र पंकज बिष्ट करते हैं या जिसमें हम रहते हैं उसके बारे में लेखिका आकलन करती है, ''कम-से-कम तीसरी दुनिया के देशों में मुख्य टार्गेट ग्रुप ये निम्नवर्गीय, निम्नमध्वर्गीय स्त्रियाँ हैं जिनकी वोट आदि के सन्दर्भ में भी अपनी निजी राय नहीं होती और पति के निर्देशों के अनुसार ही डालती हैं।''

जिस तरह, भारतीय मनीषा में बुद्धिमती स्त्री की कोई खास जगह नहीं है, पश्चिमी दर्शन भी उससे अलग नहीं है। 'पश्चिमी दार्शनिक निकाय : चुप्पियाँ और दरारें' में प्लेटो का हवाला है, ''दार्शनिक विमर्श और बौद्धिक चिन्तन मानव सुलभ कार्यों में सर्वोत्तम है, किन्तु गुलामों, वहशियों और स्त्रियों को इनसे दूर ही रखा जाना चाहिए। यहाँ हम ढोल, गँवार, शूद्र, पशु, नारी को याद कर सकते हैं। हमारे यहाँ के आज तक रूढ़िवादी कहते हैं कि स्त्रियाँ वेद नहीं पढ़ सकतीं। अरस्तू, डेकार्त, कांट यहाँ तक कि मार्क्स भी ''पितृ सत्तात्मकता के प्रश्न पर अलग से नहीं सोच पाते।'' जान स्टुअर्ट मिल पहले दार्शनिक हैं जिन्होंने मताधिकार, शिक्षा और रोजगार के प्रश्न पर स्त्रियों को पुरुष के बराबर के अधिकार दिलाने की बात की।

भारतीय ग्रन्थों के हवाले से लेखिका ने यह भी बताने की कोशिश की है कि बहुत से ग्रन्थों में स्त्रियों के दूसरे विवाह की बात है। उनके कुछ अधिकार भी हैं। लेकिन क्रमशः स्त्री के लाभ की बातों को भुला दिया गया। या बाद में ऐसी व्यवस्थाएँ की गईं जो स्त्री को धर्मभीरु, कायर और दब्बू बनाती थीं। लड़की के जन्म के बारे में अथर्वसंहिता में कहा गया है कि ''हमारे यहाँ पुत्र का जन्म और कन्या का जन्म किसी और के घर हो।''—हमारे यहाँ पुत्र के बाद पुत्र का ही जन्म हो न कि कन्या का। ऐतरेय ब्राह्मण में तो कन्या का जन्म लेना शोक का कारण माना गया है।

'लोक साहित्य का वातायन और स्त्री का मन' अध्याय बहुत दिलचस्प है। कैसे समाज, साहित्य, सम्पत्ति से दूर धकेल दी गई स्त्रियाँ अपने लिए कुछ रचती हैं। लोक साहित्य में उनके मन की व्यथा, उनके जीवन के सुख-दुःख, उनके डर बहुत अच्छी तरह से अभिव्यक्त होते हैं। श्री रामनरेश त्रिपाठी ने लोकगीतों का गहरा अध्ययन करके निष्कर्ष निकाला था, ''स्त्रियों के गीतों में पुरुषों का मिलाया हुआ एक शब्द भी नहीं है। स्त्री गीतों की सारी कीर्ति स्त्रियों के ही हिस्से की है।''

पुस्तक में रेडिकल फैमिनिज्म से लेकर मार्क्सवादी समाजवादी स्त्रीवाद और पोस्ट मॉर्डन फेमिनिज्म पर चर्चा की गई है। मजेदार बात यह है कि अमरीका में सन् 1961 में जान एफ कनैडी स्टेटस ऑफ वुमैन कमीशन का गठन कराते हैं। हमारे यहाँ सन् 1971 में यह काम होता है। मगर दो देशों की स्त्रियों के अधिकारों में जमीन आसमान का अन्तर है। अमरीका में बीसवीं सदी के आखिरी दौर में कोई रूपकँवर नहीं होती।

अनामिका इस आरोप का सही उत्तर देती है कि स्त्रीत्ववादी आलोचना के औजार तो अपने हैं ही नहीं। यह तो कहीं की ईंट, कहीं का रोड़ा, भानुमती ने कुनबा जोड़ा है। कुछ औजार मिथकीय, आलोचना से, कुछ मार्क्सवादी समाजवादी आलोचना से, कुछ

मनोविश्लेषण से, कुछ उत्तर आधुनिकता से, कुछ विसंरचनात्मकता से कुछ उत्तर संरचनात्मक। वह ठीक पकड़ती हैं कि स्त्रीवादी आलोचना अपनी मुख्य लड़ाई भाषाई औजारों से लड़ती हैं। वैसे भी आज तक जिन ग्रन्थों को महान बताया गया है (लेखकों के) उनमें स्त्रियों की एक खास किस्म की परम्परागत छवि पेश की जाती है। जैसी स्त्रियाँ पुरुषों को पसन्द हैं, अपनी रचनाओं में वे उनकी वैसी ही छवि गढ़ते हैं। आमतौर पर मिथकों में जैसी स्त्रियाँ सृजित की गई हैं वे पितृसत्तात्मक व्यवस्था को बनाए रखने का औजार-भर है। त्यागमयी, पतिव्रता, सती स्त्री की यह छवि मर्दवादी विमर्श ने बनाई है और यह दुनिया के हर मिथक में मौजूद है। आज भी 'हिज स्टोरी' को 'हर स्टोरी' आसानी से नहीं बनने दिया जाता। दरअसल भाषा पितृसत्तात्मक दंडविधान का 'प्रतीक' है। पिता की बनाई हुई इस दुनिया में पिता के बनाए कानून की कारगर दीखते हैं। आन्द्रे लॉर्ड का यह कहना बिल्कुल ठीक लगता है कि 'अलग-अलग' संस्कृति के बावजूद विश्व-भर की स्त्रियाँ बहने हैं। क्योंकि उसकी तात्विक समस्याएँ एक हैं। इसीलिए आरक्षण के सवाल पर स्त्रियों को बाँटने की कोशिश उनके व्यापक हितों के नुकसान पहुँचाने की कोशिश ही कही जाएगी।

भारत के आन्दोलन की पड़ताल करते हुए सन् 1947 में पेशावर में वोट के अधिकार के लिए बड़ी संख्या में मुसलमान स्त्रियाँ जमा हो गई थीं। लेखिका के अनुसार इन्हीं स्त्रियों ने संविधान में स्त्रियों को पुरुषों के बराबर अधिकार दिलवा दिए। महाराष्ट्र का मूल्यविरोधी आन्दोलन, गुजरात का सेवा तथा नवनिर्माण आन्दोलन और साठ के दशक के अन्तिम दिनों में शुरू हुआ शाहदा मील आन्दोलन। इसमें स्त्रियाँ ऐसे लोकगीत रचती थीं कि बाढ़ और सूखी पीड़ित भूमिहीन भील उठ खड़े होते थे। इन सभी आन्दोलनों में स्त्रियाँ अग्रिम पंक्ति में खड़ी थीं, इसीलिए इन्हें बहुत जल्दी भुला भी दिया गया।

स्त्री आन्दोलन को अधिक बल तब मिला जब स्त्री आन्दोलन और दलित आन्दोलन एक छतरी के नीचे आ गए।

पुस्तक में अनामिका ने थेर गाथाओं से लेकर कृष्णा सोबती और मैत्रेयी पुष्पा, मृदुला गर्ग तक समकालीन महिला हिन्दी लेखन को भी परखने की कोशिश की है। कुछ कवियों पर भी चर्चा की गई है।

पुस्तक में दी गई विष्णु खरे की एक कविता में अंश यों हैं—वह औरत एक राष्ट्रीय सफलता चाहती थी और जानती थी कि वह उसमें निर्णायक मदद कर सकता था। अनामिका सही लिखती हैं कि स्त्रियाँ यदि सफल होना चाहती हैं तो इसमें बुरा क्या है ? सफलता सिर्फ पुरुषों की क्रीतदासी क्यों बनी रहे ?

(हिन्दुस्तान, 2001)

कला, क्रान्ति और रेप

उदयप्रकाश मेरे प्रिय लेखकों में से एक हैं। उनकी सारिका में छपी 'मौसा जी' कहानी अभी तक जेहन में है। उसके बाद उदयप्रकाश ने बहुत चीजें लिखी हैं। नाम कमाया है।

उनकी 'पीली छतरीवाली लड़की'—जिसके कारण नायक राहुल अच्छा-भला एन्थ्रोपोलाजी विभाग छोड़कर हिन्दी विभाग में आ गया है। राहुल में क्रान्तिकारी होने के सारे लक्षण मौजूद हैं। वह गरीब है, कैसे, इसे स्पष्ट रूप में नहीं बताया गया। वह सवर्ण नहीं है और ऐसे हिन्दी विभाग में पढ़ रहा है जिस पर शुक्ला, त्रिपाठी, पांडे, पन्त आदि का कब्जा है। 'सिंह' वहाँ कोई है ही नहीं। दूसरी तरफ इन्हीं द्वारा सताए गए दलित और ओ.बी. सीज हैं। एक तरफ गुंडे, लुच्चे लफंगे जो हिन्दी विभाग को घेरकर बैठे हैं। दूसरी तरफ राहुल जिसे मजबूरी में हिन्दी विभाग में आना पड़ा है क्योंकि उसे अंजलि जोशी से प्रेम करना है। अंजलि जोशी जो मिनिस्टर की बेटी है, जो अक्सर पीली छतरी के लिए स्वयं एक तितली बन जाती है। तितली-तितली जो राहुल के दिलो-दिमाग से लेकर उसके अंग-प्रत्यंग में सनसनी मचाती है। दोनों ने हथेलियों में छिपी प्रेम की भाषा और उसके इलेक्ट्रोमैगनेटिक करेंट को पहली बार जाना है। बिल्कुल ही धीरोदात्त नायक। हे श्रीराम देखिए आप सतयुग में पैदा हुए थे, इस घोर कलयुग में भी एक मर्यादा पुरुषोत्तम पैदा हो सकता है जिसका नाम राहुल है। जिसने प्रेम के लिए अपना कैरियर चौपट कर लिया है। जिसे अंजली जोशी के साथ ओ.पी. के कमरे में हमबिस्तर होने के लिए उस 'पैकेट' को कैमिस्ट से खरीदने में शर्म आती है। और ओ.पी. ही उसे इस मुसीबत से मुक्ति दिलाता है।

दूसरी ओर खलनायक भी लुच्चा, लफंगा बाजार का मालिक, तिकड़मी, मल्टीनेशनल्स का रहनुमा विश्वसुन्दरी के स्तनों को दबाता, अपनी मसाज करवाता। जॉर्ज आरवैल का 'बिग ब्रदर' जैसा। दाऊद इब्राहीम की शैलीवाला 'भाई।'

काश, सुष्मिता सेन, ऐश्वर्यराय, डायना हैडेन, लारा दत्ता, युक्ता मुखी, दिया मिर्जा और प्रियंका चोपड़ा इस बात को जान सकतीं कि सवर्णों की भाषा 'हिन्दी' के एक लेखक को यह सच पता चल चुका है कि वे किन रास्तों से ब्यूटी पेजेंट्स में गई थीं और अब उनकी खैर नहीं। ये जो टी.वी., फिल्में हर रोज नंगी टाँगें दिखाती फिरती हैं, उन्हें सावधान हो जाना चाहिए। हिन्दी के लेखक इन बिगड़ी हुई औरतों को ठीक

करके रहेंगे। और राणा साँगा की तरह तालिबान को निमन्त्रण भेजेंगे कि आओ और हमें इस देश में अश्लीलता फैलाती औरतों से बचाओ। इन हरामजादियों को वैसे ही ठीक करो जैसे तुमने अपने देश में किया है। जय तालिबान !

इतनी सारी शिकायतें और उनके बीच में थेगली की तरह आती क्रान्तिकारी लफ्फाजी। लड़कियाँ स्कर्ट पहनती हैं, थू-थू, हाँ माधुरी दीक्षित की नंगी पीठ यदि राहुल को कुछ सुख देती है, उसके 'आरगाज्म' की राह बनाती है, तो कुछ देर तक ठीक, बाद में तो उस पर भी गुलेल पड़ती है—'सटाक।' वेश्या बाजार में जाने से पहले लड़की को राहुल जैसे 'पवित्र' और वर्जिन नायकों की गर्लफ्रेंड बनना चाहिए। जैसा कि भारत के बहुत से स्थानों पर होता आया है कि दलित पुरुष की नवविवाहिता दुल्हन को पहली रात जमींदार के साथ बितानी होती थी।

लेकिन नहीं, मैं कुछ गलत कह रही हूँ। राहुल तो सिर्फ अंजली जोशी को चाहता है, जो मिनिस्टर की बेटी है। इस इक्कीसवीं सदी में यशपाल मार्का कहानियाँ जन्म ले रही हैं तो क्या बुरा ? प्रेम जो न करवाए सो थोड़ा है—प्रेम के कारण, अंजलि जोशी के शरीर की उमगती खुशबू के कारण राहुल को सड़ियल हिन्दी पढ़नी पड़ रही है जो इतनी अशुद्ध हो चुकी है कि हिंग्रेजी बन गई है। कमाल का कनफ्यूजन, हिन्दी शुद्ध रहे, संस्कृत की बेटी बनी रहे और सवर्णों के चंगुल से भी निकल आए। वैसे दलित अगर चाहें तो इस पुस्तक को पढ़कर सवर्णों द्वारा दी गई सदियों की गुलामी से मुक्त होने के ऐसे नुस्खे प्राप्त कर सकते हैं जिन पर किसी समाजशास्त्री या सोशल जस्टिसवालों की नजर न पड़ी होगी।

सापाम जिसने आत्महत्या कर ली, जिसकी चप्पल अब भी विश्वविद्यालय के कुएँ में तैर रही है जो नार्थ ईस्ट का था जो कहता था कि यह देश टुकड़ों में बँटकर रहे। बाजार ने देशों को टुकड़े-टुकड़े कर डाला है—टुकड़ों से डरते राहुल को सापाम की यह बात ठीक लगती है कि नार्थ ईस्ट अलग हो जाएगा। लेकिन क्योंकर आतंकवाद जन्म लेता है ? क्रान्तिकारी राहुल, माधुरी दीक्षित और अंजलि जोशी को एकमएक करता यह क्यों नहीं जान पाता कि जो कटोरा हम वर्ल्ड बैंक के सामने फैलाते हैं, उसे विकास के कार्यों पर खर्च न करके अपनी तिजोरियों में भरते हैं। 'तहलका' तो उसका एक 'वायरस' जैसा उदाहरण होता है जो नंगी आँखों से प्रायः नहीं दिखता इसीलिए आक्रोश जन्मता है, आतंकवाद अपने पाँव पसारता है। आतंकवाद लोगों के न बोलने और सहते जाने का परिणाम होता है। इसमें निहित स्वार्थ उसे किसी धर्म से भी जोड़ देते हैं। गरीबी और अन्याय तोड़ता है देशों को। यह अन्याय किसी प्रगतिशील मुखौटे में भी हो सकता है, अन्यथा सोवियत संघ क्योंकि टूटता ?

लेकिन राहुल, वह तो प्रेम कर रहा है। वह भी मिनिस्टर की बेटी अंजलि जोशी से जो तितली की तरह आती है। लड़की के लिए तितली का इस्तेमाल इतनी बार है कि अफसोस होता है बेचारे राहुल के अज्ञान पर। वह नहीं जानता कि स्त्रियों की दुनिया में 'तितली' एक अपमानजनक शब्द है। यदि कुछ गलत लिखा हो तो माफ कीजिएगा

इस मूढ़ अज्ञानी लेखिका को। यह तो यह भी नहीं जानती कि 'एम्पावर्ड वुमैन' किसे कहते हैं और वुमैन एम्पावरमेंट की बातें पुरुषों की दुनिया को किस कदर बेचैन किए है, यह इस पुस्तक को पढ़कर ही जाना।

'गर्ल्स होस्टल की बीस लड़कियाँ आशियाना और शहर में अभी-अभी बने थ्री स्टार होटल नवरंग में जाती थीं। कालगर्ल्स की तरह। उनके चेहरे हर कोई जानता था। लेकिन चुप रहता था। उनके सम्पर्क बहुत ऊँचे थे। ये एम्पावर्ड औरतें थीं—स्त्री बाजार में बेचे तो विरोध नहीं। निजी सम्बन्ध का निर्माण करना चाहे तो वर्जित है।—बिल्कुल ठीक है। जिन देशों में पर्यटन को बढ़ावा दिया जाता है, वहाँ वेश्यावृत्ति अनिवार्य शर्त की तरह उगती है। लेकिन स्त्रियों को कालगर्ल या वेश्या बनाता कौन है ? यही आदमियों का समाज जो एक बार औरत को अपने चंगुल में फँसा उसे कभी बाहर निकलने नहीं देता। परम्परा, शुचिता, श्लील, अश्लील के कोड़े किनके हाथों में हैं ? क्यों जिस पवित्रता की उम्मीद स्त्रियों को की जाती है, उस बारे में एक भी सवाल आदमियों से नहीं पूछा जाता। 'मेलशवनिज्म' किसे कहते हैं, नहीं जानते चलिए ? लेनिन के अवतार श्री राहुल की शरण में। लेकिन वह भी नहीं जानता, इसीलिए तो सिर्फ औरतों को शाप देता है।'

राहुल हर नई चीज से परेशान है। छोटी सी उम्र में आखिर किसी खूसट की तरह वह हर नई चीज से परेशान क्यों है ? उसका दोस्त हेमन्त बरुआ भी अमरीका की शरण लेता है। मेरे लिए अमरीका, तेरे लिए वर्जित। तभी तो मैं तेरे सामने अमरीका जैसे 'स्वर्ग' के गुण गाऊँगा और तू चकित होगा। इस आश्चर्य में 'मेरे' श्रेष्ठ होने की कितनी खुशी छिपी होगी ?

हमें इस समाज को बदलना है। बदलने के लिए ऐसी आर्थिक नीतियों की जरूरत नहीं है कि कोई गरीब न रहे। बदलने के लिए वह फॉर्मूला लागू किया गया है जिसे अब तक सवर्ण दलितों के साथ लागू करते आए हैं। उनकी स्त्रियों के साथ बलात्कार करके। हिस्ट्री रिपीट्स। आक्रान्ता आते थे। लूटपाट करके पुरुषों, बच्चों और गर्भवती स्त्रियों को मार डालते थे जिससे पूरी कौम खत्म हो जाए। और लड़कियों के साथ बलात्कार करते थे जिससे यदि वे सन्तानों को भी जन्म दें तो वह आक्रान्ताओं की 'रेस' हो।

राहुल अंजलि जोशी को ओ.पी. के कमरे में बुलाता है। अचानक उसे सवर्णों के उत्पीड़न की याद आ जाती है। अंजलि ब्राह्मण है और उसकी बाँहों में है। वह उस पर टूट पड़ता है और आश्चर्य कि वह जितना हिंसक होता है, अंजलि का आनन्द बढ़ जाता है। क्योंकि लड़कियाँ उसी को पसन्द करती हैं जो उन्हें चोट पहुँचाता है, रेप करता है। लेकिन अंजलि उसकी हिंसा से आनन्द क्यों ले रही है ? राहुल बेचारा हिन्दी का विद्यार्थी यह नहीं जानता कि यौन सुख सिर्फ पुरुषों के हिस्से नहीं आता। हाँ, वे ऐसी स्त्री को पसन्द नहीं करते। उसे चरित्रहीनता के खाते में डाल दिया जाता है। अफ्रीका देशों की 'सुन्नत प्रथा' प्रायः आदमियों के मस्तिष्क में बैठी रहती है। सेक्स का आनन्द पुरुषों

के लिए, स्त्रियों के हिस्से गर्भ धारण करना, फसल तैयार करना, नसलें बढ़ाना। चूँकि अंजलि जोशी राहुल के भीतर बैठे पशु का आनन्द उठा रही है, इसलिए उसे लगता है कि कहीं वह उसे इस्तेमाल तो नहीं कर रही है ? प्यार-व्यार सब धोखा हो, और उसे एक 'हार्ड किक' की ही तलाश हो और हाँ, अंजलि जोशी, उसका वस्त्रविहीन शरीर, चादर पर फैला रक्त। यह पहली बार है कि वह किसी के सामने समर्पित हुई है। वह कुआँरी थी। अब एक सिवाय राहुल के किसी और ने नहीं छुआ उसे । वाह-वाह, हिप-हिप हुर्रे। स्त्रियों के कुआँरेपन का मिथ, जो कूट-कूटकर भरा हुआ है। विवाह से पहले, विवाह के बाद–स्त्री का समर्पण 'मेरे' लिए। किसी और ने उसे देखा तक न हो। सूर्य-चन्द्र की किरणें भी उसे बिना छुए निकल गई हों। अहं की सन्तुष्टि ! जो है सो मेरे लिए, राहुल के लिए–सारे संसार की कुमारी स्त्रियाँ–रक्त में सने कपड़ों को अपने पुरुषों को दिखातीं–देखो मैं सिर्फ तुम्हारे लिए बनी थी।

वह होता है। अंजलि प्रामिस करती है वे कभी अलग नहीं रहेंगे। बदला-बदला। यह रोने में क्यों तब्दील हो जाता है ? तुमने पाँच हजार साल हमारी स्त्रियों को रेप किया था, हम तुम्हारी स्त्रियों को दस हजार साल रेप करेंगे। तुमने मन्दिर तोड़ा था, हम मस्जिद तोड़ देंगे। तुमने मस्जिद तोड़ी हम बामियान को तहस-नहस कर देंगे। महिला संगठनों की इस बात की पुष्टि होती है कि बलात्कार बदला लेने का सबसे घृणित हथियार है। क्या राष्ट्रीय महिला आयोग सुन रहा है ?

कहानी की भाषा जोरदार, जादुई। कथानक ऐसा कि लगे कोई हिन्दी फिल्म देख रहे हैं–कमर्शियल-आर्ट सब एकमएक। गाने-वाने, हाय-हलो, पेप्सी, कोला, साफ्ट ड्रिंक्स-हाय-हलो। चूमने-चाटने के लिए कभी पहाड़ियाँ तो कभी पुस्तकालय जिससे कि कैमरा एंगल ठीक बने। और अन्तिम दृश्य के लिए होस्टल का सुनसान कमरा कि बलराम पांडे की सेंसर की कैंची। कट...

ओह, चालू मर्दवादी विमर्श किन-किन हथियारों को लाता है। अपने पंजे और नाखून वह कहाँ-कहाँ चुभोता है। प्रेम के नाम पर ही सही।

(कथाक्रम, 2001)

स्त्रियों के मन के अँधेरे कोने

'औरत, अस्तित्व और अस्मिता' अरविंद जैन की समीक्षा-पुस्तक है जिसमें पहली बार स्त्रियों और पुरुषों द्वारा रचित स्त्री केन्द्रित पुस्तकों को लिया गया है। इनमें उपन्यास हैं, आत्मकथाएँ हैं और विचारमूलक पुस्तकें हैं।

पुस्तक में जिन लेखक-लेखिकाओं की पुस्तकों पर टिप्पणियाँ हैं वे हैं—कृष्णा सोबती (सूरजमुखी अँधेरे के, दिलो दानिश), ममता कालिया (बेघर), उषा प्रियंवदा (पचपन खम्भे लाल दीवारें), प्रभा खेतान (छिन्नमस्ता, पीली आँधी), गीतांजलि श्री (माई), मन्नू भंडारी (आपका बंटी), क्षमा शर्मा (परछाईं अन्नपूर्णा, स्त्री का समय), मैत्रेयी पुष्पा (इदन्नमम), मृदुला गर्ग (कठ गुलाब), कुसुम अंसल (जो कहा नहीं गया), कृष्णा अग्निहोत्री (लगता नहीं है दिल मेरा), मृणाल पांडे (परिधि पर स्त्री), कात्यायनी (दुर्ग द्वार पर दस्तक), सरला माहेश्वरी (नारी प्रश्न), मनोहर श्याम जोशी (हमजाद), राजकिशोर (तुम्हारा सुख)।

प्रभा खेतान ने भूमिका में लिखा है, "ज्यादातर लेखिकाएँ आलोचना की आपाधापी में पीछे छूट गई हैं।" प्रभा खेतान कहती हैं कि स्त्री की अपनी संस्कृति है, इतिहास में इसे भिन्न माना जाता रहा लेकिन इसे अलग पहचान नहीं दी गई। चूँकि अलग से स्त्री शक्ति की सत्ता नहीं थी इसलिए स्त्री सत्ता को अलग पहचान ही नहीं मिली।

स्त्रियाँ कैसी हों, वे कैसे रहें, कैसे चलें, कैसे बैठें, कैसे हँसें, कैसे बात करें, पुरुष ने अपने विचारों और अवधारणा के अनुसार स्त्री का निर्माण किया है। स्त्री ने स्वयं अपने बारे में अपनी भावना, अपने इतिहास, अपनी इच्छा-अनिच्छा के बारे में कभी कुछ नहीं कहा।

इसीलिए शायद ऐसा है कि पुरुषों द्वारा स्त्रियों के लेखन पर ध्यान देने की जरूरत नहीं समझी गई। अरविन्द का यह प्रयास इसलिए भी महत्त्वपूर्ण है।

'सूरजमुखी अँधेरे के' की नायिका स्त्री जिसके साथ बचपन में बलात्कार हुआ था। वह उस दहशत से जीवन-भर मुक्त नहीं हो पाती, "बचपन से बलात्कार पर हिन्दी में ही नहीं अन्य भारतीय भाषाओं में भी शायद पहला और अकेला सशक्त उपन्यास है।" यह उपन्यास सन् 1972 में प्रकाशित हुआ था। लेखक के अनुसार, "उस समय कम उम्र की बच्चियों से बलात्कार की समस्या से शायद समाज इतना चिन्तित और परेशान नहीं था जितना आज है।" हालाँकि यह भी सच है कि भारत के बन्द समाज में 'स्त्री

देह का शोषण' कोई नई बात नहीं है। हाँ, स्त्री का अपमान कोई खबर नहीं बनती थी। आज बाकायदा खबर बनती है—यह एक बड़ा परिवर्तन है। जिसे मीडिया ने सम्भव किया है। मीडिया की भूमिका पर जो लोग हाय-हाय करते रहते हैं, उन्हें इसके धनात्मक पक्ष को भी देखना चाहिए।

स्त्री उन सभी लड़कियों-स्त्रियों की प्रतिनिधि चरित्र है जो बलात्कार की त्रासदी तो झेलती ही है, सामाजिक लांछनाएँ भी इन्हें ही झेलनी पड़ती हैं। दरअसल यह बचपन में ही बलात्कार की शिकार हुई उन बेटियों की संघर्ष-गाथा है जिन्हें माँ-बाप, भाई-बहन, दोस्त-रिश्तेदार और समाज कहता रहता है, "कलमुँही, तू मर क्यों नहीं गई ?" यहाँ तक कि स्त्री के साथ घटी घटना को स्कूल के बच्चे तक जानते हैं। वे उसे गन्दी लड़की कहकर चिढ़ाते रहते हैं। उसके बारे में तरह-तरह की झूठी अफवाहें फैलाते रहते हैं। स्त्री को गुस्सा आता है और वह किसी-न-किसी की जमकर पिटाई कर देती है। "वह बचाव के लिए आक्रमण का इस्तेमाल करती है।" इन तमाम लोगों के बीच सिर्फ असद भाई ऐसे हैं जो उसका मनोबल बढ़ाते हैं, "रत्ती हमेशा याद रखेगी—वह एक अच्छी लड़की है, प्यारी और बहादुर। असद रत्ती के रेगिस्तानी जीवन में 'मीठी ओस' की तरह आता है कि उसकी मृत्यु हो जाती है, "असद की अकाल मृत्यु रत्ती की इकलौती सम्भावना और सपने की भी अकाल मृत्यु है।"

इसीलिए उसके बाद के जीवन में जितने भी पुरुष आते हैं—रत्ती को हर पुरुष में वह छवि नज़र आती है जो इसे इस्तेमाल करने के बाद फेंक देने लायक चीज ही समझेगा। उनमें से कई तो उसे यह तक बताना नहीं भूलते कि उनकी पत्नी उसके मुकाबले कितनी अच्छी है। स्त्री जैसी लड़कियाँ जिनका कोई कसूर नहीं लेकिन समाज जिन्हें अपनी भारी-भरकम वर्जनाओं के जूते तले रौंदने में कोई कसर नहीं छोड़ता। इसीलिए रत्ती सालों बाद महसूस करती है—सामाजिक दबाव उसे महसूस भी कराते हैं, "सालों बाद सिर्फ रत्ती है। उसका तीखापन, कड़वाहट सब मर गए हैं। वह फीकी है। एक फीकी औरत। एक लड़की जो लड़की कभी नहीं थी। एक औरत जो कभी औरत नहीं थी। जिसकी छाती पर काँटों की बाड़ उग आई थी।"

इसी तरह ममता कालिया का 'बेघर' उपन्यास है। सन् 1971 में यह जब छपा था जब खासा चर्चित हुआ था। लेखक के अनुसार उपन्यास का नायक परमजीत है। उसकी प्रेमिका संजीवनी जब उसके सामने आत्मसपर्मण करती है और परमजीत को पता चलता है कि वह उसके जीवन का 'पहला' पुरुष नहीं है।

स्त्री के जीवन में पुरुष पहला होने की धारणा से इतना आक्रान्त है कि कई बार पूरे जीवन में यह आशंका सताती है कि कहीं पत्नी या प्रेमिका पहले भी तो किसी से ..."विवाह पूर्व देह सम्बन्धों के बारे में अनेक शोध अनुभव बताते हैं कि पुरुष कुँआरी लड़कियों से ही विवाह करना ही बेहतर मानते हैं। विवाह पूर्व देह सम्बन्धों के बाद अधिकांश पुरुष अक्सर 'एक और विजय' पर निकल जाते हैं। पहली रात के अनुभव के बाद जिसमें स्त्री के लिए अनिवार्य रूप से यह अनुभव पीड़ादायक होना चाहिए, तभी

वह पति या प्रेमी की नजरों में यह साबित कर सकती है कि वह उनके जीवन का प्रथम पुरुष है। कौमार्य का यह मिथक भारत में ही नहीं, पूरी दुनिया में फैला हुआ है।'' जहाँ स्त्री इस नियम का उल्लंघन करती है, वहाँ उसे फौरन घर से 'बेघर' कर दिया जाता है—यानी विवाह संस्था के बाहर। कुलटा, वेश्या, कॉलगर्ल जैसे नाम देकर उसे साझी सम्पत्ति या उपभोग की वस्तु बना दिया जाता है।

'बेघर' में परमजीत द्वारा अपमानित किए जाने पर संजीवनी चुप रह जाती है। लेकिन बाद के वर्षों में यदि विवाह के वायदे पर देह सम्बन्ध बनाती लड़कियों के साथ विश्वासघात किया गया तो वे चुप रहने की अपेक्षा उन्हें अदालत तक खींचकर ले गई।''

हमारे यहाँ अब तक अधिकांश फिल्में, कहानियाँ, नाटक, उपन्यास सबके द्वारा स्त्री को यही शिक्षा दी जाती है कि यदि अपने पति के लिए तुम 'कुँआरी' नहीं हो तो इस जीवन से तो मर जाना ही बेहतर। दरअसल स्त्री का 'कुँआरापन' ही वह हथियार है जिससे उसे पूरे जीवन लहूलुहान किया जा सकता है। इसीलिए प्रायः आम आदमियों के जीवन में सुहागरात का बड़ा महत्त्व है जहाँ वे अपनी पत्नी की पवित्रता और 'कुँआरेपन' की परीक्षा ले सकते हैं। यहाँ 'मिथ' भारत ही नहीं, पूरी दुनिया के पुरुषों के जीवन की सच्चाई है। इसीलिए 'वेघर' का नायक परमजीत बहुत खुश है। क्योंकि—''सुबह उठकर परमजीत को बहुत अच्छा लगा था।'' उसकी बीवी कुँआरी थी और सीधी-सादी कुँआरी लड़कियों की तरह उसने रात काफी तकलीफ बर्दाश्त की थी।'' कुँआरापन यानी कि पुरुष की वह सम्पत्ति जिसे पहली और आखिरी बार इस्तेमाल करने का हक उसे ही मिला हुआ है। वह स्वामी है। घर के अन्दर का साम्राज्य, स्वामी क्या करता है, अथवा अतीत में क्या करता रहा है उससे कोई सवाल नहीं। इसीलिए लेखक लिखता है, ''कौमार्य भंग होने का अर्थ जीवन बर्बाद होना बताते सिखाते उपन्यास, कथा-कहानी और फिल्में इतनी हैं कि यहाँ उल्लेख सम्भव नहीं। कौमार्य बचाए रखने की सीख सचमुच स्त्री को घर में कैद रखने और परम्परागत परिवार और विवाह संस्था में स्त्री पर पुरुष का एकाधिकार बनाए-बचाए रखने के लिए ही दी जाती है।''

उषा प्रियंवदा का उपन्यास 'पचपन खम्भे लाल दीवारें' उस दौर की स्त्रियों की कथा है जिसमें कुछ स्त्रियाँ पढ़-लिख गई हैं। आत्मनिर्भर हैं और परिवार के जुए को ढो रही हैं। घर की आर्थिक जरूरतों के कारण विवाह नहीं कर पातीं। लेकिन मन और देह की जरूरतों के लिए 'चोरी-छिपे' प्रेम भी करती हैं। यद्यपि 'प्रेम' में 'देह' का होना कोई अनिवार्य सत्य नहीं है। ''विवाह संस्था की अनिवार्यता पर प्रश्न-चिह्न लगाती नायिका का दृष्टिकोण न नितान्त व्यक्तिवादी है और न ही पूर्ण रूप से परम्परावादी।''

साक्षर और आत्मनिर्भर स्त्रियों की संख्या जितनी बढ़ रही है ''स्त्री के जीवन का अन्तिम सत्य विवाह और माँ बनना है'' इस पर भी सवाल उठ रहे हैं। महानगरों में अकेली और आत्मनिर्भर स्त्रियों की संख्या बढ़ रही है, ''दुखी विवाहित जीवन से बेहतर है अविवाहित रहना या तलाक लेकर अकेले रहना।'' यद्यपि समाज में अब भी अकेली स्त्री को सन्देह की नजर से देखा जाता है—विवाह संस्था से बाहर हर सम्बन्ध को

अनैतिक और प्रेम को रंगरेलियाँ कहकर कीचड़ उछालनेवालों की कोई कमी नहीं। हर विकल्प ऐसी बन्द गली है जिससे निकलने की कोई राह नहीं। कहने को सही है कि किसी के व्यक्तिगत जीवन में किसी को दखल देने का क्या हक है ? लेकिन सामाजिक व्यवहार में इस सिद्धान्त की धज्जियाँ उड़ते हुए हम सब प्रायः रोज देखते हैं।

उपन्यास की नायिका सुषमा, नील से पाँच वर्ष बड़ी है। वह नील से प्रेम करना चाहती है विवाह नहीं। क्योंकि उसे डर है कि वह विवाह कभी सफल नहीं होगा। कोई भी कम उम्र की लड़की नील को उससे छीन ले जाएगी। जब भी वह उसने विवाह करने की सोचती है घर की आर्थिक स्थिति उसके पाँव रोकती है। ''उधर नील तीसरी मुलाकात में ही उसके पास आने की कोशिश करता है।'' कहता है, ''आप नहीं जानतीं मैं कितना हठीला और जिद्दी हूँ।'' जो कुछ चाहता हूँ, चीख-पुकार, शोर मचाकर पा ही लेता हूँ। नील की यह भाषा सत्ता-पुरुष द्वारा जाने-अनजाने पीढ़ी-सीखी मौन राजनीतिकी वही शब्दावली है जो अक्सर स्त्री—आखेट के समय प्रयोग की जाती है।

प्रभा खेतान के 'छिन्नमस्ता' की नायिका प्रिया के जीवन को लेखक परम्परा, पूँजी और पहचान का आत्मसंघर्ष कहता है। नायिका बचपन में बड़े भाई के यौन शोषण का शिकार होती है। मगर किसी से कुछ कह नहीं पाती। उसे लगता है 'यह मेरा कलंक है।' जबकि इसमें उसका कोई दोष नहीं। वह आत्महत्या की कोशिश करती है। 'महान संयुक्त परिवार की विरासत' जो स्त्रियों की लाशों पर ही अपनी इमारत खड़ी करता है। दरअसल प्रिया का अन्तर्द्वन्द्व भारतीय स्त्री का ही अन्तर्द्वन्द्व है। हाँ, प्रिया निर्णय करती है, ''मैं औरत नहीं बनना चाहती। मैं कभी किसी से प्रेम नहीं करूँगी।'' कभी शादी नहीं। सेक्स से घृणा है मुझे, बेहद घृणा ! मैं ठंडी औरत हूँ, ठंडी रहूँगी। पुरुष से बदला लेने का मुझे यही एक तरीका समझ में आया है।—लेकिन प्रिया सबसे घृणा करने के बावजूद प्रेम, विवाह, सेक्स सब करती है। प्रिया एक धनाढ्य परिवार की अमीर औरत है। वह खुद को विद्रोहिणी समझती है लेकिन यह भी महसूस करती है—'व्यवस्था' को तोड़नेवाली औरत को जहाँ समाज सौ कोड़े लगता है वहीं पुरुष का मंच पर क्रान्तिकारी कहकर बिठाता है। हालाँकि प्रिया भी पुरुष के स्पर्श उसके संसर्ग को इतना ही चाहती है जितनी कि कोई अन्य स्त्री। वह खुद को चाहे जितनी विद्रोहिणी कहे, विवाह के बाद उसे यह डर खाए जा रहा था कि नरेन्द्र उसके अतीत के बारे में न पूछ ले, ''साफ-साफ बताना तो चाहती हैं लेकिन डर लगता है, क्योंकि प्रायः भारतीय पति इस बात को सहज स्वीकार ही नहीं कर पाते कि उनकी पत्नी के शादी से पहले या बाद में किसी अन्य पुरुष से सम्बन्ध रहे हों या रहें। भले ही खुद जो मर्जी करते रहें। ऐसे माहौल में प्रिया के सच बोलने या बताने में प्रायः वह अपराध बोध बिठा दिया जाता है कि यदि वे कुँआरी नहीं है तो उनका जीवन व्यर्थ है। जबकि यह अपराध बोध पुरुष को कभी नहीं होता।''

प्रभा खेतान स्वयं स्वीकार भी करती हैं, ''संस्कृति संस्था और धार्मिक सुविधाएँ अभिजात स्त्रियों को अधिक मिली हैं किन्तु इन्हीं सुविधाओं ने कहीं उनकी चेतना को

और अधिक जड़ीभूत बना दिया है। अपनी कुलीनता के नशे में वे बेहोश है। भारतीय मर्यादा की गलबहियाँ उन्हें बार-बार व्यवस्था के सम्मोहन की ओर धकेलती हैं तथा अपनी खुद की पीड़ा की नग्नता को देखने-समझने के बजाय वे पुरुषों द्वारा प्रदत्त पीड़ा के रस में ही पगी रहती है।''

प्रभा खेतान के उपन्यास 'पीली आँधी' को विवेचित करते हुए लेखक लिखता है—यह संयुक्त परिवार के बसने-उजड़ने और टूटने-बिखरने की विकास कथा है। कथा में सम्बन्धों का संयुक्त परिवार नहीं बल्कि संयुक्त परिवार में सड़ते सम्बन्ध हैं। परम्परा, पूँजी और पहचान के आत्मसंघर्ष में छटपटाती स्त्री शक्ति अपनी मुक्ति के लिए अब नई भाषा-परिभाषा गढ़ती रचती हैं। पारिवारिक मान-मर्यादा, नाक और नैतिकता की देहरी लाँघती नायिका (सीमा) सुरक्षित अर्थव्यवस्था के जाल-जंजाल ही नहीं तोड़ती-छोड़ती बल्कि सामाजिक संस्कारों की सीमाएँ भी ध्वस्त करती नजर आती हैं।

सीमा, गौतम से तलाक लिए बिना सुजीत से सम्बन्ध बनाती है। उसे अपना बच्चा चाहिए। सुजीत की पत्नी चित्रा उदार है लेकिन इस तरह के सम्बन्ध अन्ततः स्त्री को उसी गड्ढे में धकेलते हैं जहाँ से निकलने को वह छटपटा रही है।

गीतांजलि श्री के उपन्यास 'माई' को लेखक ने पचास के बाद जन्मी लेखिकाओं की पीढ़ी का महत्त्वपूर्ण उपन्यास बताया है। ''माई मध्यवर्गीय परिवार के माध्यम से सामाजिक आपातकाल के प्रामाणिक और अविस्मरणीय अनुभव का अनुवाद है—माई अपने आप से एक लम्बी बहस भी है और शून्य में सार्थक संवाद भी।'' इसीलिए नैरेटर सुनैना निष्कर्ष के रूप में कहती है, ''मुझे माई नहीं बनना, मैं माई वैसे भी नहीं बनूँगी माई खुद मुझे माई नहीं बनाती। मैं चाहूँगी तो माई नहीं बन सकती—मुझे इसके इतिहास से लड़ना है। उसे नकारना है।''

नायिका सुनैया बार-बार सवाल करती है, उसके माई को किसी से भी दैहिक सम्बन्ध बनाने की छूट है। जबकि वह खुद ऐसा करना चाहे तो उसे छिपकर रहना होगा।

मन्नू भंडारी का उपन्यास 'आपका बंटी' सन् 1971 में प्रकाशित हुआ था। लेकिन लेखक के अनुसार आज भी वह 'अनेक परिवारों में साँस ले रहा है—' यह उपन्यास मध्यवर्गीय भारतीय समाज की दिनोदिन बढ़ती हुई एक ऐसी समस्या का विश्लेषण है जिसका कोई हल दिखाई नहीं देता। पति-पत्नी अजय और शकुन तो एक-दूसरे से मुक्त हो जाते हैं, मगर बंटी क्या करे ? समस्या यह भी है कि प्रायः स्त्रियाँ बच्चों की खातिर एक अत्याचारी पुरुष को भी सहती रहती हैं। लेकिन बंटी के बारे में सोचकर तलाक के तमाम प्रावधानों को रद्‌द नहीं किया जा सकता। आखिर पिटती-कुटती सताई जाती स्त्रियाँ क्या करें ? लेखक का मानना है कि चूँकि लेखिका की सारी सहानुभूति बंटी की तरफ है इसलिए यह भी प्रतिध्वनित होता है कि कुछ भी करो, मगर परिवार नहीं टूटना चाहिए। ''पति-पत्नी साथ नहीं रह सकते तो न रहें, कम-से-कम बंटी की खातिर शकुन को दूसरा विवाह तो नहीं ही करना चाहिए।'' करेगी तो बेचारे बंटी की दुर्दशा

हो जाएगी। आप तो एक-दूसरे से मुक्त हो गए। लेकिन बंटी क्या करे ? कुल मिलाकर मतलब यह कि परिवार और विवाह संस्था में यथास्थिति बनाए रखो, वरना परिवार टूटेगा तो समाज कैसे बचेगा ?

सन् 1993 में संयुक्त राष्ट्र ने परिवार वर्ष घोषित किया था तो उसके पीछे भी छिपे हुए कारण यही थे। इन दिनों अमरीका में भी परिवार की वापसी खासी चर्चा का विषय है। वहाँ की जितनी भी पितृसत्तात्मक इकाइयाँ हैं पुलिस, मनोविज्ञापन, राजनेता वे सब परिवार की माँग कर रहे हैं। इसका एक बड़ा कारण उपभोक्ता समाज भी है। संयुक्त परिवार का अर्थ है—एक घर, एक फ्रिज, एक टी.वी. एक वाशिंग मशीन। जबकि एकल परिवारों का अर्थ है इन सब चीजों के लिए अलग से क्रय शक्ति। अमरीका जो दुनिया का सबसे बड़ा कर्जदार देश है उसकी 'इकानामी' में एकल परिवार का सपोर्ट सिस्टम लड़खड़ा रहा है।

'आपका बंटी' में परिवार टूटने से बच्चों के अकेलेपन की जिस समस्या को चित्रित किया गया है अमरीकी उपराष्ट्रपति अलगोर की पत्नी के 'परिवार बचाओ अभियान' का तर्क भी यही है। लेकिन परिवार की शतरंज का एकमात्र मोहरा 'स्त्री' ही है। चाहे कोई जीते, हार उसी की सुनिश्चित है। शकुन नाम की औरत के सामाजिक सम्बन्धों की सामाजिक सीमा है—बेटी, बहन, पत्नी, प्रेमिका या माँ होना। इससे बाहर निकलकर व्यक्ति या व्यक्तित्व होना 'खतरा' है, अपराध है। अजय से तलाक और डॉ. जोशी से दोबारा विवाह—एक तरफ कुआँ, दूसरी तरफ खाई। लेकिन उच्च मध्यवर्ग की स्त्रियाँ अक्सर मान-मर्यादा और समझौतों के बीच फँसी रहती हैं। लेखक का यह आबजर्वेशन बिल्कुल ठीक है कि भारत में जहाँ हर साल करीब पचास हजार बच्चों को लावारिस छोड़ दिया जाता हो और लाखों बच्चे भूख या कुपोषण से मर जाते हों वहाँ बेटी की समस्या को कितनी 'भयावह सामाजिक समस्या' माना समझा जा सकता है। फिर-फिर शकुन जैसी स्त्रियाँ कठघरे में खड़ी हैं। लेखक ने हिन्दू विवाह विधेयक पर बहस के दौरान सन् 1955 में दिए श्री जवाहरलाल नेहरू के बयान का उल्लेख किया है—सीता और सावित्री का नाम स्त्रियों के आदर्श के रूप में लिया जाता है। मुझे याद नहीं कि पुरुषों को कभी रामचन्द्र या सत्यवान की इसी तरह याद दिलाई जाती है और उनकी तरह व्यवहार के लिए कहा जाता है। यह तो सिर्फ स्त्रियाँ ही हैं जिन्हें सीता और सावित्री की तरह व्यवहार करना है, पुरुष जैसा चाहें व्यवहार कर सकते हैं।

कृष्णा सोबती के उपन्यास 'दिला दानिश' को लेखक 'मुक्ति की महक का सपना' कहता है। 'दिलो दानिश' में एक मुस्लिम रखैल महक बानो और उसके 'हिन्दू संरक्षक' वकील साहब हैं। महक बानो ही नहीं, उसकी माँ नसीम बानो भी एक हिन्दू की रखैल है।

प्रायः यह माना जाता है कि दूसरी औरत पत्नी की जगह हड़प लेती है। लेकिन सच्चाई इसके विपरीत है। विवाह के सतही प्रमाण पत्रों के अभाव में दूसरी स्त्री को न तो समाज की सहानुभूति मिलती है, न कानून की मदद। पत्नी के मुकाबले दूसरी

औरत हमेशा से समाज में घृणा की पात्र है। उसके बच्चे साहब की रखैल और उनके बच्चे की माँ होने के बावजूद वह सारे सामाजिक और कानूनी अधिकारों से वंचित है।''

अरविन्द जैन की स्त्रीवादी दृष्टि का ही परिणाम है कि वह लिख सके, ''मालिक जो करे सो ठीक। औरत बोले तो उसे फौरन कायदे-कानून, धर्मशास्त्र रस्म-रिवाज और खानदानी परम्परा, मर्यादा, इज्जत और मकान-सम्मान के पाठ पढ़ा दिए जाएँगे, जो हवेली के मर्दों में न जाने कब से सँभालकर रखे हुए हैं। पुश्त-दर-पुश्त आबाद मर्दों की हवेली में औरतों को गृहस्थी बनाने-चलाने को ही ऊपरवाले ने बनाया है। क्या कमाल बँटवारा है जिसमें मर्दों के हिस्से में आए हैं महफिल, मुजरे, खेल-तमाशे और औरत को लगे हैं बाल-बच्चे, दिन-त्योहार, पूजा-व्रत। औरतों के रोने-धोने से क्या कुछ बदलनेवाला है।

मर्दवादी विमर्श में 'इश्क-मोहब्बत-प्रेम' सब स्त्रियों को मूर्ख बनाने के साधन हैं। एक से मन भरा दूसरी सैकड़ों हाजिर हैं। आदमियों के जीवन में स्त्रियों का स्थान 'पान' के शौक की तरह है। 'खाया-चबाया-थूका।' यह है भी इसलिए कि बाहर की दुनिया में रँगरेलियाँ मनाकर मर्द जब घर लौटता है तो उसकी वापसी का स्वागत किया जाता है। उसे कोई धिक्कारता नहीं। बच्चे के पिता का नाम मालूम होने पर भी वह अवैध कहला सकता है। क्यों ? क्या सिर्फ माँ का नाम मालूम होना ही काफी नहीं। इसीलिए महक बानो की इस चीख का खासा मतलब है, ''कोई कानून तो माँ के लिए भी बना होगा।''

इस पूरी पुस्तक में मैत्रेयी पुष्पा का 'इदन्नमम' एक ऐसा उपन्यास है जिसकी अरविन्द जैन ने खूब प्रशंसा की है। उसमें किन्तु-परन्तु थोड़े कम हैं। 'इदन्नमम' अतीत के स्मृति-चित्रों के प्रकाश में वर्तमान की समीक्षा और भविष्य की स्वप्न-कथा भी लगती है।—मैत्रेयी केन्द्र की परिधि की दूरी को शून्य तक लाने की कोशिश में समय, स्थान और स्थितियों की सभी ऐतिहासिक-भौगोलिक सांस्कृतिक सीमाओं का अतिक्रमण करते हुए निषिद्ध क्षेत्र तक जाने का जोखिम उठाती हैं।

लेखक यह भी मानता है कि उपन्यास की सभी स्त्री पात्र अपने लिए निर्धारित मर्यादाओं की ल़क्ष्मण रेखा को लाँघती है। लेकिन उपन्यास के नायक दादा पंचम सिंह को लेखिका ने जितने विराट् स्वरूप में प्रस्तुत किया है उसकी राजनीतिक सूझ-बूझ, मानवीयता सब बहुत नकली लगती है। परिवार के इसी समझदार मुखिया (एजेंट) के सहारे हजारों सालों से पितृसत्तात्मक समाज औरतों को अपने पाँव की जूती बनाए हुए है।

मृदुला गर्ग के उपन्यास 'कठगुलाब' की अधिकांश प्रमुख पात्र स्त्रियाँ हैं। पुरुष पात्र एक ही है—विपिन। वह सभी स्त्रियों से किसी-न-किसी रूप में जुड़ा है। ये स्त्रियाँ स्मिता, मारियान, असीमा, नर्मदा और नीरजा इस पुरुष से सम्बन्ध बनाती रहती हैं। यद्यपि वे परिवार से स्वतन्त्र होना चाहते हैं। लेखक के अनुसार इस उपन्यास के सभी पात्र एक ऐसी काल्पनिक दुनिया में रहते हैं जो कहीं नहीं हैं। ''उपन्यास के सभी प्रमुख

पात्रों के लिए परिवार विवाह संस्था समाप्त हो गई हैं या आखिरी साँसें ले रही हैं। सबका 'पिता' मर चुका है या घर छोड़कर भाग गया है। कुछ पात्रों के पति हैं ही नहीं और शेष के पति अन्ततः 'नर-सूअर' ही साबित होते हैं। युवा स्त्रियों में किसी के पुत्र-पुत्री नहीं हैं। कोई भी स्त्री माँ नहीं बनती या बन पाती और अकेला पुरुष (विपिन) पिता बनना चाहता है। लेकिन लाख कोशिशों के बावजूद नहीं बन पाता, क्योंकि उसकी प्रेमिका बाँझ है।" अन्त में इन सभी पात्रों को लगता है कि परिवार संस्था में तो कोई सुधार किया नहीं जा सकता इसलिए वे राजधानी से दूर के गाँव में मुक्ति का सपना देखते हैं। शहरियों के लिए गाँव एक स्वर्ग की तरह है। लेकिन गाँववाले जानते हैं कि गाँव से बड़ा कोई नरक नहीं।

विपिन अपने बौद्धिक विलास में एक स्त्री को छोड़ दूसरी के साथ दैहिक सम्बन्ध स्थापित करता फिरता है। अन्ततः उसकी कामना अपना बच्चा प्राप्त करने की है। उसके मन में भी स्त्री के प्रति आम आदमी जैसा ही शुचिता का भाव है। जहाँ यदि स्त्री किसी अन्य पुरुष के साथ रह चुकी हो तो भला वह उसे क्या दे सकती है ? चाहिए कुँआरी स्त्री ही, तमाम किस्म के बौद्धिक प्रपंचों के बावजूद। स्त्री की कामना उसकी योग्यता, उसकी बुद्धि से तय नहीं होती, मात्र उसके शरीर से तय होती है। लेखक का निष्कर्ष सही मालूम देता है, " 'निस्संदेह' उपन्यास के सभी 'नर-नारी' सचमुच 'शापग्रस्त' हैं। स्त्रियाँ सुरक्षा और सम्पत्ति के अधिकार चाहती हैं और पुरुष प्रेम, आनन्द और स्त्री देह पाने के बाद सिर्फ एक उत्तराधिकारी।"

कुसुम अंसल और कृष्णा अग्निहोत्री की आत्मकथा 'जो सहा नहीं गया' और 'लगता नहीं है दिल मेरा' एक अमीर स्त्री और एक मध्यवर्गीय स्त्री के जीवन की उठापटक, दिशाहीनता, शोषण और संघर्ष के महत्त्वपूर्ण दस्तावेज हैं। कुसुम अंसल ठीक पकड़ती हैं कि स्त्री के जीवन का संकट उसकी पहचान का संकट ही है। "प्रायः जब भारतीय मध्यवर्गीय स्त्री पैंतीस के आसपास पहुँचती है तो विवाह, पति, बच्चे, घर-गृहस्थी सबके बीच वही है एक 'फालतू' जिसकी शायद किसी को अब जरूरत नहीं। पति अपने धन्धे में व्यस्त है और बच्चे अपनी पढ़ाई या खेल-कूद में। उसकी हर बात बाकी सबको अवांछित हस्तक्षेप लगती है। सारा जीवन घर में होम करने के बाद उसके पास सिवाय सपनों के स्वेटर उधेड़ने के रह भी क्या जाता है ?"

कृष्णा अग्निहोत्री की आत्मकथा की समीक्षा लेखक ने अदालतों में वकील जिस तरह से जिरह करते हैं उस शैली में की है। अरविन्द ने अपने 'प्रोफेशन' का सही इस्तेमाल करते हुए यह नई शैली विकसित की, "मैं अगर यह कहूँ कि भारतीय समाज में स्वस्थ स्त्री-पुरुष सम्बन्ध अभी भी देह के दलदल में ही फँसे हैं तो गलत नहीं है। वैसे गवाह का अभी भी यह विश्वास है कि कुछ निःस्वार्थ सहयोग और सहानुभूति करनेवाले चरित्रवान् 'आर्य पुरुष' बचे हुए हैं।" भले व्यक्ति व आत्मीय मित्र बचे हुए हैं। तभी तो एक ने कहा भी कि गवाह में सुन्दरता, सुशीलता व प्रतिभा का अद्भुत सामंजस्य है।

मृणाल पांडे की महत्त्वूपर्ण पुस्तक 'परिधि पर स्त्री' की विवेचना करते हुए लेखक लिखता है, ''लेखिका ने जहाँ शोषित-प्रताड़ित ग्रामीण, शहरी कामकाजी महिलाओं के दुःख-दर्द को प्रभावशाली ढंग से रेखांकित किया है, वहीं इनके कल्याणार्थ मानवीय दृष्टि विकसित करने पर भी बल दिया है, ताकि नारीवाद महानगरों या निजी स्वार्थ में लिप्त कुछ संगठनों तक ही सीमित होकर न रह जाए।''

कात्यायनी की पुस्तक 'दुर्ग-द्वार पर दस्तक' की समीक्षा को पढ़ते हुए लगता है कि कात्यायनी 'लिंग परिप्रेक्ष्य' (जेंडरवायस) को विश्व बैंक का प्रपंच मानती हैं। यह एक सतही समझ ही है। मुक्त बाजार में स्त्री का शोषण हो रहा है तो कहीं वह आजाद भी हो रही है। स्त्री देह के प्रदर्शन पर आजकल स्वदेशी से लेकर मार्क्सवादी तक जैसा शोर मचाते हैं वह एक मर्दवादी विमर्श ही है। परिवार नियोजन के साधन मात्र स्त्री कोख पर नियन्त्रण रखने की साजिश ही नहीं है वे स्त्री को गर्भ ठहरने के खतरे से मुक्त भी करते हैं। सेक्स की पवित्रता के मिथ को भी तोड़ते हैं। गर्भ पुरुषों को नहीं ठहरता। यह मानना कि परिवार नियोजन के साधन स्त्री को आनन्द की वस्तु बनाते हैं तो स्त्री आनन्द की वस्तु कब नहीं थी। तब भी जब पिल्स नहीं थीं। हाँ, तब 'अलदा (शरत्चंद्र)' की तरह वह एक मामूली से सुख के लिए गर्भवती होने पर मर जाती थी। उसकी लाश को चील-कौवे नोंचते थे। परिवार नियोजन के साधन स्त्रियों को 'करप्ट' करते हैं। उनके विरोध के पीछे यह मान्यता ही काम कर रही है। इसके अलावा परिवार नियोजन का स्त्री के स्वास्थ्य से गहरा सम्बन्ध है। बार-बार के गर्भपात से स्त्रियाँ रक्ताल्पता का शिकार होती हैं। यूनिफेम की रिपोर्ट्स बताती हैं कि तीसरी दुनिया के देशों की स्त्रियाँ जचगी के दौरान बड़ी संख्या में मर जाती हैं। एक मरनेवाली स्त्री के मुकाबले 'बाजार में बैठी स्त्री' अधिक स्वागत योग्य है। आखिर चुनने का अधिकार स्त्री को देना क्यों नहीं चाहते आप ?

सरला माहेश्वरी अपनी पुस्तक 'नारी प्रश्न' में कहती हैं कि नारीवादी आन्दोलन के अन्दर जो तमाम नए प्रश्न विचार तथा स्थापनाएँ उभरकर सामने आई हैं, उन्हें सिर्फ बकवास, निरर्थक या वर्गीय साजिश बताकर उड़ाने से काम नहीं चल सकता। लेकिन वे स्त्री प्रश्नों का हल मार्क्सवाद में ढूँढ़ती हैं, जबकि उनकी पार्टी का ढाँचा पितृसत्तात्मक ही है और वहाँ भी विरोध सहने की कोई गुंजाइश नहीं।

मनोहर श्याम जोशी के उपन्यास 'हमजाद' को स्त्री देह का मर्दवादी विमर्श कहा गया है। ''हमजाद के पुरुष पात्रों के अवचेतन में अपने कर्मों-दुष्कर्मों को लेकर न कोई अपराधबोध है और न पाप के आध्यात्मिक प्रश्न।'' न प्रेम-पाखंड और न ही विवाह-संस्था के टूटने-बिखरने की चिन्ता। नारकियानी अपनी ही अवैध सन्तान मीना को 'लोलिता' की तरह माँगता है।

इसी तरह राजकिशोर के उपन्यास 'तुम्हारे सुख' के बारे में लेखक का विचार है कि ''तुम्हारा सुख के सभी पुरुषों की बौद्धिक दक्षता से शरीर की यात्रा के बावजूद मालविका माँ नहीं बन पाती। क्या सारे-के-सारे 'विषय पुरुष' कामयोगी और बौद्धिक

नपुंसक सिद्ध हुए हैं ? क्या सारे 'नर सूअर सिर्फ खेल खेल रहे थे और खेलते-खेलते' एक्सचेंज का खेल खेलने तक आ गए।

स्त्रियों द्वारा स्त्रियों के बारे में जो लिखा गया है, पुरुषों का लिखा उससे बिल्कुल अलग है।

हर दिन बेटी ब्याही जाती है खारे सागर से

समयातीत गाथाएँ स्त्रियों की कैसी हो सकती हैं ? क्या हमारे आसपास दिखाई देती मजदूर, किसान, घर में होम होती, दफ्तर और घर में खटती स्त्रियों में भी लक्ष्मी, पार्वती और सरस्वती की तलाश की जा सकती है। सभी स्त्रियों के जीवन में दुःख, छलना और अपमान की अजस्र धारा बहती दिखाई दे सकती है—प्रकट और अप्रकट रूप में। कहते हैं एक बार महापराक्रमी विक्रमादित्य ने कवि कालिदास से पूछा, ''ऐसा क्यों है कि बहती हुई नदी के स्वर में स्त्री के रोने जैसा कुछ सुनाई देता है ?''

''क्यों नहीं सुनाई देगा ?'' कवि बोले, ''अगर आप होते ऊँचे पहाड़ों में जन्मी बेटी और आपका ब्याह होता दूर खारे सागर से जहाँ से आप कभी अपने पिता के घर पर लौट पाते, तो आप नहीं रोते !''

बेटियों को कभी नदी का नाम नहीं देना चाहिए। हमारी माँ की एक बूढ़ी ताई कहती थीं—नदी के नामवाली बेटी माँ-बाप और मायके से हमेशा बिछुड़ी रहेगी। अपनी गंगा मौसी याद है न ! (पृ. 62)

लेकिन इस संसार में सभी लड़कियों के नाम नदियों के नाम पर नहीं होते, फिर भी कहाँ लौट पाती हैं वे अपने घर। शायद उनका घर कोई होता ही नहीं। पराए घर भेजे जाने की आक्रान्त अवधारणा से वे कभी मुक्त नहीं हो पातीं। उनका नाम तक उनसे छीन लिया जाता है। वह जो कुछ साथ लाया गया था नाम तक वह कितना बेसुरा और त्याज्य है। बदलो, बदलो उसे। पहचाना और इयत्ता के सवाल ऐसे ही खत्म किए जाते हैं।

तभी मृणाल पांडे पुस्तक 'देवी' की भूमिका में लिखती हैं, ''देवियों से स्त्रियों का रिश्ता कहीं अधिक ऊष्मा भरी अन्तरंगता का रहा है क्योंकि कहीं-न-कहीं देवियाँ औरतों को बहुत सुपरिचित, बहुत विश्वसनीय और अपनी ही सरीखी प्रतीत होती हैं। अपने झनझनाते आक्रोश में, अपनी स्पर्धापूर्ण गुटबाजी में, अपने वैवाहिक जीवन के द्वन्द्वात्मक भावावेश-भरे क्षणों में जो कुछ आम स्त्री में है, देवियों की गाथाओं में भी मौजूद है।''

भूमिका में ही लेखिका आज की स्त्री को देवी से जोड़ना नहीं भूलतीं। देवियाँ, जिनके माता-पिता का कोई पता नहीं है—सिर्फ सरस्वती के पिता ब्रह्मा का पता है। पिता भी ऐसे जो अपनी ही लड़की को पाने की लालसा में उनसे विवाह रचा लेते हैं। और सरस्वती उन्हें शाप देती हैं कि ब्रह्मा की पूजा साल में सिर्फ एक बार हुआ करेगी। कहते

हैं कि इसीलिए पुष्कर के अलावा ब्रह्मा का कोई मन्दिर नहीं है। क्या इनसेस्ट का इससे अच्छा कोई उदाहरण मिल सकता है। भारतीय संस्कृति की रक्षा में सन्नद्ध जो लोग यह कहते पाए जाते हैं कि इनसेस्ट भारत को पश्चिम की देन है, वे इसका क्या जवाब देंगे ? अपनी समस्या से आँख मूँद लेने का अर्थ उसका समाप्त हो जाना नहीं है !

हममें से अधिसंख्य लड़कियाँ जब से होश सँभालती हैं अपने को औरतों से ही घिरा पाती हैं। ये वे औरतें हैं जिनमें से अधिकतर के पास कोई अधिकार, कोई स्वतन्त्र व्यक्तित्व या स्वतन्त्र नजरिया नहीं होता—हमारे न चाहते हुए भी कई सामाजिक दबाव बड़े नामालूम ढंग से धकियाकर हमें अहर्निश चपटा, दब्बू, कातर और मौन बनाने में जुटे हुए हैं।...हजारों किस्से हैं उन लड़कियों के जो स्कूली पढ़ाई पूरी करने के बाद भी सार्वजनिक रूप से बोलते हुए बुरी तरह हकलाने लगती हैं। जो ऊँची कालेजिया तालीम पाने के बाद भी अपने पुरुष प्रतिस्पर्धियों की तुलना में लगातार एक हीनता बोध का अनुभव करती हैं। (भूमिका)

स्त्रियों के इसी दब्बूपन (जिसे सुविधा से संस्कृति और रीति-रिवाज का नाम दे दिया जाता है) ने सम्भवतः देवियों को रचने में एक अहम भूमिका निभाई है।

देवियाँ—ये वे तमाम स्त्री शक्तियाँ हैं जिन्हें देवता भी नियन्त्रित करने में असमर्थ हैं—इन्हीं का प्रताप है कि हर तरह की भवबाधा और नकारात्मक दबावों के बावजूद युग-युगों से पूरी स्त्री जाति जीवन की जटिलताओं से सफलतापूर्वक जूझ पाई हैं।—स्त्रियाँ क्षमा कर पाईं, इसीलिए हम हैं। सभ्यताएँ हैं। पृथ्वी है।

पुस्तक में लेखिका अपने होने और लेखिका बनने के बारे में बताते हुए घर के वातावरण का जिक्र भी करती है। माँ के कारण ही उनका परिचय रचनात्मक माहौल से हुआ। माँ चाहती थी कि उनकी बेटियाँ सिलाई-बुनाई, कढ़ाई सीखने की जगह पढ़ना, लिखना और संगीत सीखे।—लेकिन पत्रकार बनते ही माँ को लगा कि मैं पत्नी के कर्त्तव्य ठीक से नहीं निभा पाऊँगी। (भूमिका)

पुरुषों के वर्चस्ववाले क्षेत्र में बेटी का पहुँचाना उस माँ को भी परेशान करता है जो खुद लेखिका है। रूढ़ियों को तोड़ना और उनसे मुक्त होना चाहती है। इसीलिए सब कथाकारों को उनकी अपनी कथाएँ ही मुक्ति देती हैं। स्त्रियों की तरह देवियों की गाथाएँ भी निरन्तर परिवर्तनशील हैं। उन्हें दोबारा पहले की तरह नहीं पढ़ा जा सकता। भाग-भाग कथाएँ कहती हैं। चलो-चलो देवी कहती हैं। गति के बिना स्त्री मर ही सकती है।

धर्म और पैसा कमाऊ धन्धे के रूप में हर जगह होते भगवती जागरण, अश्लील फिल्मी गानों की पैरोड़ियाँ और उन पर झूमता खाया-पिया तबका—इस पर लेखिका तीखा कटाक्ष करती है—ऐसे-ऐसे भजन गढ़े जा रहे हैं जिनमें माता से कहा जा रहा है कि वे गायक, भक्त के मार्बल चिप्स के फर्शवाला मकान गढ़ा दे। या वे हाथ में तलवार उठाकर भारतम पर म्लेच्छों का रक्त बहा दें। अनब्याही बेटियों को वर दिलवा दें।

आखिर ऐसी कौन सी विवशता है जो किसी स्त्री को लिखने को बाध्य करती है।

हमारे जैसे समाज में जहाँ हर उँगली स्त्री की ओर उठती है। बहुत से प्रमाण-पत्र उसके लिए सुरक्षित रखे जाते हैं, वक्त के इन्तजार में। इसीलिए जब स्त्रियाँ लिखती हैं तो वे अपने लिए लिखती हैं। अपनी पीड़ाओं को दूसरे की पीड़ा से मिला देने के लिए ही। स्त्रीत्ववाद स्त्री के लिखने को उसकी मुक्ति का पहला क्षण मानता है। मृणाल पांडे क्यों लिखती हैं—हम लिखती हैं उस पर जो घट रहा है, और जो अब नहीं घट सकता। हम लिखती हैं अपनी माँओं के बारे में जो सृष्टि के सृजन को छड़ी से पका रही हैं, परस रही हैं, सफाई कर रही हैं। हम उन स्त्रियों के बारे में लिखती हैं जिनसे अब और नहीं सहा जाता और जो अपने विदीर्ण चेहरे चाँद की ओर उठाकर मादा भेड़ियों के स्वर में विलाप करती हैं।

सचमुच लिखना उन देवियों के बारे में जो हमारी स्मृतियों और मन्दिरों में प्रतिष्ठित हैं। आज की देवियाँ भँवरीबाई, जिसे बलात्कार और निरंकुश सत्ता बदल नहीं पाई है, जो आज भी बाल विवाह के खिलाफ खड़ी है। मेधा पाटकर जिससे गुजरात, महाराष्ट्र और मध्यप्रदेश के शक्तिशाली नेता भयंकर नफरत करते हैं। जब आमरण अनशन पर बैठी मेधा पाटेकर को बचाने के मुँह से बेसाख्ता निकलता है—वो-वो आफत रोष से मन्त्री की भाषा उसका साथ छोड़ जाती है—आप पत्रकारों को भी और कोई खबर नहीं मिलती। आप सिंचाई विभाग के काम के बारे में क्यों नहीं लिखते ? आप जानते हैं कि नहर के कितने बड़े-बड़े हिस्से पूरे बन गए हैं। और यह औरत ? यह औरत हमें उनमें पानी नहीं छोड़ने दे रही। इसी की वजह से वर्ल्ड बैंक ने अपना अनुदान वापस ले लिया है, जानते हैं आप। (पृ. 100)

पृथ्वी का दोहन उन्होंने किया है जो ताकतवर हैं, शक्तिशाली हैं। सत्ता जिनकी चिर खरीद दासी है—माँओं को अपनी सन्तति से और अपने पतियों से प्रेम करना ही चाहिए। पुरुषों की स्त्री, सब सभ्यताओं की यही माँग रही है।

पृथ्वी भी तो स्त्री है। उस पर भी पुरुषों का उतना ही अधिकार होना चाहिए। जितना अधिकार वे सिर्फ अपनी ही नहीं, संसार की सभी स्त्रियों से माँगते हैं—विष्णु के बेटे पृथु ने पृथ्वी से विवाह किया, लेकिन पृथु को असंस्कृत पाकर पृथ्वी ने अपनी निधियाँ पृथु को सौंपने से मना कर दिया। पृथ्वी ने अपनी बहुलता छिपा ली, जिससे भयानक अकाल पड़ा। क्रोध से भरा पृथु पृथ्वी को मारने दौड़ा तो वह गौ का रूप धरकर ब्रह्मा की शरण में गई। भारतीय पिताओं की उज्ज्वल परम्परा का निर्वाह करते हुए ब्रह्मा ने बेटी को उलटे पाँव पति के घर लौट जाने का आदेश दिया। पति के पास लौटी पृथ्वी की बहुत पिटाई हुई और उसकी निधियाँ उससे छीन ली गईं। (पृ. 99) परिवार का बचाना स्त्रियों का परम कर्त्तव्य है। इसीलिए देवियाँ भी दो तरह की हैं। एकल जैसे—महालक्ष्मी, महाकाली और महासरस्वती। घर-परिवारवाली सीता और पार्वती। एक कहानी का जिक्र करते हुए लेखिका बताती हैं—शुम्भ-निशुम्भ के संहार के बाद उन्मत्त देवी को शान्त कराने को शिव ने उनके साथ नृत्य किया। चक्कर दर चक्कर, भंगिमा-दर-भंगिमा वह शिव के साथ नाचती चली गई। फिर शिव ने एक पैर आकाश

तक उठाया, देवी ने भी, पर तभी उसे अपने स्त्रीत्व का भान हुआ, वह झेंप गई और फिर धीरे-धीरे शान्त हो गई। (पृ. 58) यह तो कथा-भर है, लेकिन वास्तविकता यही है। जब तेजस्वी स्त्री से भय होने लगे, जब वह किसी और तरह से काबू में न आए तो उसे लज्जित करने का आसान और अचूक नुस्खा यही है कि उसे उसका स्त्रीत्व याद दिला दिया जाए। स्त्री शरीर के ग्राहक कामातुर भेड़िए उसके शरीर के हथियार से ही उसे पीटने की कोशिश करते हैं।

यह सच है कि वैसे स्त्रियाँ युद्ध पसन्द नहीं करतीं, लेकिन जब कभी वे तलवार उठा लें तो असली योद्धा बन जाती हैं, काली की तरह। वह जानती हैं, युद्ध क्या है ? वह पीछे हटती हैं तो फिर-फिर लौटने के लिए। चतुर महारथी की तरह।

स्त्रियाँ देवियाँ हैं। आले में बैठने के लिए जिनकी कोई भावनाएँ नहीं होतीं, उनके सामने सिर झुकाया जा सकता है, अभय के लिए। वे ही स्त्रियाँ वेश्याएँ हैं, बाजार में बैठाए जाने के लिए। सन् 1995 में विजयवाड़ा, निजामाबाद जैसे दूर-दूर फैले जिलों से लड़कियाँ घसीटकर चकलों में लाई जा रही हैं। भागने की कोशिश कर रही एक लड़की को दलाल पकड़ लेते हैं। यादगिरी गद्दा में किशोरी वेश्याओं की संख्या बढ़ रही है। (पृ. 52) वेश्या जितनी ही कम उम्र और उग्र होगी उतनी ही उसकी माँग बढ़ेगी।

शराब का विरोध कर रही औरतों के बीच वेश्याएँ भी आ जाती हैं—आखिर उनके भी बच्चे हैं। शराबियों से उन्हें भी उतनी ही नफरत है।

आखिर वेश्याएँ भी स्त्रियाँ हैं इसी समाज की। वे लोग जो घर में नैतिकता का पाठ पढ़ाते हैं, बाजार में शरीर बेचने के लिए स्त्री को बिठाते हैं। इस पर किसी को कोई शर्म नहीं, उन्हें भी नहीं जो इन दिनों गर्वोन्नत हैं, गर्व से भरे हैं। हिन्दुत्व की रक्षा में।

देवियाँ भी कैसे बनीं। पीढ़ियों से समाया अहंकार तटबन्ध तोड़ता है—देवताओं ने स्त्री को अपनी-अपनी शक्ति दी तो वे देवी बनीं। यानी कि देवी बनानेवाले पुरुष हैं। संसार में स्त्रियों ने तो कभी अपना इतिहास रचा नहीं। अपने लिए आचारसंहिताएँ नहीं बनाईं। जो कुछ उन्हें विरासत में मिला है वह पुरुष समाज का ही दिया है। इसीलिए मर्जी आई देवी बनाया, जिसे चाहे वेश्या।

पुस्तक में सबसे दिलचस्प चरित्र बड़ी अम्मा का है। बड़ी अम्मा का नाम भी गंगा के नाम पर था। लेकिन मौसी ने जब नदियों के नामवाली बेटियाँ के किस्से सुन लिए तो अपना नाम बदलकर 'ललिता' रख लिया। बड़ी अम्मा लेखिका बनना चाहती थीं। वह पढ़ती गईं। घर की औरतें उनका रोब मानतीं। मर्द उन पर अविश्वास करते। सबको इन्तजार था ललिता के पिता के विलायत से लौटने का ताकि वे सरकश हुई जा रही बेटी को सीधा करके उसे अपनी पसन्द के दूल्हे से ब्याह दें। वह स्त्री क्या हुई जो गृहलक्ष्मी न बनी। ऐसी स्त्री का मायके में कोई सम्मान नहीं होता। आखिर दुनिया को अपने इशारे पर नचानेवाली चंचलता लक्ष्मी का शेषशायी विष्णु के पाँव दबाती रहती हैं। इसमें धन और सम्पत्ति से स्त्रियों की क्रमशः बेदखली की कूटकथा निहित है—लक्ष्मी

एक ऐसी नख-दन्तहीन बाघिन है जिससे डरने की पुरुषों को जरूरत नहीं है। उसे वे ताले में बन्द रख सकते हैं। (पृ. 82)

तेजस्वी बड़ी अम्मा भी विवाह के बाद ऐसी ही हो गई। जिन्होंने पुत्र प्राप्ति के लिए खेए के हजार शिवलिंग बनवाए। सब तेजस्वी स्त्रियों को यही गति होती है। उन्हें मार-पीटकर उसी समाज का हिस्सा बना दिया जाता है जिससे लड़की हुई वे आगे बढ़ती हैं।

देवियाँ और उनसे जुड़ी ग्राम देवियाँ—छींक देवी, शीतला माता, सती माता, करणी माता, भेड़ माता—ज्यादातर गाँवों में ग्राम देवियाँ मातृस्वरूपा हैं। अपने भक्तों की रक्षा करती हैं, लेकिन नाराज होने पर महाविनाश कर सकती हैं। ग्राम देवियों के उत्सव ऐसे अवसरों पर होते हैं जब सामाजिक क्रम उलट जाता है। दक्षिण में जब चेल्लम्मा या एलम्मा का आवेश आता है तो स्त्रियाँ ऊँची जाति के लोगों को गालियाँ देती हैं। उन्हें ललियाती धकियाती हैं। और शराब पीकर उन पर शराब के कुल्ले करती हैं। ऐसा माना जाता है कि यह उनका आशीर्वाद है अतः शिरोधार्य है। (पृ. 121)

महादेवी वर्मा और शिवाजी की भेंट का प्रसंग बहुत रोचक है। महादेवीजी ने शिवानी को बताया था कि एक बार वह भी संन्यासिनी बनना चाहती थीं। इस सिलसिले में जब वह एक संन्यासी गुरु से मिलीं तो बूढ़े गुरुजी ने ताड़ का पंखा अपने चेहरे के सामने कर लिया। बस मैं वापस चली आई। ऐसा आदमी जो किसी औरत से निगाह तक नहीं मिला सकता, मैं क्या सीखती ऐसे आदमी से। (पृ. 70)

चौदहवीं सदी की कश्मीरी भक्त कवयित्री लल्लद क्या यों ही लिख सकीं—न मैं गर्भिणी हुई न बनी प्रसूता, न खाई मैंने हल्दी-सोंठ, कोई नहीं मरेगा मेरे लिए जैसे मैं किसी के लिए नहीं।

स्त्री में पुरुषवाद

किशोर बाबू के पूर्वज बंगाल में आए थे। वहाँ कुछ अंग्रेजों की कृपा, कुछ प्राकृतिक आपदाओं और कुछ प्रथम विश्व युद्ध से पैदा हुई तंगी से खूब पैसा बटोरा। जब वह किशोर थे तो देश में कांग्रेस का बोलबाला था। सुभाषचन्द्र बोस को भी लोग पसन्द करते थे। अमोलक गाँधीवादी था तो शान्तनु सुभाष का कट्टर भक्त। मारवाड़ियों के प्रति बंगालियों की घृणा को किशोर बाबू अपनी किशोरावस्था से ही पहचानते थे। फिर उन्होंने अपने मामा के सहयोग से खूब पैसा बनाया, विवाह किया, विधवा भाभी की मदद की, पत्नी की परवाह नहीं की कि अचानक उनके दिल ने धोखा दे दिया। उनकी बाइपास सर्जरी हुई और एकाएक उनमें क्रान्तिकारी परिवर्तन आ गया। वह काले को काला और सफेद को सफेद कहने लगे। लोग उन्हें पागल समझते, लेकिन वह मनुष्यों के बारे में सोचते। मन-ही-मन तर्क करते। तकनीक को बदहाली का सबसे बड़ा कारण मानते। शान्तनु को कार में नहीं, बग्घी में आने और स्वर्ग की ओर वापसी। यानी कि गाँव लौट जाने के सपने देखते। बहुत ही संक्षेप में यह 'कलिकथा' है।

'कलिकथा वाया बाइपास' के बारे में लेखिका अलका सरावगी लिखती हैं कि बाइपास का अर्थ आज का युगधर्म है। यानी की मूल समस्याओं से बचकर बगल से सुविधाजनक रास्ते निकालने का।

लेकिन अन्त तक आते-आते लगा कि लेखिका भी मूल समस्याओं से बचकर अपने लिए बाइपास कट खोज रही हैं। वह उन कारणों में जाने के बजाय जहाँ आधुनिक तकनीक को संसाधनों का दास बना दिया गया है, तकनीकी के खिलाफ ही मोर्चा खोल लेती हैं और लगभग हर बुराई का कारण शहर और आधुनिक संसाधनों को बनाते हुए गाँव की ओर वापसी और गरीब आदमी के सुखी होने की पुनरुत्थानवादी बात करने लगती है, "लोगों ने यह भी समझ लिया कि जिन सुविधाओं का भोग करने की उन्हें आदत पड़ गई थी, वे ही उनके कष्ट का कारण हैं। जिस-जिसने जितनी सुविधा भोगी थी, उसे उतना ही कष्ट हुआ। बाकी लोग जैसे रहते आए थे, उसी तरह रहते रहे। ऐसे लोग जो अपने गाँवों के अमूल्य हवा-पानी-आकाश को छोड़कर शहरों में नरक जैसा जीवन बिताने आए थे, मुक्त हो गए। वे सब बड़े उत्साह से वापस गाँवों की ओर लोट पड़े क्योंकि शहरों में मिले पैसे से अब वे कुछ ऐसा नहीं खरीद सकते थे, जो कोई काम आए। इसलिए वे वापस अपनी धरती की गोद में बैठने चल दिए। (पृ. 115)

पूरे उपन्यास का निचोड़ यह है कि किशोर बाबू जो सन् 1925 में जन्मे हैं वे अपने दोस्त अमोलक की तरह स्वराज्य में सब कुछ खोज रहे हैं। इस देश में गाँधी के नाम को राम नाम की तरह अपने पाप छिपाने का साधन बना रखा है।

उन्हें लगता है कि मनुष्य के दुखों का कारण तकनीक और शहर हैं। गाँव सबसे अच्छा है। लेकिन क्या ऐसा है ? क्या यह सच है या गाँव की मनोज कुमार मार्का साफ-सुथरी, धुली-धुलाई छवि है। किशोर बाबू तकनीक के विरोधी हैं। इसलिए अपने मित्र शान्तनु को बड़ी कार की जगह बग्घी में आया देख खुश होते हैं (जैसे कि बग्घी कोई तकनीक ही नहीं है और क्या आज के पर्यावरण के प्रश्न घोड़े पर जुल्म की इजाजत देते हैं। वह गाँव में रहे नहीं लेकिन लोगों के गाँव वापसी का सपना देखते हैं। इसीलिए कि उन्होंने गाँव कभी देखा ही नहीं। अगर वहाँ रहे होते तब ही उन्हें पता चलता कि गाँव की धरती, हवा, पानी सब उसके लिए अमूल्य होते हैं जिसके पास साधन हैं। अन्यथा तो गाँव अपनी स्त्रियों, दलितों और भूमिहीनों के प्रति कैसा व्यवहार करते हैं क्या यह किसी से छिपी बात है ? (कलकत्ता की सड़कों पर ही ठठ के ठठ रिक्शाचालक इस बात की गवाही देंगे कि जब गाँव उन्हें बेरहमी से खदेड़ता है तब इन भूमिहीनों के लिए शहर ही दो वक्त की रोटी का जुगाड़ करता है। यों 'गाँव की ओर' इस 'वापसी' के नारे को लगाने के लिए अब पोलपोट साहब जिन्दा नहीं है। कम्बोडिया के संग्रहालय में रखी लाखों मानव खोपड़ियाँ गाँव की ओर वापसी के नारे का असली मकसद बयान करती हैं क्या अलका को यह पता नहीं। गाँव में सिर्फ ताकतवर जिन्दा रह सकता है, अन्यथा कवि मानबहादुर सिंह की तरह उसके टुकड़े किए जा सकते हैं। बाइपास का अर्थ इस पाठिका को हृदय परिवर्तन भी लगा है—हृदय परिवर्तन किसका ? किशोर बाबू का जो मौत की दहलीज पर खड़े हैं, जो अब बदल भी जाएँगे तो कितनों का भला कर लेंगे। उनके हृदय परिवर्तन का सिद्धान्त बिल्कुल इसी तरह है कि साल-भर पाप करो और एक दिन गंगा नहा लो। या पूरे जीवन लोगों को सताकर अन्त में तीर्थ यात्रा पर निकल पड़ो।

बहुराष्ट्रीय निगम वर्ल्ड बैंक, आई.एम.एफ. सब हमारे देश को लूट-खसोट रहे हैं। लेकिन इस देश की महानता को गाने से पहले, हृदय परिवर्तन के ठेकेदारों को यह याद रखना चाहिए कि जब भारत के लोग कहीं व्यापार करने जाते हैं तो वे भी मुनाफा कमाने जाते हैं चैरिटी करने नहीं।

लेकिन भारतीय पूँजीपति वर्ग की प्रगतिशील भूमिका को नकारा नहीं जा सकता। यही वर्ग है जिसने स्त्रियों को सामन्ती कुएँ से बाहर निकालकर, उन्हें शिक्षा और काम करने की आजादी दी है। स्त्री की सक्रियता के रास्ते खोले हैं। लेकिन लेखिका ने भारतीय मध्यवर्ग को पुनरुत्थानवादी रूप में कल्पित किया है जबकि वह अपनी प्रगतिशील दृष्टि के कारण दुनिया-भर में फैल रहा है।

इन दिनों अतीतजीवी होकर कोई समाज नहीं चल सकता। इस उपन्यास का सन्देश है गाँव की ओर चलो। यहीं से यह 'कलिकथा' 'त्रेता युग' की ओर झूठी दौड़

लगाती है। गाँव की ओर लौटने का नारा देनेवाले खुद कभी उस ओर लौटना नहीं चाहते। पीढ़ियों की कथा कहनेवाले इस उपन्यास में सोलह प्वाइंट सफेद और बाहर प्वाइंट काले का गिमिक करके तो हृदय परिवर्तन किया नहीं जा सकता।

चिन्ता की बात है लेखिका की यह दृष्टि जो आधुनिकता के ठीक विरोध में पूर्व आधुनिकतावादी हो जाती है। इस तरह जड़ों की ओर लौटना स्वयं जड़ हो जाना है।

इस प्रसंग में अपने एक सहयोगी मित्र की लड़की को अपने बायफ्रेंड के साथ हजारों रुपए के कपड़े खरीदते देख किशोर बाबू सोचते हैं कि इसने इसका क्या मुआवजा दिया होगा। यानी कि सारी आधुनिक स्त्रियाँ 'मुआवजे' देती फिरती हैं। स्त्री कथाकारों के बारे में 'मर्दवादी' ऐसी ही बातें करते फिरते हैं, क्या अलका इस बात को नहीं जानती हैं। कुल मिलाकर यह एक पुनरुत्थानवादी सन्देश देनेवाला उपन्यास है, जिसे बहुत अधिक मीडिया हाइप मिला है।

(हिन्दुस्तान, 2001)

गर्भपात के प्रश्न

भारत में सन् 1972 में स्त्रियों को गर्भपात का कानूनी अधिकार दे दिया गया था जो अब तक यूरोप के बहुत से देशों में बहस का विषय है। क्या गर्भपात कानून ने स्त्रियों को मुक्त किया ? उनकी बेड़ियों को तोड़ा। सैक्सुअल हेरेसमेंट या अनचाहे बच्चे से मुक्ति क्या स्त्री की असली मुक्ति थी अथवा जनसंख्या नियन्त्रण के कारकों के रूप में सरकार को ऐसा करना पड़ा। जायज और नाजायज सन्तान की सारी बहस का क्या मुख्य मुद्दा औरतें नहीं हैं ? उत्तराधिकार और 'वंश' चलने के रूप में चाहत अन्ततः ! पितृसत्तात्मक समाज के ढाँचे को पूरी तरह बनाए और बचाए रखने की साजिश ही है। हर कानून हर विचार (कानून और संस्कृति के पहरेदारों के लिए) वह है जो इस सत्ता को बचाए रखे। पैसा और सम्पत्ति ही मूलतः मनुष्य को चलाए रखने के लिए जरूरी हैं इसलिए स्त्री को पैसे, चल-अचल सम्पत्ति से वंचित रखा गया, "उत्तराधिकार का अर्थ पुत्राधिकार—वैध, जायज या कानूनी (सन्तान) पुरुष की और अवैध-नाजायज-गैर कानूनी (सन्तान) स्त्री की।" (उत्तराधिकार बनाम पुत्राधिकार, पृ. 14)—जनसंख्या नियन्त्रण का उद्‌देश्य स्त्री की कोख पर नियन्त्रण (पृ. 15)—शिक्षा, जागरूकता, साधन और स्वाथ्य सेवाओं में तो अभूतपूर्व वृद्धि हुई थी ! फिर लड़कियों की संख्या लगातार कम क्यों होती चली गई। दरअसल निरोध, गोलियाँ और गर्भपात के कानूनी अधिकार देने का मुख्य उद्‌देश्य औरत की कोख पर नियन्त्रण करके राष्ट्र की जनसंख्या का नियन्त्रण करना भी था और स्त्री को पुरुष के 'आनन्द के वस्तु' बनाना भी। स्त्री को देह का स्वामित्व और उपभोग की आजादी का पाठ पढ़ाए बिना यह सब कैसे सम्भव होता।" (पृ. 15)

लेकिन स्त्री-पुरुष के आनन्द की वस्तु थी कब नहीं ? देहदान स्त्री का पुनीत कर्त्तव्य बताया कब नहीं ? शरत की 'अन्नदा' याद कीजिए। यह नायिका जो सबकी सेवा करती थी, हर बीमार को गले लगाती थी। उसी को विधवा होने के कारण गर्भ ठहर जाने पर भूखा-प्यासा मर जाना पड़ा। जिन लोगों की जिन्दगी-भर उसने सेवा की थी, वे ही उसके शव को चील कउओं को नोंचते देखते रहे ? इस तरह लाखों स्त्रियों ने जान गँवाई होगी। पुरुष को मजे लेकर भाग जाने का अधिकार और स्त्री के लिए बिन ब्याही माँ या विधवा माँ का लांछन। ऐसे में गर्भ निरोधक यदि स्त्री की कोख पर नियन्त्रण की इच्छा से विकसित भी किए गए हों, तब भी उन्होंने स्त्री की मदद की।

इस तर्क के विरोधी यह भी कह सकते हैं कि इससे तो समाज में भ्रष्टाचार फैल जाएगा। स्त्रियाँ कदाचरण करने लगेंगी। पुरुष का कदाचरण कभी बहस का विषय क्यों नहीं बनता ?

"इसी तरह घर में बुर्का बाजार में बिकनी"। यह बात तो सच है कि मर्दवादी विमर्श अपनी पत्नी, माँ, बेटी और बहन को तो पर्दे में रखना चाहता है, दूसरी स्त्रियों को वस्त्रविहीन। बहुराष्ट्रीय निगमों ने भी स्त्रियों को 'ब्रांड' में परिवर्तित कर दिया है। लेकिन आज तक स्त्री को पीटने का अधिकार उसका शरीर, लज्जा और शील रहा है। ये सारे गुण वे हैं जो मर्दों की बनाई संस्कृति ने उन्हें सौंपे हैं। सारी अपसंस्कृति की बहस स्त्री के शरीर से होती हुई वहीं खत्म हो जाती है। बहुत से लोग 'ब्यूटी पेजेंट' और विज्ञापनों में 'स्त्री को बाजार' में बैठाए जाने पर आँसू बहाते हैं। लेकिन औरत बाजार में बैठी कब नहीं थीं ? विवाह के क्रूर बाजार में जहाँ लड़की को पसन्द-नापसन्द करना या एक मारुति और कलर टी.वी. के लिए जिन्दा जला देना, अथवा दहेज की पूरी रकम के न मिलने पर बारात का वापस लौटा ले जाना, क्या स्त्री का विनिमय नहीं ? उससे लाभ कमाना नहीं। सौ प्रतिशत लाभ कमाकर भी उसके जीवन की गारंटी नहीं। यहाँ तक कि स्त्री का नौकरी करना अन्तः बाजार में प्रवेश ही है। इसीलिए अरविन्द लिखते हैं, "स्त्री के व्यक्ति, व्यक्तित्व और बौद्धिक विकास में पुरुष (पिता, पति, पुत्र) अक्सर खलनायक की भूमिका में ही क्यो दिखाई देते हैं ?" स्त्री परिवार या विवाह संस्था से बाहर स्वतन्त्र रूप से सम्मानजनक जीवन क्यों नहीं जी सकती ? विवाह के अलावा क्या और कोई विकल्प हो ही नहीं सकता ? क्या औरत को हमेशा रक्त या यौन सम्बन्धों और सम्पत्ति के समीकरणों में ही जाना-पहचाना जाएगा ? उसकी न अपनी कोई स्वतन्त्र पहचान है और न कोई स्वतन्त्र निर्णय। मौजूदा परिवार के सड़ते– 'मनुवादी' ढाँचे और अधिक लम्बे समय तक बचा पाना सर्वथा असम्भव ही नहीं, बेहद खतरनाक भी है। मातृत्व अगर स्त्री की सार्थकता है तो बेड़ियाँ भी कम नहीं हैं। माँ बनना या न बनना उसका अधिकार है लेकिन 'न्यायिक सक्रियता' के इस दौर में भी न्यायमूर्तियों को कहना है कि पति की सहमति के बिना गर्भपात करवाना पत्नी द्वारा पति पर की गई 'मानसिक क्रूरता' है।

अरविन्द की शैली की विशेषता है उनकी भाषा की कटाक्ष करने की क्षमता। वह पितृसत्तात्मक समाज में स्त्री की स्थिति को बयान करने के लिए लिखते हैं, "ऐतिहासिक परिप्रेक्ष्य में देखें तो पितृसत्तात्मक समाज में स्त्री (गुड़िया) के धड़ का सुन्दर, सुडौल और सुचारु होना ही, सर्वगुण सम्पन्न होना माना जाता (रहा) है। स्त्री सिर्फ सुन्दर धड़ होनी चाहिए (सिर हो तो काटकर फेंक दो—बेकार के प्रश्न करेगा)।—एकल विवाह या सम्बन्ध के सारे प्रतिबन्ध सिर्फ स्त्री के लिए। पुरुष के लिए व्यभिचार की खुली वैधानिक छूट। रखैल, रक्षिता, वेश्या, कालगर्ल सब उसी के आनन्द की संस्थाएँ हैं।" (पृ. 19)

'उत्तराधिकार बनाम पुत्राधिकार' लेख की शुरुआत ही होती है, "हे भगवान ! हमें इन अविवाहित औरतों (बेटियों) की फौज से बचाओ।" (हिन्दू कोड बिल पर

बहस के दौरान संसद में बोलते हुए कांग्रेसी विधायक एम.ए.आयंगर, संसदीय बहस, 7 फरवरी, 1951)।

इस एक कोटेशन द्वारा ही समझा जा सकता है कि आम समझ स्त्रियों के बारे में क्या है ? यह आम समझ भी नहीं है, यह उस दौर के विधायक की समझ है जो आजादी के संघर्ष में तपकर निकला है। स्त्रियों को सम्पत्ति मिलेगी, तो उन्हें ताकत मिलेगी। इसलिए उन्हें परम्परा और धर्म के नाम पर ऐसी हर चीज से वंचित रखा गया है जो उन्हें ताकतवर बनाती हों। इसीलिए अन्तर्राष्ट्रीय श्रम संगठन की एक रिपोर्ट कहती है, "पुरुषों के बराबर आर्थिक और राजनीतिक सत्ता पाने में औरतों को अभी हजार बरस लगेंगे क्योंकि दुनिया की 98 प्रतिशत पूँजी पर पुरुषों का कब्जा है।" (पृ. 23)

पितृसत्तात्मक ढाँचे में पूँजी का ट्रांसफर पुरुषों से पुरुषों के बीच ही हो सकता है। पिता की सम्पत्ति के लिए वैध सन्तान और वैध सन्तान के लिए विवाह संस्था अनिवार्य है। विवाह संस्था से बाहर जन्मे बच्चे 'अवैध, नाजायज, हरामी' हैं। इसलिए पिता की सम्पत्ति के कानूनी वारिश नहीं माने जाते।

मर्यादाओं की जकड़बन्दी स्त्री की पीठ पर इस तरह से लदी हुई है कि वह चाहे भी तो उससे मुक्त नहीं हो सकती। घर से बाहर निकली स्त्री का अर्थ है साझी सम्पत्ति। आखिर किसने कहा था कि बाहर निकले। घर में बैठी 'सम्मानजनक' जीवन जी रही थी। बाहर निकली है तो सहना ही पड़ेगा। "आदमी तो होते ही ऐसे हैं, औरतों को चाहिए कि वे उनसे बचकर रहे।" "होते ही ऐसे हैं"—कोई प्रश्न नहीं। कोई हिकारत नहीं। वे बने ही इसलिए हैं कि स्त्रियों पर अपने मर्द होने का सिक्का चलाएँ। इसके लिए ब्लैकमेलिंग से लेकर बलात्कार और यौन हिंसा तक का सहारा लिया जा सकता है।

पुस्तक में कुल बारह लेख हैं—'उत्तराधिकार बनाम पुत्राधिकार', 'देश के मर्दों एक होओ', 'आत्महत्या का मौलिक अधिकार', 'धर्मान्तरण और संविधान', 'बच्चों पर माँ के अधिकार', 'कन्यादान अनिवार्य नहीं', 'अदालत अँधेरा और आधी दुनिया', 'आधी दुनिया', 'कामकाजी महिलाओं की यौन उत्पीड़न', 'बदनामी का भय और खामोशी के खतरे' 'यौन हिंसा और आँकड़ों का आतंक', 'यौन हिंसा और न्याय की भाषा', 'पिता-पुत्री संवाद'।

जैसा कि लेखों के शीर्षकों से स्पष्ट होता है—ये सभी स्त्रियों की किसी-न-किसी समस्या से जुड़े हुए हैं। देश की प्रतिष्ठित पत्र-पत्रिकाओं में ये छपे हैं। अरविन्द समय-समय पर महिलाओं के मुद्दों पर लिखकर सार्थक हस्तक्षेप करते रहे हैं। "दरअसल उत्तराधिकार सम्बन्धी सारे कानूनों की जड़ में पुरुष वर्चस्ववादी पुरानी परम्परा अभी भी गहरे पैठी हुई है। परिवार और पूँजी का सम्पूर्ण स्वामित्व और नियन्त्रण मर्दों के हाथ में होने के कारण समाज और राजसत्ता के सभी क्षेत्रों में स्त्रियों की स्थिति न के बराबर है। निर्णय लेने के प्रायः सभी मुख्य केन्द्रों पर मर्दों का सर्वाधिकार सुरक्षित

है, जिसकी वजह से स्त्री के हिस्से में सिर्फ एक अँधेरा कोना ही बचा रह गया है।" (पृ. 35)

अरविन्द जोर देकर कहते हैं कि "जब तक पूँजी पर पुरुषों का अधिकार बना रहेगा तब तक नारी मुक्ति, समानाधिकार, न्याय, स्वतन्त्रता, सम्मान, पहचान या गरिमा का सपना साकार होना असम्भव है पूँजी में बराबर बँटवारा इतनी आसानी से पितृसत्ता करनेवाली भी नहीं। मानवाधिकारों का जितना मर्जी शोर मचता रहे। बराबरी की बात करो तो हर बार यही कहा जाता है समानता का मतलब है समान व्यक्तियों में समानता, समझे (समझी) कुछ !" (पृ. 36)

'देश के मर्दों एक होओ' लेख में उन दोहरे चरित्रवाले राजनेताओं का मजाक उड़ाया गया है जो अपने-अपने घोषणा-पत्रों में तो महिलाओं की बराबरी, शिक्षा, रोजगार आदि के नारे लगाते हैं। क्योंकि अब उन्हें महिलाएँ भी एक बड़े वोट बैंक के रूप में नजर आती हैं। लेकिन जैसे ही सत्ता में वास्तविक भागीदारी और महिलाओं के लिए तैंतीस प्रतिशत आरक्षण की बात आती है, वैसे ही सारे राजनीतिक दलों के मर्दों में हड़कम्प मच जाता है।" ये चलाएँ सरकार, तब तो वह पेटीकोट सरकार होगी। ये 'परकटी' ये 'लिपस्टिक' वाली, इन्हें भगाओ यहाँ से। नहीं तो ये हमारा जीना दूभर कर देंगी। "क्या आपको नहीं पता कि महिला आरक्षण बिल या विधेयक यदि पास होता है तो संसद में महिलाओं का प्रतिशत बढ़ जाएगा और महिलाएँ उलटे-सीधे बिल संसद में पुरुषों के विरुद्ध पास करवाने में सफल हो जाएँगी। और न जाने कितने पुरुषों को इन विधेयकों के माध्यम से जेल में चक्की पीसनी पड़ेगी। (पृ. 38)

यह पूरा लेख पुरुषों की ओर से मजेदार शैली में लिखा गया है, "हम मानते हैं—स्वीकारते हैं कि पंचायती राज के प्रयोग के बाद हमें वास्तव में यह खतरा है कि औरतों को एक बार सत्ता-शक्ति मिल गई तो वे लम्बे समय तक हमारे हाथों में खेलती कठपुतलियाँ नहीं रहेंगी।" संसद में आने के बाद ये सारी की सारी लक्ष्मीबाइयाँ पार्टी की राजनीति छोड़, महिलाओं की राजनीति करेंगी। (पृ. 41)

'आत्महत्या का मौलिक अधिकार' में उच्चतम न्यायालय का कहना था कि जो व्यक्ति आत्महत्या नहीं कर पाया और बच गया, वह पहले ही बहुत दुःख और पीड़ा भुगत चुका है उसे दोबारा सजा देना क्रूरता और अन्याय होगा।—ऐसे व्यक्ति सचमुच मनोरोगी हैं। उनका समुचित इलाज होना चाहिए न कि उन्हें अदालत के कठघरे में खड़ा करके वर्षों तक परेशान किया जाए। (पृ. 44) इसी फैसले पर विचार करते हुए लेखक ने ठीक प्रश्न उठाया है कि यदि आत्महत्या करना अपराध नहीं है तो आत्महत्या के लिए प्रेरित करना अपराध कैसे माना जा सकता है। स्पष्ट है कि ऐसी स्थिति में उस धारा को भी असंवैधानिक घोषित करना पड़ेगा। नतीजतन दहेज, बलात्कार और अन्य कारणों से औरतों को आत्महत्या करने के लिए प्रेरित करनेवाले सारे अपराधियों को भी मुक्त करना पड़ सकता है। (पृ. 45)

'धर्मान्तरण और संविधान' लेख आँखें खोल देनेवाला है। "हिन्दू-हिन्दू से विवाह

करे या बच्चा गोद ले—किसी को कोई आपत्ति नहीं मगर क्यों हिन्दू (बौद्ध, सिख, जैन) किसी मुस्लिम, ईसाई या पारसी से विवाह करना चाहता है तो मुश्किल है।'' विवाह तो कर सकता है, लेकिन विशेष विवाह अधिनियम में प्रावधान है कि दूसरे धर्म के व्यक्ति से विवाह करने के फौरन बाद हिन्दू (स्त्री-पुरुष) व्यक्ति के अपने परिवार से सारे सम्बन्ध समाप्त माने जाएँगे। संयुक्त परिवार की सम्पत्ति में हिस्सा है तो अपना हिस्सा ले और भूल जाओ। स्त्री का संयुक्त परिवार की सम्पत्ति में हिस्सा होता नहीं। अन्तर-धार्मिक विवाह पर कोई प्रतिबन्ध नहीं क्योंकि भारत एक धर्मनिरपेक्ष राज्य है। लेकिन परिवार में दूसरे धर्म के व्यक्ति पर क्या काम ! क्या इसे परिवार मे घुसने से रोकने के लिए लगाई यह कानूनी शर्त (प्रतिबन्ध) किसी मौलिक अधिकार का हनन है ? नहीं ना ! यही तो है धर्मनिरपेक्षता। अगर बिना अपना धर्म बदले, किसी अन्य धर्म के व्यक्ति से विवाह करने पर कानून में यह 'सजा' है तो धर्मान्तरण पर क्या होगा।

एक धर्म से दूसरे धर्म में जाने पर सिर्फ सामाजिक दबाव ही नहीं, कानूनी अड़चनें भी मौजूद हैं। लेकिन सोचने की बात यह भी है कि जीवित रहने के लिए आखिर मनुष्य को धर्म की जरूरत है ही क्यों ? पर राजसत्ता द्वारा धर्म की राजनीति और वर्ग हितों में रचे वैधानिक-संवैधानिक षड्यन्त्रों को कौन नहीं जानता ? इस सबके बावजूद धर्मनिरपेक्षता और सर्व धर्म समभाव के सिद्धान्त जिन्दाबाद, (पृ. 52)। यहाँ तक कि जाति आरक्षण तक का फायदा वे ही उठा रहे हैं जो ताकतवर हैं।

'बच्चों पर माँ के अधिकार,' 'कन्यादान अनिवार्य नहीं' भी पुस्तक के महत्त्वपूर्ण लेख हैं। इसको पढ़कर आज से कई दशक पहले की घटना याद आ गई। स्वर्गीय महादेवी वर्मा ने सुभद्राकुमारी चौहान के बारे में लिखा है कि उन्होंने उन दिनों अपनी बेटी का कन्यादान करने से मना कर दिया था। कहा था कि मेरी बेटी कोई दान की वस्तु नहीं है।

'अदालत, अँधेरा और आधी दुनिया' लेख शुरू होता है, ''समानता का अर्थ समान लोगों में समानता।'' कानूनों का हवाला देते हुए लेखक लिखता है, ''कुछ कानून जो ऐसा लगता भी है कि सामाजिक सन्दर्भों में औरतों के लिए, बच्चों के लिए, मजदूरों के लिए बनाए गए वे भी इतने आधे-अधूरे हैं कि उनका पूरा लाभ इन वर्गों को नहीं मिल पाया।'' अपराध, बलात्कार, औरतों को प्रति अत्याचार दहेज के कारण होनेवाली मौतें, कहीं भी किसी जगह कोई कमी नहीं आई। पचास वर्षों में कानून का सामाजिक न्याय के साथ जो रिश्ता बना, वह यह है कि अपराध करनेवाले 98 प्रतिशत लोग छूट जाते हैं। कानून की अपनी बारीकियाँ हो सकती हैं। लेकिन मूलतः कानून का जो ढाँचा हमारे पास है, उसमें जो भी कानूनी सुविधाएँ हैं, वे साधन सम्पन्न लोगों के लिए अधिक हैं ? गरीब आदमी आज भी पुलिस, कोर्ट, कचहरी कानून से डरता है। शायद उतना ही डरता है जितना अंग्रेजों के शासन काम में डरता था। क्योंकि कानून आज भी उसकी पहुँच से बाहर है। जिस व्यक्ति के पास पैसा है वह अच्छा वकील करने की स्थिति में है, वर्षों तक मुकदमा लड़ सकता है। लेकिन गरीब आदमी की स्थिति यह है कि वह

न वकीलों की फीस देने की स्थिति में है और न सवेरे से शाम तक कोर्ट-कचहरी में बैठने की स्थिति में। बड़ी मुश्किल से कहीं से पैसा जुटाकर कनिष्ठ वकील कर भी लिया तो वह वरिष्ठ वकील के मुकाबले कहीं खड़ा नहीं हो पाता। (पृ. 65) लेखक ने इस तरह हमारी न्याय व्यवस्था का निचोड़ प्रस्तुत किया है कि वास्तव में यह कहना कि "न्याय सबके लिए है कारो भ्रम है।" पैसे की ताकत जिसके पास है न्याय भी उसी का है। आजकल न्याय, अपराध, राजनीति और पैसा सब एकमएक हैं और एक-दूसरे से पूरक हैं।

जल्दी और सस्ता न्याय मिलने की बात यही है कि यदि न्याय जल्दी मिल जाएगा तो अदालतों से जिनका धन्धा जुड़ा है, उनका क्या होगा ? "देश के अदालतों में लाखों मुकदमे सालों से विचाराधीन पड़े हैं। और हर रोज यह संख्या बढ़ती जा रही है। न्यायाधीशों की संख्या में अगर तीन गुना वृद्धि हुई है तो मुकदमों की संख्या में बीस गुना।" (पृ. 67)

"बहुचर्चित सुधा गोयल हत्याकांड के अपराधी अगर दिल्ली में रहकर सजा के बावजूद जेल जाने से बच सकते हैं तो फिर अचर्चित दूर दराज के इलाकों में तो कुछ भी हो सकता है।" (पृ. 69)

चूँकि अब तक दफ्तरों में काम करनेवाली महिलाओं की संख्या बहुत कम थी इसलिए उनके उत्पीड़न और अमानवीय स्थितियों की तरफ किसी का ध्यान नहीं जाता था। लेकिन जैसे-जैसे कामकाजी औरतों की संख्या बढ़ी, इस तरफ ध्यान भी गया। इसीलिए उच्चतम न्यायालय को स्त्रियों के साथ काम करनेवाले पुरुषों के लिए आचार संहिता बनानी पड़ी ! न्यायालय ने यह भी माना कि महिलाओं का यौन उत्पीड़न रोकने के लिए वर्तमान कानून अपर्याप्त हैं। (पृ. 70)

'कामकाजी महिलाओं का यौन उत्पीड़न' की ही अगली कड़ी है 'बदनामी का भय' और 'खामोशी के खतरे', 'यौन हिंसा और आँकड़ों का आतंक।'

पुस्तक के दो सर्वाधिक महत्त्वपूर्ण लेख हैं—'यौन हिंसा और न्याय की भाषा' और न्यायाधीश पिता द्वारा फेमिनिस्ट पुत्रों को लिखा पत्र—'पिता पुत्री संवाद'।

यौन हिंसा और न्याय की भाषा में बताया गया है कि स्त्री के विरुद्ध हिंसा और यौन हिंसा में देश की राजधानी दिल्ली सबसे आगे है। जैसे-जैसे स्त्रियाँ शिक्षित हुई हैं, जागरूक हुई हैं उन्हें वाणी मिली है वैसे-वैसे उनके प्रति हिंसा भी बढ़ी है। आमतौर पर जिस भी पुरुष पर बलात्कार का आरोप लगाया जाता है वह महिला को अनैतिक चरित्र का प्रमाणित कर बच निकलता है। पितृसत्ता ने जान-बूझकर ऐसा चक्रव्यूह रचा हुआ है कि बलात्कारी किसी-न-किसी चोर दरवाजे से भागकर निकल सके। सूसन ब्राउन मिला के शब्दों में, "बलात्कार, पुरुषों द्वारा औरतों को लगातार बलात्कार से भयभीत रखकर, समस्त स्त्री समाज पर पूर्ण नियन्त्रण बनाए रखने का षडयन्त्र है।" (पृ. 86)

यह भी एक विचित्र सा सच है कि जिस स्त्री के प्रति अपराध होता है समाज उसे खदेड़कर बाहर फेंक देता है। अपराधी बाकायदा समाज का हिस्सा बना रहकर

सम्मानजनक जीवन जीता है। मगर जिसके प्रति अपराध हुआ वह हर किस्म के लांछन और अन्त में वेश्यावृत्ति की शरण लेने को मजबूर होता है। भारत में इस वक्त लगभग तीस लाख महिलाएँ वेश्यावृत्ति करने को मजबूर हैं। (पृ. 86) सबसे बड़ी बात यह है कि न्यायालयों में जहाँ न्याय अन्धा होता है वहाँ किस कदर 'मर्दवादी विमर्श' मौजूद है। एक मुकदमे के फैसले में न्यायाधीश ने लिखा, "अभियुक्त महिला की सहमति से सहवास कर रहा था। जब वह (औरत) सहवास करते हुए रंगे हाथों पकड़ी गई तो स्वाभाविक है कि उसने अपनी लाज बचाने के लिए यह कहानी गढ़ी।" (पृ. 92) इसी प्रकार का उदाहरण पंजाब एवं हरियाणा उच्च न्यायालय के न्यायाधीशों के निर्णय में मिलता है जहाँ उन्हें सात माह की बच्ची के विशेष अंगों से छेड़छाड़ करना कोई अपराध ही नहीं लगा।

स्वाति लोढ़ा बनाम राजकुमार के मुकदमे में राजकुमार और स्वाति का विवाह नहीं हुआ था। लेकिन उनके दैहिक सम्बन्ध थे। स्वाति गर्भवती हो गई तो राजकुमार ने उसे छोड़ दूसरी स्त्री से विवाह कर लिया। स्वाति ने राजकुमार पर मुदकमा दायर कर दिया और उससे उत्पन्न पुत्र के डी.एन.ए. टेस्ट की माँग की। उसके मुकदमे के निर्णय में लिखा गया, "स्वाति में एक वह माँ नहीं बोल रही थी जो एक बच्चे के किसी कानूनी अधिकार के लिए, उसके माता-पिता का निर्धारण करवाना चाहती है। वह एक स्त्री के प्रतिशोध का परिणाम है, जो वह राजकुमार के खिलाफ ले रही है, जिसने उसका कौमार्य और पवित्रता भंग करने के बाद किसी दूसरी स्त्री से शादी कर ली है।" (पृ. 93)

इस पूरे लेख को पढ़ने पर अरविन्द की यह बात सही मालूम होती है कि बीसवीं सदी के आरम्भ से लेकर अब तक, अदालत, कानून और न्याय की भाषा—परिभाषा मूलतः स्त्री के प्रति अविश्वास, घृणा और अपमान से उपजी भाषा है। न्याय में यह और वह इतना अधिक है। पुरुष का अनपढ़ होना, निर्धन होना, पति-पत्नी के बीच लड़ाई होना, क्षणिक उत्तेजना आदि अपनी ही आठ वर्ष की बेटी के साथ बलात्कार को उचित ठहरा सकते हैं।

जबकि न्याय की भाषा में बच्ची का शोर न मचाना, उसके शरीर पर निशान न होना, यौन झिल्ली का फटा होना उसे अपराधी ठहरा सकते हैं। न्यायाधीश क्या नहीं जानते कि यौन झिल्ली का फटा होना लड़की या स्त्री के सम्भोग के आदी होने का प्रमाण नहीं है। खेलने-कूदने यहाँ तक कि तेज चलने से यह झिल्ली फट सकती है। कौमार्य की इसी पहचान को बरकरार रखने के लिए ही महानगरों में ऐसे क्लीनिक खुल गए हैं जहाँ अमीर घरों की लड़कियाँ काफी पैसा खर्च करके इस झिल्ली को जुड़वाँ लेती हैं।

पुस्तक का सबसे रोचक लेख पिता-पुत्री संवाद है। जहाँ न्यायाधीश पिता विक्रमादित्य अपनी स्त्रीवादी वकील बेटी को कानून और न्याय का अर्थ समझाती हैं। उसके समझाने मे ही मनुवादी ढाँचे को बचाने के लिए बनाए गए मेल शावनिस्ट अर्थ छिपे हैं।

आवां : कामगार औरत की छवि

'आवां' कथा है नमिता पांडे की। हर्षा, स्मिता, माँ, कुन्ती मौसी, सुनन्दा, किशोरीबाई, नीलम्मा, अनीसा, गौतमी अंजना वासवानी और स्त्रियों के आखेट की। जो कितनी कमजोर है वह उतनी ही आखेट के योग्य है।

नमिता पांडे मजदूर नेता देवीशंकर पांडे की बेटी है जिन पर जानलेवा हमला हुआ था। हमलावर कौन था, किसने किया ? देवीशंकर पांडे जो बिस्तर पर पड़े अपनी असहायता के आँसू बहाते हैं। पत्नी के व्यंग्य बाण झेलते हैं और स्लेट पर लिखकर बेटी का हौसला बढ़ाते हैं। बढो-बढ़ो, चलो-चलो, रुकी नहीं कि जीवन खत्म। गति ही जीवन है।

हर्षा कहती है, "प्राथमिकताएँ तब तय होती हैं जब धारा के विरुद्ध हाथ-पाँव मारने में आप समर्थ होते हैं।" (पृ. 118) लेकिन एक लोअर मिडिल क्लास की लड़की नमिता पांडे जिसका पिता बिस्तर पर है, शिक्षा पूरी नहीं, साड़ियों पर फाल लगाकर और माँ पापड़ बेलकर गुजारा कर रही है। छोटी बहन मुनिया, भाई छुन्ना, कर्कशा माँ-गहन अन्धकार। उसकी प्राथमिकताएँ कैसे तय हों।

पिता जिन अन्ना साहब के परम मित्र रहे हैं उसी कामगर अघाड़ी में नमिता को नौकरी मिलती है...वह अन्ना साहब की बेटी नहीं है, बेटी जैसी है। तो जो बेटी जैसी है उसके साथ थोड़ी सी चुहल, थोड़ा सा स्पर्श। अन्ना साहब उसे अकेले में पाकर वही सब करने लगते हैं जो पुरुषों का परम कर्त्तव्य—हाथ आई लौंडिया निकल गई तो काहे के मर्द ! लानत है, लानत है। वाक्य नितान्त क्रान्तिकारिता की चाशनी में घुले हुए, "पिता नहीं, पिता जैसा हूँ। तुम्हारे देह से कोई खिलवाड़ नहीं करूँगा, अपने देह से तो कर सकता हूँ। अपना हाथ मेरे हाथों में दे दो—मैं यह भी हूँ। ऐसा भी हूँ। ऐसा भी हो सकता हूँ। इस सच से जब तुम्हारा साक्षात्कार हो ही गया है, तो उसे मान लेने में आपत्ति !" और इसके बाद अन्ना साहब उसे अपनी गाड़ी में लिफ्ट देते हैं। आखिर उन्होंने ऐसा क्या किया है नमिता के साथ जो वह इतनी उदास और परेशान है। इसलिए लो चुटकले सुनो 'महान' श्रमिक नेता अन्ना साहब के मुँह से। क्लाइमैक्स के बाद एंटी क्लाइमैक्स। जिसने भी समाज में चुटकुलों का मनोविज्ञान ईजाद किया होगा, निश्चय ही वह महान मनोचिकित्सक रहा होगा। (पृ. 141)—एक चुटकुला। एक और एक। उसका वजूद अन्ना साहब के लिए एक चुटकुला मात्र है। बाबूजी कहते हैं, "अपने ऊपर

हँसनेवाला व्यक्ति स्वयं को परिष्कृत करता है।" आत्मग्लानि का अन्धड़ बाबूजी से क्या कहेगी ? (हम हँस सकते हैं हाशिए पर इसीलिए स्त्रियों के अंग-प्रत्यंग से सम्बन्धित सैकड़ों चुटकुले मौजूद हैं।)

अन्ना साहब ने जो कुछ किया है उसके लिए नमिता पांडे को आत्मग्लानि क्यों हो ? गिल्ट—जिसे लड़की जबसे जन्मती है, उसके व्यक्तित्व का अभिन्न हिस्सा बना दिया जाता है। जो पाप करता है उसे अपराध बोध नहीं होता है वह चुटकुले सुनाता है, स्त्रियाँ उसे जिन्दगी-भर भोगती हैं।

यह भोगना, झेलना, त्याग, तपस्या सब हमारी तथाकथित संस्कृति का अभिन्न हिस्सा हैं। 'अपराध-बोध' के कोड़े के रूप में बेचारी संस्कृति, जिसकी कुल जमा पहुँचा ब्रा, पेंटी, नैपकिन, वक्षस्थल स्कर्ट, नंगी टाँगें आदि तक पहुँच नष्ट हो जाती हैं। पुरुषों के समाज की संस्कृति की रक्षा का ठेका औरतों का है।

नमिता पांडे का जो भी हितू है, वह कहीं-न-कहीं चित्त में यह बात बिठाए है कि वह एक खूबसूरत लड़की है। ट्रेड यूनियंस भी इससे अलग नहीं। वहाँ औरतें बहुत कम हैं जो हैं वे किसी-न-किसी मर्द की पिछलग्गू। विमला बेन की तरह जो बुढ़ापे में भी खुद को अन्ना साहब की षोडसी नायिका समझे बैठी हैं।

और पँवार जो नमिता को कामगार अघाड़ी में आया देख बिफरता है। बाद में नमिता के चले जाने पर शेवड़े के बयान के मुताबिक वह उसे दिल दे बैठा है। यदि उसका और नमिता का ब्याह हो जाए तो एक अचूक नुस्खा हाथ लग जाए—दलित और ब्राह्मण का विवाह।

कामगार अघाड़ी की ओर से नमिता सुनन्दा से मिलने जाती है। किशोरीबाई की लड़की सुनन्दा, बिनब्याही माँ। सुहेल से प्रेम किया लेकिन जब उसने इस्लाम कुबूल करने की शर्त लगाई तो वह नहीं मानी "जब प्रेम किया था तब तो ऐसी कोई शर्त नहीं थी।" यही मजदूरनी जब अपनी कम्पनी से जचगी के अधिकार माँगती है तो कम्पनी साफ मुकर जाती है, "उसका ब्याह नहीं हुआ तो बच्चा कैसे जन सकती है।" लेकिन माँ बनना यदि स्त्री का अधिकार है, यदि माँ सर्वोपरि है तो उसमें विवाह के टुच्चे प्रमाण-पत्रों की क्या जरूरत है।

कामगारी अघाड़ी-दुनिया के मजदूरों एक होकर नारा लगानेवाले—उसी का एक सदस्य नारायण सर्वे सुनन्दा के बारे में विचार व्यक्त करता है, "सौ-सौ चूहे खाकर बिल्ली हज्ज को चली। उसकी हज्ज कैसी, हम उसके संग बेवकूफ बनने से रहे। अपनी हवस से इलाके के अमन-चैन को आगे लगानेवाली औरत स्त्री चेतना की बात कर रही है कि मुँह से। और हम उसकी बात सुनें क्यों।" (पृ. 122)

आग भी क्यों न लगे सुनन्दा हिन्दू, सुहेल मुसलमान फिर बिन ब्याही माँ। धरती डोल न जाएगी।

इसी सभा में नमिता के साथ अपना नाम जोड़ने पर पँवार आड़े हाथों लेता है, "औरतों को लेकर तुम लोग इज्जत मान करना कब सीखोगे ? घर में अपनी माँ की

इज्जत कर ली बहुत कर ली। सड़क पर निकले, भूखे कुत्ते हो आए, क्यों ?"

लेकिन अकेले में पँवार भी वहीं है, अकेली लड़की में इसका संरक्षक। स्त्री को 'पजैस' करने से बड़ा सुख कोई नहीं होता। एकान्त में नमिता से वही बातें करता है जो अन्य पुरुष करते हैं। एक नहीं कई चेहरे गड्डमड्ड, "कुतिया को अकेले घूमते देखा है और उसके पीछे लगे कुत्तों को।" (पृ. 129)

ट्रेन में अंजना वासवानी से कार्ड लेकर जब नमिता मिलने पहुँचती है और वह कामगार अघाड़ी छोड़ने का कारण बताती है तो वह कहती हैं, "कठिन परिस्थितियों में नौकरी का लोभ छोड़ पाना स्वाभिमानी व्यक्ति के ही बूते की बात है। तुम सचमुच बहुत साहसी लड़की हो।" (पृ. 143)

मैडम वासवानी की उदारता, गौतमी की दृढ़ता से प्रभावित होती है। आभूषणों को डिजाइन करनेवाली वासवानी उसे संजय कनोई और निर्मला कनोई के सामने मॉडल बनाकर पेश करती हैं। यहाँ से नमिता की उड़ान शुरू होती है। एक मजदूर की बेटी की उड़ान। बम्बई की उज्ज्वला राउत सचमुच में मॉडल बनती है। नमिता पांडे इस उपन्यास में।

उसकी सहेलियाँ ममता, स्मिता, हर्षा क्या इस ऊँचाई को छू सकती है। सिद्धार्थ मेहता ऐसे फोटोग्राफर उसका पोर्टफोलियो बनाने की कीमत माँगता है, "तुम्हें मेरे साथ दैहिक सम्बन्ध रखने होंगे।"

स्त्री शरीर पाया है। आगे बढ़ना है तो उसकी कीमत चुकानी होगी। आभूषण व्यवसायी संजय कनोई जो अपनी पत्नी की हजार बुराइयाँ करता है नमिता का सान्निध्य प्राप्त करने को (पुरुषों का स्त्रियों की सहानुभूति अर्जित करने का पुराना तरीका)। नमिता उसे मन-ही-मन चाहने लगती है। मैडम वासवानी उसे प्रशिक्षण के लिए हैदराबाद भेज देती है। वहाँ संजय कनोई उससे मिलने आता है। दोनों की प्रगाढ़ता होती है और वह गर्भवती हो जाती है। संजय कनोई को पता चलता है तो बल्लियों उछलने लगता है। आखिर तेरह साल के विवाहित जीवन में वह बाप नहीं बन सका। उसने अपने आपको प्रूव किया है। वह नपुंसक नहीं है। नमिता के सहपाठी अमोल से उतना ही चिढ़ता है जितना कि पँवार संजय कनोई से।

वह उससे विवाह का वायदा करता है अपनी पत्नी को तलाक देकर—लेकिन उसे अपना बच्चा चाहिए हर हाल में। स्त्री की कोख पर नियन्त्रण। बच्चा चाहिए, अपना बच्चा।

लेकिन इसी बीच अन्ना साहब की हत्या की खबर सुनकर नमिता का गर्भपात हो जाता है। तब उसे अपनी उड़ान का पता चलता है। एक गरीब लड़की अमीरों की दुनिया में इतनी आसानी से सम्मिलित नहीं हो सकती। नमिता पांडे क्या है, मजदूर की बेटी ही। ज्यादा-से-ज्यादा रखैल बन सकती है।

फोन पर नमिता जब संजय को अहमदाबाद में यह खबर देती है तो वह बौखला उठता है। यहाँ यह प्रसंग उद्धृत करना आवश्यक है—नमिता जिसे देवता मान रही थी

उसका असली स्वरूप क्या है, "अपमान तो तुमने किया है मेरा—तुमने वही किया जो तुम्हारे मन में था ! माँ नहीं बनना चाहती थीं तुम।—फोन पर किसी की मौत की खबर सुनकर बच्चा गिर जाए—जानती हो बाप बनने के लिए मैंने तुम्हारे ऊपर कितना खर्च किया ? उस मामूली औरत अंजना वासवानी की औकात है कि तुम्हारे ऊपर पैसा पानी की तरह बहा सके ? उसका जिम्मा सिर्फ इतना-भर था कि वह मेरे पिता बनने में मेरी मदद करे और सौदे के मुताबिक अपना कमीशन खाए। वह ऐसी पचासों लड़कियों को परोस सकती थी, जो मुझसे यौन सम्बन्ध कायम करा केवल पचहत्तर हजार में मुझे बाप बना सकती थी। मैं रंडियों से बाप नहीं बनना चाहता था। जिनके लिए बच्चा पैदा करना महज सौदा भर हो। जो अनेक से सौदा कर चुकी हों, मुझे गवारा थी ऐसी किराए की कोख। मुझे सिर्फ उस लड़की से औलाद चाहिए थी जो पेशेवर न हो—पवित्र हो, जो मुझसे प्रेम कर सके। सिर्फ मेरे लिए माँ बने...सिर्फ मुझसे सहवास करे—हमारा मिशन सफल रहा...बल्कि मैंने...निर्मला को पिछले दिनों तुम्हारे बारे में बताकर मना लिया था ...जैसे ही बचा होगा, हम उसे गोद ले लेंगे...शादी मैं तुमसे करूँ, न करूँ...मुझे बाप बनाकर तुम जीवन-भर ऐशोआराम से रह सकती थीं। गौतमी तुमसे कम खूबसूरत नहीं है। मैं चाहता तो दस बच्चे पैदा कर देती मेरे लिए। गौतमी अच्छी मित्र हो सकती है, प्रेयसी नहीं...न तुम मेरे बच्चे की माँ...जूठी कोख है गौतमी...जिस टुच्चे से कैरियर के लिए तुमने गर्भ गिराया...क्या कमा लोगी तुम दो कौड़ी की डिजाइनर बनकर। मैं तुमसे घृणा करता हूँ।" (पृ. 540)

पवित्र कोख चाहिए, पत्नी के अतिरिक्त एक रखैल भी आनन्द के लिए। अपने पुंसत्व को दिखाने के लिए। सेक्स आनन्द है पुरुषों के लिए, स्त्रियों के लिए बच्चा पैदा करने का एक तरकीब भर। योनि की शुचिता मर्दों के दिमाग पर इसीलिए हावी है कि कोई स्त्री उनसे उनकी पवित्रता के बारे में सवाल नहीं करती। इंग्लैंड में विवाह से पूर्व डायना को वर्जिनिटी टेस्ट से गुजरना पड़ता है। प्रिंस चार्ल्स को नहीं।

यहाँ सिर्फ संजय कनोई का ही नहीं अंजना वासवानियों का भी सच उजागर होता है जो गरीब लड़कियों की मदद का बहाना बनाकर, उन्हें रंगीन सपने दिखाकर, महँगे उपहारों से लादकर, किसी रईस के बिस्तर की ओर धकेलती हैं। प्रेम पुरुष के लिए मुक्ति है और स्त्री के लिए बन्धन। स्त्री का शरीर जिसकी स्वामिनी वह खुद नहीं। बच्चे चाहिए या नहीं इसका निर्णय वह खुद नहीं कर सकती बीजिंग सम्मेलन में जब स्त्रियाँ यह घोषणा करती हैं कि "यह शरीर मेरा है और उसकी स्वामिनी मैं ही हूँ" तो चारों ओर हाहाकार मच जाता है। ये औरतें ? इनका शरीर ही तो वह हथियार रहा है जिससे इन्हें पीटा जाता रहा है। अगर ये अधिकार न रहा तो—इसीलिए संजय कनोई नमिता पांडे से घृणा करता है। लेकिन नमिता पांडेय तब भी किशोरी बाई से घृणा नहीं कर पाती जब उसे पता चलता है कि सुनन्दा उसकी सगी बहन थी। उसकी मृत्यु पर बाबूजी ही यह उसे बताते हैं। हाँ वह यह सोचती जरूर है, "ब्याहता किशोरी के साथ अन्नासाहब की तरह क्या बाबूजी ने भी दुष्कर्म किया ?"

पिछले दिनों स्त्रियों से सम्बन्धित जो भी सवाल उठे हैं उन पर उपन्यास में तीखी टिप्पणियाँ हैं। जैसे कि क्या पिता की मृत्यु पर बेटी मुखाग्नि दे सकती है। (नमिता पांडेय ऐसा ही करती है) क्या मैटर्निटी बेनीफिट्स प्राप्त करने के लिए स्त्री का विवाहिता होना जरूरी है ? क्या गर्भनिरोधकों के इस्तेमाल से स्त्रियाँ पतन के गर्त में गिर सकती हैं अथवा ये स्त्रियों को सुरक्षा दे सकते हैं क्योंकि गर्भ रहने का खतरा पुरुषों को तो होता नहीं। माँ अपने ही बेटे और बेटी में फर्क करती है। (नमिता की माँ) विवाह पूर्व सेक्स की लांछना सिर्फ स्त्रियों को ही क्यों सहनी पड़े (स्मिता) प्रेमी के छोड़ जाने पर लड़की ही क्यों डिप्रेशन और ड्रग्स का शिकार हो (ममता) इनसेस्ट मौसा द्वारा नमिता से (बदसलूकी) शादी से पहले शारीरिक सम्बन्ध यदि पुरुष के लिए ठीक हैं तो स्त्री के लिए क्यों नहीं ? (स्मिता, नमिता) आखिर कौमार्य की रक्षा स्त्रियों के लिए इतनी बड़ी बाधा क्यों हो ? काम इच्छाएँ यदि मनुष्य का स्वाभाविक गुण है तो स्त्रियाँ मनुष्य नहीं ?

स्त्रियों से जुड़े मसलों को जिस सहानुभूति से इस उपन्यास में देखा गया है वह किसी लेखिका के ही वश की बात थी। यही नहीं इस उपन्यास की सबसे खास बात है इसमें किसी का देवता न होना। अक्सर होता तो यह है कि उपन्यासों में एक धीरोदात्त नायक या नायिका होती, बाकी सब खलनायक या नायिकाएँ होती हैं।

श्रमिक संघों की आपसी राजनीति, उनकी उठा-पटक, नेताओं की तरह वोट के लिए धार्मिक और जातिगत आधारों पर विभाजन, स्त्रियों के प्रति गर्हित सोच। मदद के नाम पर उनके शोषण की इच्छा। ऐसा न होने पर छींटाकशी, कीचड़।

यही नहीं राजनीति, माफिया और ट्रेड यूनियन नेताओं की मिलीभगत, उनका दोहरा चरित्र ! दूसरी तरफ हाई-फाई क्लास और उनमें डूबती लड़कियाँ नमिता पांडे उनसे अलग कैसे हो सकती हैं ? उसे यहीं से रास्ता तलाशना है। वह संजय कनोई से प्रेम कर रही है, वह सौदा—उससे नहीं अंजना वासवानी। मैडम अंजना वासवानी ...चकलाघरों की मैडम की तरह। फर्क इतना कि वहाँ कालकोठरियाँ यहाँ ए.सी. मकान। पाँच सितारा होटल !

सिद्धार्थ मेहता का पत्र नमिता को चेताता भी है कि संजय कनोई तुम्हें अपने प्रेमजाल में फँसा लेगा। लेकिन उसे यकीन नहीं आता। क्या इतने उद्दाम क्षणों में भी कोई झूठ बोलता है। लेकिन जब होश आता है तो लगता है यह उसका प्राप्य नहीं। पुरानी फिल्मों और उपन्यासों की तरह नमिता पांडेय न तो छत से छलाँग लगाने की सोचती है। न ही वह रेल की पटरियों की तरफ दौड़ती है बल्कि हैदराबाद से 'कामगार अघाड़ी' लौट जाना चाहती है।

उपन्यास में माता का कर्कश व्यवहार और धनाढ्य बहन के प्रति उनके मोह को जिस तरह से दिखाया गया है वह परिवारों की वास्तविकता है।

एक लेखक ने नाक-भौं सिकोड़ते हुए कहा, "आखिर उन प्रसंगों का इसमें विस्तार से जिक्र करने की क्या जरूरत थी ?"

उनका अभिप्राय रति-प्रसंगों से था। एक लेखिका ऐसा करे—छिःछिः। समाज में जो कुछ हो रहा है उसे यदि ये लेखिकाएँ लिखने लगें तो ऐसे प्रसंग लिखनेवाले उन लेखकों का क्या होगा जो पोर्नोग्राफी लिखकर भी महान कहलाते हैं। स्त्रियों के लिए सती बेडला और अनसूया की कहानियाँ हैं तो। तौबा—ये औरतें कितनी घमंडी और बोल्ड होती जा रही हैं। ये मर्द बनना चाहती हैं—मजा लूटो, फिर लिखो यह है असली लेखक और उसके भीतर छिपा पशु ! कामशास्त्र लिखनेवाले वात्स्यायन यदि ऋषि हैं तो कोई लेखिका ऐसे प्रसंगों का उल्लेख करके अश्लीलता का ठप्पा कैसे लगवा सकती है ? मर्द विमर्श की समस्या ही उसके दोहरे मानकों की है। स्त्री उसके लिए ऐसी जमीन है जिस पर इसका मालिकाना हक है और पौधे रोपने का अधिकार भी।

'आवाँ' कामकाजी स्त्रियों की मुसीबतों को केन्द्र में लाने की कोशिश करता है। एक छद्म जिसे चारों ओर महसूस किया जा सकता है। लेकिन खुशी है छद्म टूट रहा है। दीवारें तिरोहित हो रही हैं। लड़कियाँ नमिता पांडे की तरह प्रेम में धोखा खाकर भी जिन्दा रहना सीख रही हैं, मृत्यु का वरण नहीं कर रहीं। यही इस सदी का सच है।

इसीलिए लेखिका चित्रा मुद्गल भूमिका में लिखती हैं, "स्त्री की क्षमता को उसकी देह से ऊपर उठकर स्वीकार न करनेवाले रूढ़-रुग्णवाले समाज को बोध कराना आखिर किन कन्धों का दायित्व होगा।"

घर-घर, गली-गली कस्बे-कस्बे लड़कियाँ छटपटा रहीं। वे किसी जाहिल से गले से बाँध दिए जाने के लिए हैं। विवाह लड़की के लिए भारत में अन्तिम सत्य की तरह है। विवाह के बाजार में बैठा दी जाती लड़की की माँग इसकी खूबसूरती और उसके पिता की भारी-भरकम जेब से तय होती है। दहेज देकर भी लड़की के जीवन की कोई गारंटी नहीं। हर रोज दहेज के कारण होती मौतें स्त्री की बेबसी का अच्छा उदाहरण हैं। अपने पति के बारे में बताते हुए इसीलिए गौतमी कहती है, "पति का क्या होता है, आधिकारिक बलात्कारी। आथोराइज्ड—मैंने अशोक को उस अधिकार से वंचित रखा है कि जब मन किया, बीवी सो रही हो, जग रही हो, काम में व्यस्त हो, मर्जी हो, न हो—उठाकर बिस्तर पर पटक दिया। जिन्दगी में आदमी कभी अकेला नहीं होता, अगर वह यह साचे बना ले कि वह अकेला नहीं है।" यदि विवाह न हो तो उसके लिए लड़की को अपने पाँवों पर खड़ी होना अनिवार्य विकल्प है लेकिन वहाँ का संघर्ष, लोलुप भेड़िए और उनके प्रलोभन इससे बचना भी जरूरी है।

नमिता मॉडलिंग छोड़कर कामगार अघाड़ी लौट रही है। लेकिन वहाँ पर फिर कोई अन्नासाहब पँवार नहीं टकराएगा, कौन कह सकता है। इसके लिए तो उसे चैतन्य रहना ही होगा।

सुनन्दा और सुहेल के प्रसंगों के जरिए लेखिका ने साम्प्रदायिकता के सवालों को भी दृढ़ता से उठाया है। एक मजदूर नेता इस बात को अच्छी तरह जानता है कि यदि उसके कामगारों को हिन्दू, मुसलमान में विभक्त कर दिया जाए तो इस डिवीजन में

उसकी सत्ता भी समाप्त हो जाती है। इसीलिए अन्ना साहब अपने भाषण में कहते हैं, ''विषमता मिट जाएगी तो वे धार्मिक उन्माद और जातीय साम्प्रदायिकता के नाम पर किसकी झोंपड़ियाँ फुँकवाएँगे। अराजकता फैलाएँगे और दोष निरीहों के सिर मढ़ देंगे कि असली अपराधी, लुटेरे, बलात्कारी, ठग और कौन, गन्दी नाली के कीड़े तो यही हैं, झोंपड़ियों में रहनेवाले ? स्वस्थ प्रगतिशील समाज का कोढ़।''

वापसी में नमिता संजय कनोई के लिए मेज पर कोरी चिट्ठी छोड़कर जाती है—उनकी सौगातों के साथ।—नहीं लगेगा कि बिकने की कीमत उनसे कितनी हजार गुने दोगुनी-चौगुनी वसूली है मैंने। उन्हें तो इसी पर आपत्ति थी कि उनकी बनिस्पत उनकी कमाठीपुरावाली बहनें शहर के बीच सम्पन्न इलाके में होने की वजह से उसी काम की फीस चौगुनी पाती है।—ऐसे सहृदय खरीदारों की कृतज्ञताज्ञापन के लिए शब्द हो सकते हैं मेरे पास ? (पृ. 541)

एक तरफ ट्रेड यूनियंस दूसरी तरफ मॉडलिंग का रुपहला संसार। एक तरफ मध्यवर्गीय वर्जनाएँ, दूसरी तरफ क्विक बक्स के लिए व्यभिचार भी। लेकिन सवाल यही है कि लड़की चाहे भूखी मरे, या बाजार में बैठे दोनों तरफ से मरन उसी का है।

किसी स्त्री द्वारा ट्रेड यूनियंस को बारीकी से देखने का सम्भवतः यह पहला प्रयास है। न कोई, न पूरा देवता न कोई पूरा खलनायक सब मनुष्य हैं। यही इस उपन्यास की सफलता है। दूसरी विशेषता उपन्यास की यह भी है कि कोई भी प्रसंग ऊपर से थोपा हुआ नहीं लगता। स्त्रियों की सीमाओं और सम्भावना को तलाश करते विचार कथानक में पिरोए हुए हैं। यह निश्चय ही एक महत्त्वपूर्ण उपन्यास है।

सिर बदनामी चन्दना बेटी लै रहीं जी

—"इस हाथ को देखो। इस हाथ से मैंने खेत जोते हैं। पौधे लगाए हैं, और तुम्हारे कोठारों को भरा है। इस काम में कोई मर्द मेरा मुकाबला नहीं कर सकता। क्या तब भी मैं औरत नहीं मानी जाऊँगी।" (एक गुलाम औरत सोजोर्नर ट्रुथ द्वारा एक पादरी के आरोपों के विरुद्ध दिया गया बयान, ओट्टियो 1851, उद्धृत। सेक्सुअल पॉलिटिक्स-केट मिलेट 1972)

यदि यह युग उन नारियों को पूज रहा होता जो घर में रहती हैं, बाल-बच्चों को पालती हैं, रात में रमणी और दिन में भार्या कहलाती हैं तो निश्चय ही 'चाक' की नायिका सारंग एक उच्च श्रेणी की खलनायिका ही होती। 'सती अनसुइया' और 'सती बेहुला' आदि फिल्मों में जब पतिदेव द्वारा ठुकराई जाती आँसू बहाती औरत पूरे पर्दे पर दिखाई देती थी तो एक ठंडी आह निकलती थी—काश ! मेरी पत्नी भी ऐसी होती। औरतें सोचती थीं—काश ! वे भी ऐसी महान् नारी बन पातीं। लेकिन ऐसी नारियाँ तो देवी ही बन सकती हैं और वे चुप रह जाती थीं। लेकिन यह युग देवियों का नहीं है। उनका चलन खत्म हो चुका है यह बात न होती तो सारंग जैसी खलनायिका नायिका न बनती। मैत्रेयी पुष्पा ऐसी नायिका सृजित करने का दुस्साहस न करतीं।

खलनायिका बनी कैसे नायिका ? क्रमवार तो देखें।

"सारंग की बहन रेशम मौत के घाट उतार दी गई।" (पृ. 6) क्यों भला ? इसलिए कि रेशम ने महान् पाप किया था। वह विधवा थी और विधवा होते हुए भी गर्भवती हो गई। कुलच्छिणी पर यह भी न हुआ कि गर्भ रह गया था तो उससे निजात पाती। जैसा कि संयुक्त परिवारों का चलन था। विधवा एक गुलाम, एक मुफ्त की नौकरानी, रात-बिरात सबकी सेज सजानेवाली। गर्भ रह जाने पर किसी अनपढ़ दाई की सेवा लेकर दस रोग लगा लेनेवाली, या कुएँ-बावड़ी में कूदकर जान देनेवाली। मगर रेशम ने ऐसा नहीं किया। उसने कहा, वह बच्चे को जन्म देगी। जरूर देगी। जाट साधजी के परिवार में ऐसा अनर्थ, पाप, घोर कलियुग। एक ही उपाय, बस एक ही उपाय ! रेशम बिटोरे में कंडे लेने घुसी कि जेठ डोरिया ने फावड़े से बिटोरा गिरा दिया। काट दिया रेशम को बच्चे समेत अन्दर-ही-अन्दर। सब खत्म ! हत्या, एक स्त्री की हत्या को दुर्घटना कहकर टाला ही जा सकता है (गैस होते हुए भी स्टोव फटने के बहाने सैकड़ों मरती ही हैं न हर रोज) रेशम की कथा मिल गई चन्दना की कथा में जिसे खेरापतिन दादी सुनाया

करती हैं।

पर सारंग को चैन कहाँ। ठीक है, रेशम उसकी सगी बहन न सही, बुआ की लड़की तो थी ही। दुस्साहसी थी। दुनिया को चुनौती देने निकली थी। एक ऐसे बच्चे को जन्म देना चाहती थी जिसके पिता का नाम पता नहीं था। डोरिया के घर बैठ जाती तो माफी मिल सकती थी। लेकिन वह न मानी तो फिर मौत क्यों न मिलती ! सारंग को लगा, क्या अपराधी बचे रहें। नहीं-नहीं। उन्हें सजा मिलनी ही चाहिए। कसूरवार को सजा न मिले तो उसके हौसले बुलन्द हो जाते हैं। उसने पति रंजीत को समझाया-बुझाया। रंजीत की झिझक कि दूसरे के फटे में पैर क्यों डालें, वह भी सारंग को डिगा न सकी। रंजीत ने रिपोर्ट लिखाई, केस किया तो गाँव में हाहाकार मच गया। ठीक है, रंजीत रिटायर्ड फौजी गजाधर सिंह का बेटा है तो साधजी भी किसी से कम नहीं। डोरिया को पुलिस पकड़ ले गई तो क्या ! इस एम. एस. सी. (एग्रीकल्चर) रंजीत को ऐसा सबक सिखाएँगे। भाई दरोगा बना ऐश ले रहा है और वह एक मामूली-सी नौकरी भी नहीं जुटा सका। और वही होता है जो होता आया है। रंजीत ने इसलिए नौकरी नहीं की कि वह गाँव में रहकर गाँव को बदलना चाहता था। वह समाजवाद लाना चाहता था, वह समाजवाद जो सिर्फ सपनों में देखता है। एक आदर्श गाँव, एक आत्मनिर्भर गाँव, सम्पन्न-संचार और सहूलियतवाला गाँव। लेकिन गाँव में कौन उसकी सुनता है। सब उसे झक्की समझते हैं। जब वह न्याय की गुहार करता है, रेशम के हत्यारों को पकड़वा देता है तो मुट्ठी गरम करके और गवाहों को तोड़कर लौट आते हैं। बदले में रंजीत को मिलता है तिरस्कार, बेटे चन्दन का बिछोह और पत्नी सारंग से डोरिया की छेड़खानी।

सारंग जब रंजीत के इस बात की शिकायत करती है तो वह उलटे उसी पर बिफरता है कि उसे क्या जरूरत थी दूसरों के मामलों में उलझने की। सारंग उससे रेशम के केस की दोबारा अपील करने को कहती है तो कभी वह मानता है, कभी नहीं मानता। फिर ऐलान करता है, "मैं अब हाईकोर्ट में अपील करूँगा।" रंजीत ने ऐलान कर दिया तो गाँव के लोग एक बार फिर सकते में आ गए और बहुतों ने आश्चर्य भी किया—पागल है। किसी ने कहा—वही कहावत सच हो रही है कि आ बैल मुझे मार। (पृ. 39) रंजीत को याद आने लगा कि जब वह थाने में रिपोर्ट लिखवाने गया था तो थानेदार ने क्या कहा था, "अजी ज्यादातर केस तो आत्महत्या के ही होते हैं। पैसा ऐंठने के लिए उसे लड़कीवाले कभी दहेज का बनाते हैं, तो कभी बलात्कार का। तुम दलवीर सिंह दीवानजी के भाई हो, चलो रिपोर्ट लिखे लेता हूँ। तहकीकात भी करवाऊँगा। नहीं तो इस पचड़े में कौन पड़ता ? भाईसाहब, न किसी को सजा हो, न पैसा मिले। सब अखबारी ढमाढम है। गाँव की माया तो और निराली। लोग केस को आपस में ही गवाही-ववाही देकर रफा-दफा कर लेते हैं। एफ.आई.आर. लिख लो। चलो हवालात में भी बन्द कर देंगे हम, लेकिन आगे ? केस आगे सरकता ही नहीं, क्योंकि सारा दारोमदार गवाहों के ऊपर है...सच के पक्ष में कितने लोग गवाही देते हैं ? इसका मुख्य कारण

यह है कि पैसा तो उन्हें झूठे पक्ष से ही मिलेगा।'' (पृ. 41)

रंजीत सोचता है, 'पीछे नहीं हटूँगा। सारंग जैसी तेज की धनी स्त्री सबको मिलती है क्या ? कम-से-कम अपनी बात को होंठों तक लाने का साहस तो करती है।' मन-ही-मन कद्र करते हैं पत्नी की।

तो रंजीत को कैसे रोका जाए। रोका जाएगा धमकाकर—साम-दाम-दंड भेद। जो भोले लेखक गाँव के लोगों को भोला, गाँव की जमीन को स्वर्ग मानते आए हैं उनके लिए यह उपन्यास आँखें खोल देनेवाला है। जाति उन्माद, गरीबों और स्त्रियों की स्थिति और सत्ता सुख गाँव के आदमी से ज्यादा कोई नहीं जानता। चमार कुँवरपाल का भाई कलेक्टर हो जाता है तो कुँवरपाल बाकी चमारों में ब्राह्मण हो जाता है और पूरा गाँव उसकी चमचागीरी में जुट जाता है। तो रंजीत को रोकने का उपाय है उसके बेटे का जादुई अस्त्र। चन्दन की जान का खतरा नहीं तो मान जाओ।

रंजीत ऊहापोह में पड़े-न पड़े सारंग नहीं झुकती। बच्चे की जान बचाने के लिए जेठ के घर ले जाया जा रहा है और सारंग सोच रही है, 'पराए घर में रहना बड़ा कठिन होता है। भगवान् किसी बालक को ऐसी सजा न दे कि उसे पराए घर की अवहेलना झेलनी पड़े।' (पृ. 66) क्योंकि सारंग ने झेला है सब कुछ। अपने ही घर में रहते हुए पराया हो जाना क्या होता है। विमाता ने इसलिए कि उसके शौक-मौज में कमी न हो, गुरुकुल भेज दिया था। गुरुकुल का वह अनुशासन। अनुशासन के नाम पर वह शोषण। गर्भवती शकुन्तला की लाश को चील-कौए नोंचते हैं। उसे कोई पहचानता तक नहीं। उपन्यास में एक-से-एक पुरुष पात्र हैं। थानसिंह पन्ना, भँवर रंजीत, गजाधर सिंह, हरप्रसाद, डोरिया, श्रीधर, बिसुन देवा, नेंकसे मास्साब—सबके सब किसी-न-किसी तिकड़म में लगे हुए। गजाधर सिंह, श्रीधर, कुछ हद तक भँवर इसके अपवाद जरूर हैं।

पति के छोड़ जाने, निस्सन्तान होने, अपनी मर्जी से विवाह करने के कारण परेशानी, बदनामी के समुद्र में डूबती-उतराती औरतें रेशम, सारंग, लोंगसिरी बीबी गुलकन्दी, कलावती, बड़ी बहू आदि। खटीक बिसुनदेवा के साथ भाग जाने की जो सजा गुलकन्दी, उसकी माँ और बिसुनदेवा को मिलती है वह है सजाए मौत। यह सजा कोई और नहीं, गुलकन्दी का चचेरा भाई हरप्रसाद देता है। होली के मौके पर होलिका दहन ! तीनों की जली लाशें पहचानी नहीं जातीं और बकौल गाँववाले होली पर ऐसी आग लग ही जाती है।

मामूली से लालच आदमी को क्या-से-क्या कर देते हैं। रंजीत को गाँव का प्रधान तथा अन्य लोग समझाते हैं कि गाँव का सही विकास तभी हो सकता है जब उस जैसा पढ़ा-लिखा आदमी गाँव प्रधान बने। जिसे नए किस्म की खाद और बीज की जानकारी हो, जो अहलकारों से बातचीत करने में डरे नहीं। यह मामूली-सा लालच रंजीत को, एक अच्छे इनसान को किस कदर गड्ढे में धकेलता है ? सारंग सोचती है, क्या यही वह रंजीत है जो बहुत से आदर्शों को अपने जीवन में उतारना चाहता था। वह भूल ही गया कि साधजी के परिवार ने पहले तो रेशम की जान ली, फिर रंजीत का कैसा

अपमान किया। वह जितना ऐसा सोचती है, ज्यों-ज्यों रंजीत की चालबाजियाँ बढ़ती हैं, त्यों-त्यों सारंग का आकर्षण श्रीधर के प्रति बढ़ता जाता है।

श्रीधर, एक आदर्शवादी अध्यापक। लेकिन श्रीधर से पहले कैलासीसिंह का प्रसंग। कैलासीसिंह एक नामी पहलवान। जिसे सारंग भँवर के जरिए अपने गाँव अतरपुर बुलवाकर डोरिया की दाढ़ ठुकवाती है। गाँव में त्राहि-त्राहि मच उठती है कि बाहर के आदमी से डोरिया को पिटवाना क्या अच्छी बात हुई (हाँ, डोरिया द्वारा सारंग के कपड़े फाड़ डालना अच्छी बात है) सारंग-सारंग पूरे उपन्यास की धुरी। मास्टर श्रीधर, कुम्हार श्रीधर, जिसे अपने कुम्हार होने पर कोई शर्म नहीं। वह अध्यापक हैं। सारंग का बेटा चन्दन यहाँ होता तो श्रीधर उसे बढ़ाता। अपने अच्छे विचारों को उसे भी देता। चट्टा चौथवाले दिन जब गाँव के बालक साधजी के बेटे हेडमास्टर थानसिंह और श्रीधर के साथ आते हैं तो सारंग को न जाने क्या सूझता है कि यह श्रीधर के पाँव छू लेती है। यह आकर्षण बढ़ता ही चला जाता है। गाँव में लोग क्या-क्या कह रहे हैं सारंग इसकी परवाह नहीं करती। इसी बीच वह चन्दन को भी बुलवा लेती है। यह बात रंजीत को नागवार गुजरती है। इधर श्रीधर का आना-जाना बढ़ता है, उधर रंजीत की नफरत। रंजीत समझ नहीं पाता कि सारंग क्यों कुल का नाम डुबोने पर तुली है। एक रात मौका देख श्रीधर की पिटाई होती है। सारंग श्रीधर को जीवनदान देती है और शरीर भी। रंजीत चाहे मारे, चाहे कुछ करे।

ससुर गजाधर सिंह इस बात में भी सारंग का पक्ष लेते हैं तो बात कुछ अधिक नाटकीय हो उठती है। कोई भी ससुर यह नहीं चाहेगा कि उसकी बहू उसके बेटे को छोड़कर दूसरे के साथ सोती फिरे। इसी प्रकार लोंगसिरी, जो कि सारे गाँव की स्त्रियों के चरित्र की ठेकेदार है, उसका एकाएक ऐसा हृदय परिवर्तन कैसे हो जाता है कि वह सारंग और श्रीधर को अपने ही घर में प्रेम करने दे। इसी प्रकार कैलासीसिंह के यह कहने पर कि वह नपुंसक है, कलावती द्वारा तहमद खोलकर मालिश किया जाना, फिर उसके साथ रति प्रसंग, सारंग को विस्तार से बताना और कैलासीसिंह का एकाएक ताकतवर होकर डोरिया को धराशायी करना प्रसंग कुछ नाटकीय मालूम देते हैं। यह नाटकीयता स्त्री सत्ता की स्थापना के लिए कल्पित की गई है।

उपन्यास में 'स्त्रीत्व' के प्रश्नों के सामने तथाकथित 'सतीत्व' के प्रश्नों को जान बूझकर पीछे धकेला गया है। यह एक अच्छी बात है। यौन शुचिता के कोड़े को आखिर औरतें कब तक बर्दाश्त करें और क्यों करें ? इस उपन्यास की औरतें यौन शुचिता की परवाह नहीं करतीं। यह एक नई बात है।

राजनीति में स्त्रियों की क्या जगह है, स्त्री शक्ति को भी इसी बात से तय होना है। उत्तर प्रदेश में पंचायत में महिलाओं की भागीदारी के बाद क्या-क्या महत्त्वपूर्ण बदलाव हुए होंगे, इसको लेखिका ने बहुत अच्छे ढंग से वर्णित किया है। पंचायतों में जहाँ महिलाओं के लिए सीटें आरक्षित हैं वहाँ भी शक्तिशाली लोग अपने घरों की औरतों को बिठा देते हैं और पर्दे के पीछे से राज करते हैं। जिस दिन रंजीत ग्राम प्रधान

का पर्चा भरने जाते हैं। सारंग बिना रंजीत के चाहे भँवर की मदद से अपना पर्चा भरती है। वह गाँव की स्त्री शक्ति का प्रतीक है। इसीलिए उसके इर्द-गिर्द स्त्रियाँ आ जुटती हैं। वह नई स्त्री है। यदि उसने गलती नहीं की तो वह क्यों दबे ? कहनेवाले जो चाहे कहते रहें।

लोगों ने भक्तिकाल के बाद ब्रजभाषा की रचनाओं का जैसे अन्त मान लिया था। लेकिन 'चाक' ब्रजप्रदेश की कथा है। ब्रजप्रदेश में प्रचलित मुहावरों, लोककथाओं, कहावतों, लोकगीतों और प्रचलित भाषा की जानकारी देता है। सचमुच यह 'बिलन्दिया' उपन्यास नहीं है। इसे बदलती स्त्री-छवि के सन्दर्भ में ही समझा जा सकता है। यह उपन्यास ग्राम्य स्त्री के 'एमपावरमेंट' के समकालीन सन्दर्भों में एक महत्त्वपूर्ण उपन्यास माना जा सकता है। जो बिना उपदेश के स्त्री सत्ता को स्थापित करता है।

उसकी जीत

मेरा देश भारत एक किंवदन्ती है। इसमें कहीं इसकी असल कहानी अटकी रह गई है। इसका एक इतिहास है। परम्पराएँ हैं। यहाँ लोग हैं। लोग तमाम लोग। इन लोगों पर राज्य करती सरकारें हैं—नेताओं का देश प्रगति कर रहा है। रिपोर्टें छाप रहा है। यह उनका देश है। मेरे देश में न पानी है, न हवा है, न आसमान।—वे इसे काट रहे हैं। अपनी जेबों में भर रहे हैं। मुँह और पेट में ठूस रहे हैं। उनके चेहरे साफ नहीं दीख रहे। उन्होंने नकाब पहन रखे हैं। (पृ. 16)

यह हमारे इस महान् देश का वर्णन है। जहाँ एक ओर परमाणु बम के बाद न जाने कितने हथियारों को लोगों की पीठ पर लादा जाना है, तो दूसरी ओर पानी के लिए लोग त्राहि-त्राहि कर रहे हैं। नेता लोग बिसलेरी से नहाते हैं और पानी की कमी पर आँसू बहाते हैं। वे कुछ भी करें मुखपृष्ठ की खबरें बनते हैं। जबकि आम जनता भूखी है, नंगी है, बेरोजगार है। बीमार है। पार्कों के लिए करोड़ों रुपए हैं। मन्दिर बनवाने के लिए अरबों का चन्दा है। लोगों के लिए कुछ नहीं—कुछ नहीं। तिस पर ढेर सारे राजनीतिक स्टंटबाजी चरवाहा विद्यालय (जो अब पैसों की कमी के कारण बन्द हो रहे हैं), बच्चों के लिए दोपहर का भोजन। महिलाओं का कल्याण, दलितों का कल्याण, महिला आश्रम (जहाँ दस-दस साल की बच्चियों को भी वेश्यावृत्ति के लिए धकेल दिया जाता है)। नेताओं की रँगरेलियाँ, कल के नायक आज खलनायक नजर आते हैं। ये सब इस उपन्यास से बाहर की बातें हैं। लेकिन उपन्यास के भीतर छिपी भी हुई हैं।

अविवेक बर्मन !

उसकी माँ मीनाक्षी बर्मन और बहू अमृता !

"अमृता के लिए प्रश्न व्यक्ति से मुक्ति का नहीं था। रिश्ते से मुक्ति का था। संसार से मुक्ति का था। घर के मिथ से मुक्ति का था। अपनी निजता और अस्मिता के साथ भी वह इतनी निरीह और असहाय क्यों ? क्यों प्रफुल्लित नहीं होती ?

काठ बनी लड़की। पत्थर बन रही लड़की। दूध में दूध। पानी में पानी सी घुल। औरत से औरत की बात...(पृ. 18)

घर का मिथ जो टूटता ही नहीं। वह स्त्री के पूरे व्यक्तित्व में घुन की तरह लगा रहता है। क्या औरत औरत की बात सुनती है। मीनाक्षी बर्मन की आँख का एक आँसू अमृता के लिए क्यों नहीं झरता। वह बेटे अविवेक बर्मन की पक्षधरता करते हुए अमृता

से कहती है, "जब वह तुम्हें मारे तो झट उसके पैरों पर गिर जाना और माफी माँग लेना। बस। फिर नहीं मारेगा।"

"किस बात की माफी।"

"देखो सवाल मत पूछा करो। उससे भी सवाल मत किया करो। मारे तो पैर पकड़ लो।" (पृ. 19)

यह सलाह कोई ग्रामीण स्त्री अपनी बिना पढ़ी-लिखी लड़की को नहीं दे रही है। बल्कि राज्यसभा का नामजद सांसद अपनी बहू को दे रही है। बहू भी कैसी है जो पढ़ी-लिखी है। अपने पाँव पर खड़ी है। खूबसूरत है–

"राज्यसभा की नामजद सांसद। सभी समारोहों में आकाशवाणी, दूरदर्शन, पत्र-पत्रिकाओं में औरतों की शक्ति–स्वायत्तता, समान अधिकारों और स्वतन्त्रता पर भाषण देती, चर्चा करती, वह स्त्री। संसद् में स्त्री के अधिकारों को लेकर बिल पास करानेवाली स्त्री कौन है ? यह औरत जो सामने खड़ी है वह कौन है ? इन दोनों में क्या रिश्ता है ? क्या एक ही है दोनों या अलग। अलग कैसे हैं ? एक है तो एक कैसे ? (पृ. 19)

अविवेक बर्मन जो अपने सद्यःजात शिशु को छोड़कर दफ्तर के काम के बहाने अपने साथ की स्त्रियों को लेकर ऐयाशी कर रहा है।

पत्नी जो अब उसके लिए अपने बच्चे की आया से कुछ अधिक नहीं, "इस घर में रहना है तो मेरी शर्तों पर।" (पृ. 19)

बेटा गैर औरतों के साथ कुछ भी करता है तो करता रहे। आखिर बहू को यह किसने दिया है कि अपना अधिकार माँगने चले। घर में कोई रोटी-पानी की कमी है ? जाने-आने को गाड़ी है। और क्या चाहिए ? महिला अधिकारों की नेत्री कहती है, "देखो, एक बात समझ लो। आदमी घर से बाहर जिसका भी हो तो हो। जिसके साथ भी खाए और सोए। आदमी है न ! तुम्हें क्या ? जब घर में आए जितनी देर भी रहे तुम्हारा है। उसका हँसकर स्वागत करो। तुम्हें समझाया था न। घर आए तो उससे सवाल न पूछा करो। अगर मारे तो पैर पकड़ लिया करो। बस !"

मीनाक्षी बर्मन के इस उवाच और श्री जयदयाल गोइंदका के मनुवादी विमर्श 'स्त्रियों के लिए कर्त्तव्य शिक्षा' में कोई फर्क नहीं। मीनाक्षी बर्मन इस बात का क्या जवाब देगी यदि उसकी बहू भी घर से बाहर जिस-तिस के साथ सोती फिरे। क्या जिस तरह वह बेटे से न कोई सवाल करती है, न करने देना चाहती है, बहू से भी कोई सवाल नहीं करेगी !

मीनाक्षी बर्मन के लिए स्त्रियों से सम्बन्धित प्रश्न संसद् में उठाना स्त्रियों के कल्याण से अधिक अपने सरवाइवल का प्रश्न है।

मीनाक्षी बर्मन के पति की मृत्यु के बाद उनके मित्रों ने उन्हें नामजद कराया था और दूसरी बार सांसद बनवाने के लिए उनके श्रवणकुमार ने चालीस लाख रुपए खर्च किए थे। मदारी और बन्दरिया के तमाशे के रूप में कमलकुमार ने इसे अच्छी तरह से

अभिव्यक्त किया है।

"बोल मेरी रानी पटकनी खाएगी, स्वामी खाऊँगी—सिर नीचे, टाँगे ऊपर करके खड़ी होगी—आपकी दासी हूँ, स्वामी-पानी भरेगी—जी भरूँगी—घर सँभालेगी—जी सँभालूँगी—बच्चा पालेगी—ममता से बँधी हूँ, स्वामी—पति सेवा करेगी—धर्म है मेरा—कहना मानेगी—फर्ज है मेरा—यार-दोस्त तो नहीं बनाएगी—ये किरदार तो आपका है, स्वामी। मेरा दिया दर्द सहना होगा, सहेगी..." (पृ. 22)

स्त्री मदारी के सामने नाचती बन्दरिया है। पत्नी भी। लेकिन कभी-कभी बन्दरिया मदारी के जुल्मों से तंग आकर रस्सा तुड़ाकर भाग जाती है। मदारी देखता रह जाता है।

सत्ता के लोलुप दलाल सब एक तरह से व्यवहार करते हैं। कोई फर्क नहीं, कोई फर्क नहीं। बजरंग और कर्मवीर जैसे न जाने कितने नौजवान हैं जिनके लिए छोटे शहर दो रोटी का जुगाड़ नहीं कर सकते। वे वहाँ अपराधियों के गिरोहों के चंगुल में न फँसें बस यही गनीमत है। राजनीति अपराध, सजा, धर्म सबका गँठजोड़ कर साधारण आदमी के जीने के सारे रास्ते बन्द कर देता है। अपराधियों को वे अपने भाग्यविधाता के रूप में सिर के ऊपर बैठा देखते हैं। ऐसे में यदि उनका खून खौल उठता है और वे उन्हें मार ही डालते हैं क्योंकि कोई रास्ता नहीं। खत्म करो और खत्म हो जाओ। बैंकों में अब डाकू बनकर डकैती डालने की जरूरत नहीं, बल्कि बैंक से ऋण लो और अपने सम्पर्कों का इस्तेमाल करके उसे कभी मत चुकाओ।

हम सभी इसी व्यवस्था में रहते हुए उस पागल की तरह प्रश्न पूछ रहे हैं, "भारत क्या है ? राष्ट्र है ? समूह है। राजनीति का जुगाड़ है।" ऐसे ही में अविवेक बर्मन जैसे लोग समाज में फैले भ्रष्टाचार को अपनी शक्ति बना लेते हैं। तब अविवेक से अमृता ही कैसे बच सकती है। चाहे वह उसकी पत्नी ही क्यों न हो ? उसकी मित्र पारुल यही कहती है, "कोई नई बात है क्या, अमृता ! सीता से रीटा तक घर से निकली या निकाली लड़की 'होट' होती है। यदि किसी लड़की को पारिवारिक, सामाजिक, मानसिक और भावनात्मक दृष्टि से पूरी तरह नष्ट करना हो तो उसके चरित्र पर प्रहार करो, बस। वह या तो आत्महत्या कर लेगी, यदि आत्महत्या नहीं की तो जिन्दा लाश हो जाएगी।"

अमृता के पास कोई रास्ता नहीं बचता सिवाय इसके कि वह जिन्दा रहे अपने बच्चे के साथ। वह अविवेक का घर छोड़कर अपने माता-पिता के घर लौट जाती है। अहंकार पर चोट को अविवेक बर्दाश्त नहीं कर पाता। वह कभी इनकम टैक्सवालों और कभी किसी और को भेजकर अमृता को हर तरह से तंग कराने की कोशिश करता है लेकिन वह झुकती नहीं, यही उसकी विजय है। 'यह खबर नहीं' उपन्यास में कमल कुमार ने एक संघर्षशील नायिका का सृजन किया है। यह महत्त्वपूर्ण है।

●●●